LES SECRETS DES 12 SIGNES DU ZODIAQUE

Catalogage avant publication de la Bibliothèque nationale du Canada

D'Amour, Andrée

Les secrets des 12 signes du zodiaque

Nouvelle édition

1. Zodiaque. 2. Astrologie. I. Titre. II. Titre: Secrets des douze signes du zodiaque.

BF1726.D35 2004   133.5'2   C2004-940170-X

DISTRIBUTEURS EXCLUSIFS:

- Pour le Canada et les États-Unis:
  MESSAGERIES ADP*
  955, rue Amherst
  Montréal, Québec
  H2L 3K4
  Tél.: (514) 523-1182
  Télécopieur: (514) 939-0406
  * Filiale de Sogides ltée

- Pour la France et les autres pays:
  INTERFORUM
  Immeuble Paryseine, 3, Allée de la Seine
  94854 Ivry Cedex
  Tél.: 01 49 59 11 89/91
  Télécopieur: 01 49 59 11 96
  Commandes: Tél.: 02 38 32 71 00
  Télécopieur: 02 38 32 71 28

- Pour la Suisse:
  INTERFORUM SUISSE
  Case postale 69 - 1701 Fribourg - Suisse
  Tél.: (41-26) 460-80-60
  Télécopieur: (41-26) 460-80-68
  Internet: www.havas.ch
  Email: office@havas.ch
  DISTRIBUTION: OLF SA
  Z.I. 3, Corminbœuf
  Case postale 1061
  CH-1701 FRIBOURG
  Commandes: Tél.: (41-26) 467-53-33
  Télécopieur: (41-26) 467-54-66

- Pour la Belgique et le Luxembourg:
  PRESSES DE BELGIQUE S.A.
  Boulevard de l'Europe 117
  B-1301 Wavre
  Tél.: (010) 42-03-20
  Télécopieur: (010) 41-20-24

Pour joindre l'auteur:
C.P. 5051
Sainte-Adèle (Québec) J8B 1A1
astro@andreedamour.ca
Site Internet: www.andreedamour.ca

Pour en savoir davantage sur nos publications,
visitez notre site: **www.edhomme.com**
Autres sites à visiter: www.edjour.com • www.edtypo.com
www.edvlb.com • www.edhexagone.com • www.edutilis.com

Dépôt légal: 1er trimestre 2004
Bibliothèque nationale du Québec

ISBN 2-7619-1940-8

Gouvernement du Québec – Programme de crédit d'impôt pour l'édition de livres – Gestion SODEC – www.sodec.gouv.qc.ca

L'éditeur bénéficie du soutien de la Société de développement des entreprises culturelles du Québec pour son programme d'édition.

Nous reconnaissons l'aide financière du gouvernement du Canada par l'entremise du Programme d'aide au développement de l'industrie de l'édition (PADIÉ) pour nos activités d'édition.

LES SECRETS DES 12 SIGNES DU ZODIAQUE

Andrée D'Amour

gémeaux

sagittaire

scorpion

cancer

capricorne

taureau

balance

verseau

lion

poissons

bélier

vierge

LES ÉDITIONS DE
L'HOMME

Introduction

Comme les jeunes manifestent de l'intérêt pour ce livre de renseignements généraux sur les 12 signes du zodiaque et que beaucoup de gens ignorent à peu près tout de l'astrologie, nous avons décidé de rééditer ce livre récent en y ajoutant des éléments importants, que voici.

La SYNASTRIE, science des compatibilités amoureuses et sexuelles entre les différents signes, vous intéressera par sa simplicité et son efficacité.

Les SECRETS DE VOTRE DATE DE NAISSANCE vous donneront des indications de base quant à votre naissance, les 365 jours de l'année étant analysés ici.

Néophytes et connaisseurs, vous êtes invités à lire cette nouvelle édition des *Secrets des 12 signes du zodiaque* revue, corrigée et améliorée pour une plus grande facilité de lecture.

Le manque de connaissance des règles de base de l'astrologie que vous m'avouez souvent sera comblé par ce livre qui lève le voile sur les secrets de chacun des signes du zodiaque.

Je tenterai de vous faire apprécier les mille facettes d'une science ancienne et fort sérieuse qui m'est chère.

Vous trouverez dans cette nouvelle édition des connaissances concrètes qui vous seront utiles chaque jour de votre vie. À la suite de cette lecture, la vie de ceux que vous aimez (et aimez moins) vous paraîtra moins étrangère.

Des choix de métiers et de carrières à l'amour et à la sexualité, des tendances naturelles aux relations humaines, des aliments favorables aux pierres et aux couleurs chanceuses, vous apprendrez tout ce que vous devez savoir sur les personnes de votre signe. De quoi vous régaler et donner à réfléchir quant à la relation qui existe entre le ciel et les êtres humains, les végétaux et les minéraux de la planète que nous habitons sans bien la connaître.

Connaître aidant à comprendre et comprendre aidant à aimer, je vous livre le fruit de mes recherches en espérant que vous vous aimerez et vous comprendrez mieux après cette lecture. Pensez à lire ces textes de préférence à deux, au lit. C'est une lecture qui a inspiré plusieurs de mes lecteurs pourtant dans la fleur de l'âge…

J'espère que l'ardeur que je mets à vous transmettre mes connaissances en la matière vous convaincra de la nécessité de vous intéresser à la relation intime qui existe entre vous, le ciel et la terre. Comme le dit si justement l'astrophysicien Hubert Reeves : une pierre, une fleur, un écureuil et vous, c'est pareil. La pyramide est plus complexe, c'est tout.

Que cette lecture accroisse la connaissance de soi et incite à la tolérance est le but de cette réédition. Souhaitons qu'elle aide aussi à lutter contre les préjugés et tabous au sujet de cette passion qui est la mienne, l'astrologie.

Vingt ans de recherches sur ce sujet fabuleux n'ont pas assouvi ma soif de savoir. Il me reste beaucoup à apprendre de vous, chers lecteurs ; n'hésitez pas à me contacter et à me faire des commentaires, ils seront appréciés.

Chers lecteurs et chères lectrices, merci de me lire et de transmettre la bonne nouvelle : vive l'astrologie naturelle et scientifique moderne !

Les secrets du Bélier

21 MARS AU 20 AVRIL

PRINCE DE L'AUTONOMIE

Premier signe du zodiaque

Premier signe du zodiaque, le Bélier arrive sur terre avec le printemps, il est primesautier, jeune et fringant. Comme la nature qui, en cette saison, explose, le Bélier extériorise ses forces. Il possède de façon innée l'énergie nécessaire à la survie. L'instinct et lui sont intrinsèquement liés, inséparables. Normal donc que le Bélier désire être le premier. Cette tendance est chez lui irrépressible. Avouons qu'il est souvent le plus fort et le meilleur de sa catégorie.

Une certaine solitude

À ce titre glorieux est associée une certaine solitude, surtout à l'âge mûr. Pour en mesurer l'impact, il suffit de tracer mentalement le nombre un en chiffre arabe au centre d'une page blanche. Autour, c'est le vide. Voilà à quoi ressemblent l'être profond et la vie privée du Bélier. Conscient de son unicité, il apprend jeune à meubler sa solitude. Ses secrets intimes lui appartiennent, personne ne les connaîtra jamais. Pas même l'astrologue que je suis. Pour ces raisons, et pour bien d'autres, le Bélier ne plaît pas à tous. On dit de lui que c'est un bon général mais un mauvais soldat. Sans doute a-t-on raison...

Titres et privilèges

Le Bélier est prêt à payer le prix de ses « titres et privilèges ». Il manifeste sa spécificité de manière racée, voire impudente. Doté d'une force physique et psychique considérable, il atteint presque toujours son but. Grâce à son courage et à son travail, de gré ou de force, il y arrive. Rien ne lui résiste, il ne rend jamais les armes et n'aime pas avoir une dette envers quelqu'un. Ce gagnant mérite son succès, il est l'instigateur de sa propre chance. Ajoutez à cela une forte propension à l'indépendance et un orgueil quasi illimité, et vous comprendrez pourquoi le Bélier est parfois décrié.

Histoire de mots

Tous les mots commençant par « auto » lui conviennent bien : autosatisfaction, autodétermination, automatisme, autodéfense, autodestruction, autodidacte, autocrate, autorité. N'oubliez pas automobile. Il en aura une dès son plus jeune âge et en usera jusqu'à la fin de sa vie. Peut-être même en fera-t-il collection...

Comme vous le voyez, le Bélier mérite le titre que je lui attribue, celui de « prince de l'autonomie » !

PLANS PHYSIQUE, MENTAL ET INTELLECTUEL

Plan physique

Le Bélier est sous la dominance de Mars, planète gérant l'énergie, la volonté et la sexualité. Mars donne un teint frais, parfois couvert de taches de rousseur, des cheveux d'un roux ardent, un visage expressif. Fait à noter, le Bélier porte souvent une cicatrice à la tête ou au visage. Le nez est pointu, le front large, les yeux vifs et perçants. Le corps est svelte et bien proportionné. Le Bélier en est fier et il le soigne bien. Les exercices visant à améliorer ou à conserver sa puissante musculature, les massages, les sports de contact et de compétition sont ses activités préférées pour maintenir la forme et expulser les déchets qu'il déteste accumuler.

Prédispositions pathologiques

La tête et ses organes actifs sont le lieu des prédispositions pathologiques : les yeux, les oreilles, les dents et surtout le nez constituent les points sensibles. Le port d'un casque pendant le travail et dans la pratique des sports est conseillé pour protéger les méninges et le cerveau. L'estomac et l'ossature peuvent donner chez le jeune Bélier des signes d'usure et de fatigue. Il convient d'y remédier par une saine discipline de vie.

Le système nerveux central étant fragile, il y a des risques de maladies psychotiques et psychosomatiques donnant des migraines, des névralgies, des myalgies, des fièvres, des maladies congestives et hémorragiques. Possibilité de psychose maniaque dépressive périodique ou permanente à traiter dès que le diagnostic est établi. Les résultats sont toujours positifs. Présence fréquente de blessures, d'accidents ou d'opération chirurgicale à la tête.

Mais, généralement, le Bélier est assez solide. S'il use d'une élémentaire prudence et s'il se soigne au moindre symptôme, il vivra vieux, jouissant d'une bonne qualité de vie.

Plan mental

Mentalement, le Bélier peut sembler difficile d'approche. Ne se livrant que rarement, il est caustique, intransigeant, parfois cynique. Avec lui, les conversations sérieuses sont rares. Il a recours à des blagues, à des jeux de mots, à des compliments, à des critiques et à des moqueries pour créer des liens avec les autres.

Un secret entre nous : ne lui répétez jamais deux fois la même chose. Il a compris la première fois et pensera que vous doutez de sa mémoire. Vous le vexerez. Si vous répétez, soyez sûr qu'il n'a rien entendu la première fois, sinon sa réplique sera cinglante.

Sa façon de discourir sur la philosophie, sur Dieu ou sur d'autres sujets de nature existentielle nous fait craquer, mais le Bélier nous fait aussi réfléchir. Son mental est solide. Rares sont les natifs qui souffrent de la maladie d'Alzheimer ou de dérangements mentaux persistants ou incurables.

Le Bélier est un bon compagnon, mais il fait peu confiance aux autres. Il a trop confiance en lui pour risquer de se faire avoir ! C'est peut-être sa faille, son talon d'Achille…

Plan intellectuel

Le Bélier est intelligent et rusé. On aurait tort de se moquer de son impulsivité. Ses gestes et ses paroles brusques sont dénués de méchanceté, mais ils peuvent déranger les plus sensibles. Son esprit ne s'embarrasse pas de considérations oiseuses, il va droit au but. Sa candeur est rafraîchissante. Sophistiqué, il ne manque pas de naïveté; c'est une belle combinaison. L'ennui est son ennemi; il se lasse vite de ses plaisirs. Toujours meilleur au début d'une entreprise qu'à la fin, il commence plus de projets qu'il n'en finit.

Le don

Pourvu d'intelligence pratique, concrète, discursive et abstraite, le Bélier a parfois du génie, un «don», comme on dit. Il utilise au mieux ses talents et sa créativité dans le milieu des affaires et des arts. Il sait tirer parti de toutes les occasions et fait flèche de tout bois. Sa récompense est la richesse qu'il aime avoir en quantité. Sa motivation première est l'argent, qui lui permet de réaliser ses rêves. Les autres motivations lui appartiennent, il faut bien lui laisser sa part de mystère…

Signe masculin, cardinal et de Feu

Voici quelques informations importantes pour connaître et comprendre le Bélier.

Signe positif ou masculin

Le Bélier est un signe positif ou masculin. De nature extravertie, le natif du Bélier fait en grande partie son destin lui-même. Les événements marquants de sa vie surviennent à la suite de grandes poussées d'énergie déployées dans le but d'améliorer son sort. Les hommes plus que les femmes trouvent facile de s'épanouir et d'exploiter leurs qualités. Après un long et patient travail visant à la « connaissance de soi », certaines femmes parviennent à devenir un Bélier dénué de complexes et de remords. Le succès couronne leurs efforts.

La femme forte

Bien que le côté masculin de la femme Bélier soit évident, cela ne signifie pas automatiquement homosexualité. Le lesbianisme n'est pas plus fréquent chez la femme Bélier que dans d'autres signes. De nos jours, la femme forte a plus que jamais sa place dans le monde. Soyons reconnaissants envers les femmes Bélier, car elles nous ouvrent bien des portes…

Volonté dominante

Le Bélier est un signe « cardinal », ce qui signifie que la volonté est sa qualité dominante, la principale caractéristique du natif. Il se démarque par sa force, son courage, son ambition. Rien ne l'arrête, personne ne l'impressionne. Aussi prompt à aimer qu'à détester, il se fait rapidement des amis comme des ennemis et connaît de brusques ruptures. Ce qu'il veut, il l'obtient.

Défauts

Le Bélier a une fâcheuse tendance à la précipitation, avec comme résultats : manque de persévérance dans la poursuite du but choisi, abandon de nombreux projets pour quelque chose de nouveau et de plus stimulant, désir excessif d'attirer l'attention publique. Sa tendance à manifester une trop grande hâte peut être constructive, car il est meilleur au début d'un travail qu'à la fin. Il lui est fortement suggéré de changer souvent d'emploi ou de poste. S'il ne le fait pas lui-même, la vie s'en chargera.

Au cours de l'acte sexuel, cette tendance à la précipitation peut mener à l'éjaculation ou à la jouissance précoce. Mais quand l'amour s'en mêle, le Bélier peut contrôler son corps par la force de son esprit. Il est alors un meilleur partenaire sexuel et retire plus de satisfaction de la relation. À l'écoute du partenaire, il aime prendre son plaisir, mais il aime aussi en donner. Fier de sa performance, il tend à s'en vanter. Inutile de dire que cette tendance est à proscrire.

Signe de Feu

Le Bélier est un signe de Feu. Il ne marche qu'à la passion. La tiédeur l'horripile, il préfère la froideur. L'indifférence est son arme préférée. Sa diplomatie n'est pas évidente, il cache mal ses sentiments. S'il vous ignore complètement, méfiez-vous, il ne vous aime pas. Remarquez que ça pourrait changer, car il n'est pas rancunier. C'est une de ses grandes qualités.

GOUVERNÉ PAR MARS ET PLUTON

Mars, la rouge

Le Bélier est gouverné principalement par Mars, dite la planète rouge. C'est sa couleur préférée, suivie de près par le noir. *Le Rouge et le Noir* de Stendhal est, pour lui, un livre essentiel. C'est bien de connaître ses couleurs, si vous désirez lui faire plaisir intimement.

Il sent les choses

L'activité est la clé de sa nature, qu'elle soit pratique, émotionnelle, intellectuelle, qu'il prenne une bonne ou une mauvaise direction. S'il hésite, ne le brusquez pas. Il a ses raisons et sent les choses. Ses qualités psychiques sont très développées, il possède des dons de voyance, il a de l'intuition et des pressentiments. Il se trompe rarement. Il est aussi instinctif qu'un animal, cela lui sauvera la vie au moins une fois.

Dieu guerrier

Comme Mars qui régit son signe, le Bélier est bagarreur. Mars, «dieu guerrier», rend violent qui en dépend. Fait pour la lutte et aimant se mesurer aux autres, le Bélier a un sens de la compétition unique dans le zodiaque. Rudesse, agressivité et violence viennent parfois en prime. Il faut lui apprendre jeune à gérer son énergie, sinon des problèmes majeurs risquent de surgir. Les arts martiaux l'aideront à expulser ses haines et ses rancunes et le purgeront du mal de vivre qui envahit parfois sa tête et son cœur.

L'influence de Pluton

Qui dit Mars, dit Pluton. Ces deux planètes sont de même nature et, par conséquent, indissociables. Mars agit strictement sur le plan individuel, alors que Pluton agit aussi sur le plan collectif. C'est ce qui explique en partie l'impact du Bélier dans toutes les sphères de la société moderne et postmoderne. Cinéma, radio, télévision, politique, justice, religion, communications, commerce international, rien n'échappe à sa suprématie.

Force de la nature

Notons que le Soleil est dit «en exaltation» dans ce signe. Qui dit Soleil dit chaleur, magnétisme, vitalité et longue vie. Vieux, le Bélier est parfois plus tranquille. Mais ce n'est pas sûr, cela dépend de l'ascendant, de la lune natale et du thème personnel. Si vous sous-estimez un Bélier, vous faites une erreur. Ne la commettez pas, il pourrait vous en coûter…

Le Bélier est une force de la nature. Personne n'y peut rien, pas même lui ! Que ceux qui décrient ce signe ardent se taisent, ils ne l'ont pas compris. Quand on connaît un Bélier, on ne peut que les aimer tous !

RELATIONS AFFECTIVES

Imprévisibles et contradictoires

Les relations affectives du Bélier sont, comme lui, imprévisibles et contradictoires. Sa vie sentimentale et sexuelle est torride ou inexistante, rarement tiède. À défaut de grande passion charnelle, il sublime ses instincts primaires, meuble son temps et dépense ses énergies. Il est marqué dès l'enfance par les relations entre ses parents : son avenir affectif et amoureux dépend directement de sa mère. Lourd héritage que le sien !

Particularités

Le Bélier a parfois des parents froids ou absents. Lui qui a tant besoin d'amour souffre en silence pendant l'enfance, quitte à aller chercher dès l'âge tendre la relation amoureuse qui comblera ses besoins affectifs. C'est pourquoi il se lie et se marie si jeune. Statistiquement, les enfants choisis et adoptés sont souvent Bélier. Ils en sont peinés et recherchent leurs géniteurs. Quoi qu'il en soit, le Bélier aime et respecte profondément ses parents. C'est un bon enfant.

Le Bélier et l'égoïsme

On dit du Bélier qu'il est égoïste. L'adjectif égocentrique serait plus juste, car il ramène tout à lui. Cette tendance ne facilite pas ses relations humaines, affectives et sexuelles. Pour être juste, disons que, poussé par l'amour, il devient altruiste et est prêt à tous les sacrifices. Lui n'a besoin de rien. Il donne tout et gâte les siens, allant jusqu'à l'abnégation.

Ce sont surtout les femmes du signe qui tendent à être généreuses. Toutefois, certains hommes font exception à la règle et manifestent une troublante émotivité. Ils se dévouent bénévolement et donnent sans compter. Sans eux, les natifs de ce signe seraient jugés cruels et durs.

Un grand enfant

S'il réussit à dompter sa puissante nature et à composer avec elle, le Bélier connaît une vie affective et amoureuse plus que satisfaisante. Avec une libido sous contrôle, il ne commet pas d'impairs. Dans le cas contraire, il a le choix entre rater sa vie par passion et employer utilement ses pulsions sexuelles. S'il n'est pas victime d'un drame de jalousie, c'est gagné.

Bâtissant des maisons et parfois des empires, soignant et guérissant les malades, faisant des enfants dont il s'occupe souvent en tant que parent unique, il fait de son mieux pour être disponible pour ses enfants et ses petits-enfants qu'il aime profondément, même si son amour n'est pas traditionnel. Voulant assurer à sa progéniture la sécurité financière, il la pousse à étudier. Il aime aussi jouer, faire du sport et partir en vacances avec ses enfants. Il est comme eux, un grand enfant !

L'ARGENT ET LES AFFAIRES

Il fera de l'argent

Dès son plus jeune âge, le Bélier sait ce qu'il fera dans la vie : il gagnera de l'argent. Il aime l'argent pour deux raisons principales : la sécurité qu'il procure et le pouvoir. Doué pour la création d'entreprise, il sera le patron et mènera ses affaires à sa manière, ne déviant jamais de ses ambitions premières. Il a du panache et fait impression. Quoi qu'il en dise, il ne se résoudra jamais à être pauvre. Fort heureusement, ce n'est pas le cas. Son travail rapporte, ses efforts sont récompensés, presque toujours au double de la valeur de l'investissement personnel, ce qui n'est pas pour le dissuader de continuer !

La chance

De la chance ? Presque pas, mais de l'audace, du travail et un sens des affaires dont il use et abuse impunément. On peut dire qu'il est né du bon côté de la clôture. Sa recette est simple : prendre des risques, s'amuser et gagner des sous. C'est plus facile pour lui que pour elle. Côté économies, il tombe parfois dans l'excès et peut devenir avare. Ce trait de caractère est à surveiller, car le Bélier peut aller jusqu'à se priver de l'essentiel et ruiner sa santé à force de se surmener.

Métiers et professions

Parmi les métiers et professions du Bélier, citons : entrepreneur, industriel, ingénieur, dentiste, chirurgien, policier, pompier, officier et général d'armée, stratège, imprimeur, forgeron, ferronnier, fondeur, soudeur, artificier, spécialiste en armement et en tir, technicien en explosifs, cheminot, éleveur de moutons, berger, boucher, artisan (laine et bijoux en fer), modiste, coiffeur, concepteur, producteur, acteur, expert en communication, en commerce ou en publicité. Tous les métiers où l'on conduit et dirige sont pour lui. Il peut être vedette de la chanson, du cinéma, du théâtre. Le *star system* a sûrement été inventé pour le Bélier !

Un secret entre nous

Généreux de son temps et de sa personne, le Bélier accumule parfois des biens et de l'argent. Limitant volontairement ses dépenses personnelles, il tend à se servir, mais raisonnablement, sans plus. Sûr de servir une bonne cause ou d'apporter du réconfort avec un cadeau, il donnera ; autrement, non.

Un secret : ne lui demandez rien. Tout doit venir de lui, sinon vous serez rabroué. Sans quémander, vous risquez d'avoir plus. C'est même certain...

Sa vie se termine bien

En affaires, le Bélier possède le sens de l'innovation. C'est une de ses plus grandes qualités. Tout ce qui est nouveau et différent attire son attention. Sa curiosité intelligente le mène sur des voies inconnues. Qu'il gagne ou qu'il perde, peu lui importe, le principal pour lui étant de jouer. Comme dans les films américains, le plus souvent, il gagne. Sa fortune témoigne de son dur labeur. Sa vie se termine bien, il a toutes les raisons d'être fier de lui.

LES AMOURS DU BÉLIER

Cupidon lui lance des flèches

Les amours du Bélier sont menées tambour battant. Rapide et impulsif, il change de cible. Les passions torrides suivies de désintérêt et de « désamour » sont fréquentes chez lui, moins chez elle. Chose certaine, la vie amoureuse du Bélier n'est pas une sinécure. Pour le calme plat en amour, il faut aller voir ailleurs. Ce n'est pas le Bélier qui court après Cupidon, c'est Cupidon qui ne cesse de lui lancer des flèches. Il n'y peut rien, le pauvre...

Nombreux flirts

Quand le Bélier reste longtemps avec la même personne, il flirte beaucoup. Cela ne signifie pas automatiquement infidélité, mais il regarde ailleurs. Observez l'homme Bélier dans une soirée. Si une femme inconnue arrive, il la jauge, bombe le torse et se prend pour un superhéros. C'est un séducteur impénitent. Il n'y peut rien si les femmes l'adorent, il est trop attirant, voilà tout !

De son côté, la femme Bélier est excitée par un nouveau regard qui se pose sur elle. Elle aime séduire le sexe opposé et n'hésite pas à faire ce qu'il faut pour attirer l'attention de celui qui l'intéresse. Elle veut plaire, un peu pour se rassurer, beaucoup par coquetterie. Même si elle a l'air un peu garçonne, ne vous y fiez pas. C'est une femme, une vraie. Cupidon n'a qu'à bien se tenir avec elle, elle lui donnera du fil à retordre…

Des sentiments passionnés

Chez les deux sexes, les sentiments sont extrêmement passionnés. Parfois de courte durée mais toujours intenses. La jalousie fait partie du décor. Les Bélier construisent des châteaux en Espagne, entretiennent des projets fascinants et conservent une fraîcheur printanière toute leur vie. Bizarrement, ils attirent dans leur filet des gens compliqués et tourmentés, alors qu'ils sont la simplicité même. Souhaitons-leur quelqu'un d'équilibré. Leurs amours seront alors durables et fidèles, Cupidon aura fait du bon travail.

APHRODISIAQUES ET SEXUALITÉ

Jeune et fringant

Jeune et fringant, le Bélier n'a nul besoin d'avoir recours à des aphrodisiaques pour profiter d'une sexualité satisfaisante. C'est plutôt du contraire dont il aurait besoin. Manger beaucoup de laitue, de céleri et de tomates calmera la libido d'un jeune « mouton noir » ou d'un vieux « loup-berger » dont l'appétit sexuel est excessif. Ramenant sa libido à un niveau plus acceptable, il sera moins exposé aux drames romantico-sexuels qu'il vit souvent.

Si, par hasard…

Si, par hasard, le Bélier avait besoin d'un stimulant amoureux, ce n'est pas le fameux Viagra ou un autre médicament de ce type qu'il devrait essayer. Beaucoup trop dur pour le cœur. Les petits trucs anodins que je vous propose ci-après sont utiles et moins nocifs. Ils ont l'air de rien, mais les natifs qui ont atteint un niveau de contentement sexuel élevé et qui désirent s'en tenir à des traitements plus conventionnels en tireront profit.

Le meilleur aphrodisiaque qui soit pour le Bélier, c'est le caviar rouge ou noir. Suivent les huîtres et le champagne, et, à moindre coût, les œufs de caille et le vin blanc. Les boissons fortement alcoolisées sont prohibées parce qu'elles échauffent le sang. Pas bon marché, ces produits, mais le jeu en vaut la chandelle! Le chocolat noir de grande qualité fera aussi l'affaire, à condition de l'accompagner d'un espresso corsé.

Pour le Bélier, l'amour n'est pas un passe-temps comme un autre, c'est un jeu sérieux. En principe, rien ne lui déplaît quand il s'agit de sexe. Avec l'âge et l'expérience, il verra que cela ne va pas sans risque, mais il va toujours au bout de son délire, c'est sa nature. Aucun « anaphrodisiaque » ne réussira à l'en détourner!

COMMENT SÉDUIRE UN BÉLIER

Goût du risque

Pour séduire un Bélier, il faut être sûr de soi. Comme il aime badiner en amour, il faut aussi avoir un sens de l'humour développé et le goût du risque. Pour le garder, c'est une autre histoire, mais parlons de séduction...

Le Bélier a un penchant naturel pour le sexe. L'aguicher en vain n'est pas recommandé. Si vous n'avez pas l'intention d'aller jusqu'au bout, flirtez légèrement, sans plus. Il pourrait se vexer. Soyez franc ou franche, il s'intéressera à vous avec la même franchise. Ce que vous donnez, il vous le rendra, en amour comme dans tout. C'est à considérer.

Le Bélier a l'œil. Il affirme avoir un bon jugement et ne jamais se tromper sur les intentions d'autrui. Pour ce qui est du jeu de la séduction, il a raison, mais quant à la moralité d'une personne, c'est moins sûr. Il décèle immédiatement l'intérêt qu'il suscite chez l'autre. Aussi perd-il rarement son temps...

Pour retenir son attention

Pour retenir son attention, il faut avoir de l'allure et du style, être sensuel et aimer faire l'amour. Se montrer sous un jour attrayant sera un atout. Il ne s'arrêtera à vous que si vous êtes original et n'avez pas peur d'afficher vos couleurs. L'homme Bélier aime les talons hauts, les bas noirs et les sous-vêtements révélateurs qui lui permettent d'assouvir ses fantasmes. La femme du signe aime un homme soigné et parfumé, bien habillé et aux mains d'aristocrate. Disponible et bon amant, il fera l'affaire. Ce n'est pas la relation la plus simple, mais le natif du Bélier affirmera le contraire avec véhémence, car il tient à sa réputation de « personne simple et directe ».

Si vos propos l'amusent et si vous lui faites des compliments sur sa performance sexuelle ou autre, le Bélier sera séduit. Ce sera pour quelques minutes, pour quelques heures ou pour la vie : cela dépend de lui et de vous. Riez de ses blagues et vous redoublez vos chances de lui plaire. Il se targue d'avoir un sens de l'humour incomparable. C'est souvent vrai, mais il faut apprécier le cynisme et aimer son genre d'humour un peu noir et malfaisant.

Parlez-lui d'immortalité

Vous n'accordez pas une importance prépondérante à la fidélité, mais êtes-vous vous-même fidèle ? Vous pourriez être la perfection que le Bélier recherche, l'élu ou l'élue de son cœur. Encore là, les promesses d'éternité ne viennent pas en prime. L'éternité et le Bélier étant contraires, parlez-lui d'immortalité, il aimera. Suggérez-lui des « amours éternelles » au point de vue de la durée et il partira en courant. Vous êtes prévenu.

Si vous tentez l'aventure avec un Bélier, vous devez avoir un goût marqué pour l'improvisation et l'indépendance. Vous pourrez toujours vous réfugier en secret derrière le rideau de vos larmes, car si vous pleurez devant lui, c'est terminé. Aucun jeu de séduction ne fonctionnera plus. Vous en serez quitte pour avoir vécu une belle aventure amoureuse ; il y a pire !

COMPATIBILITÉ AMOUREUSE ET SEXUELLE (SYNASTRIE) DU BÉLIER

Bélier-Bélier: Deux tempéraments à forte pulsion sexuelle. Dans cette synastrie, la femme est plus heureuse que l'homme. Satisfaite, elle est fidèle. Lui, «ça dépend d'elle», dit-il avec humour… Relation houleuse mais passionnante. La jalousie et le drame rôdant, les deux Bélier doivent mener leur vie amoureuse prudemment.

Bélier-Taureau: Très sexué, le Bélier est friand de plaisirs rapides et fréquents. Plus lent, le Taureau est avide de sensations fortes, c'est un sensuel. Ils doivent se satisfaire sexuellement, sinon c'est invivable. Jalousie de l'un, possessivité de l'autre, la relation est chaotique. S'ils s'aiment, ils trouveront un terrain d'entente, sinon ils se sépareront avec fracas.

Bélier-Gémeaux: Ils s'aiment et se complètent sexuellement. Ils ne passent pas des heures à faire l'amour, mais ils sont satisfaits. Le Gémeaux comble l'autre de caresses dont il a le secret. Il n'est pas réticent aux suggestions coquines du Bélier. Les deux s'amusent au lit. Léger mais durable, leur amour surprend. La synastrie est automatique.

Bélier-Cancer: L'un est de feu, l'autre d'eau. Ils s'allument et s'éteignent par plaisir, mais c'est un jeu dangereux. La vie amoureuse est difficile, le sexe rarement satisfaisant. Quand cela se produit, ça tient du miracle et il faut s'en réjouir. Si la femme est Cancer, un climat malsain peut s'installer, mieux vaut partir avant que le drame n'éclate.

Bélier-Lion: Belle complicité amoureuse, mais si les besoins sexuels du Bélier sont vite satisfaits, ceux du Lion sont lents à aboutir. La femme du Lion aime se faire courtiser, l'autre doit initier le jeu. Si elle est Bélier, c'est plus facile, la femme sait apprivoiser son Lion. Ils aiment séduire et sont adeptes des jeux érotiques. Pas farouches, ces deux-là!

Bélier-Vierge: Compatibilité sexuelle naturelle, mais le cœur se sent parfois très seul. La Vierge ne connaît pas toujours le fonctionnement de son propre corps, à plus forte raison de celui de l'autre. Si la Vierge possède la technique, il ou elle devient un bon partenaire pour le Bélier qui n'a guère de patience au lit. Étonnamment, ça peut durer longtemps.

Bélier-Balance : Mars (Bélier) recherche Vénus (Balance). Coup de foudre inévitable, mais la chaude nature du Bélier se contente mal de la distante et parfois froide Balance. Si la femme est Balance et l'homme Bélier, ils s'acclimateront avec le temps et l'expérience. Attention, la séduction de la Balance peut être fatale au Bélier jaloux !

Bélier-Scorpion : Deux bombes d'énergie amoureuse et sexuelle compatibles. Pour le Bélier, c'est le partenaire amoureux rêvé. Le Scorpion fait l'amour par besoin, l'autre par esprit de conquête. Les deux agissent en fonction d'un désir de création ou de procréation. Leur intérêt pour la chose leur permet de belles expériences. Ils s'aiment, c'est fatal.

Bélier-Sagittaire : Deux protagonistes doués d'ardeur amoureuse et sexuelle intempestive. Le Bélier agit en coup de foudre, le Sagittaire a besoin de romance. Si le Bélier lui fait la cour et partage ses goûts pour le voyage, ils s'aimeront longtemps et seront heureux. En cas d'excès sexuels, attention, des effets négatifs sur la santé sont possibles.

Bélier-Capricorne : Le sexe les rapproche, mais l'esprit (l'âme) risque de se perdre dans une telle union. L'un est victime de l'autre, c'est quasi inévitable. Que ce soit pour l'esclave ou le maître, la situation est explosive. Le drame rôde, il faut craindre le sadomasochisme et s'éloigner en cas d'agressivité. L'amour entre un Bélier et un Capricorne tient du prodige, c'est d'autant plus beau que c'est rare…

Bélier-Verseau : Deux natures dominantes. L'entente amoureuse et sexuelle n'est pas automatique, mais elle est possible. Bélier et Verseau se font la guerre au lit et ailleurs. Le Verseau est difficile à satisfaire. Si le Bélier se plie à ses caprices, et si le Verseau accepte les temps morts dans la relation, c'est gagné. Sinon, chacun ira de son côté.

Bélier-Poissons: Tempérament sanguin et tempérament lymphatique, l'actif et le passif, le dominant et le dominé. La sexualité pressante du Bélier agace le Poissons en manque constant d'amour. La satisfaction amoureuse et sexuelle n'est pas garantie. Ceux qui le vivent bien ont l'ascendant dans le signe solaire de l'autre.

THÉRAPIES NATURELLES

Une habitude néfaste

Pour le Bélier, les thérapies naturelles sont non seulement bienfaisantes, mais nécessaires. C'est un signe de Feu, de tempérament sanguin-bilieux, et sa «chaude nature» a constamment besoin de fraîcheur. Cela peut sembler évident, mais beaucoup l'ignorent et se gavent de nourritures et de boissons chaudes, thé, café, tisane, etc. C'est un non-sens, une habitude qui peut s'avérer néfaste.

Le moins d'alcool possible

Pour rester en bonne santé, le Bélier a besoin d'eau fraîche, de beaucoup d'eau fraîche quotidiennement, mais aussi de jus de fruits rafraîchis. Si sa constitution le lui permet, il peut boire occasionnellement un peu de vin frais et léger, avec le moins d'alcool possible, car celui-ci a sur le Bélier un effet dramatique. Ceux qui en ont abusé le savent et s'en tiennent loin, ajoutant ainsi des années à leur vie.

Pour maintenir sa forte musculature et conserver le moral, il doit suivre un régime alimentaire sain et équilibré, à défaut de quoi la déprime peut s'installer. Les buffets froids sont pour lui.

La douche fraîche

La douche fraîche quotidienne est, pour le Bélier, le meilleur remède. Pour les plus âgés, il y a la natation et l'aquaforme.

La cure thermale, les traitements d'hydrothérapie et la bioénergie sont également efficaces. Avec ses deux champs d'action, le massage suédois est particulièrement utile. La relaxation ainsi obtenue a une action bienfaisante sur la circulation sanguine et elle détend le système nerveux central. Tous ces traitements agissent aussi sur les nerfs faciaux et les chaînes musculaires, les tensions et les spasmes qui causent douleur et inconfort.

Les saunas font partie de la panoplie des soins corporels qui remettent les Bélier en forme. Les cliniques spécialisées sont assez dispendieuses, mais on y fait des merveilles. Tout dépend de son budget et de ses priorités. À peu de frais, on peut obtenir des frictions douces à l'huile d'amande, faire de l'exercice et du sport léger, du yoga ou shiatsu, sans oublier de boire des tonnes d'eau pure pour rafraîchir le système. N'oubliez pas, Bélier, c'est votre règle d'or !

Le summum de l'économie

Summum de l'économie pour le Bélier : couché par terre sur le dos, paume des mains vers le haut, respirez à fond et restez dix minutes sans bouger un doigt. Débranchez le téléphone et interdisez qu'on vous dérange. Ces dix minutes vous sembleront longues au début, mais vous en sortirez frais et dispos, comme si vous aviez dormi des heures. Vous voilà prêt à conquérir le monde !

FLEURS ET PARFUMS PRÉFÉRÉS DU BÉLIER

Des suggestions

Si vous désirez vous faire plaisir en tant que Bélier, ou faire plaisir à une personne du signe, voici des informations pertinentes concernant les fleurs et les parfums qui plaisent aux narines ultrasensibles du natif du Bélier. Souvenez-vous qu'il ne s'agit pas de règles infaillibles, mais de suggestions. Qui veut imposer sa loi au Bélier fait fausse route, c'est l'évidence même.

Parmi les fleurs et les parfums préférés du Bélier, il y a d'abord et avant tout l'odeur du foin fraîchement coupé. Celle-ci le met en état de grâce et réveille sa jeunesse. Rien de mieux pour lui aviver le teint et faire briller ses yeux de plaisir. Sa fleur porte-bonheur est l'œillet, le rouge, bien sûr. Qu'il en porte un à la boutonnière et il réussira plus aisément ce qu'il entreprendra. Sans compter que ça lui donne fière allure !

Autres choix heureux

Voici d'autres bons choix pour elle et lui : bruyère, bergamote, menthe, citronnelle, primevère et toute fleur printanière. Un bouquet printanier aux couleurs vives mettra tous les Bélier en joie. À remarquer : les hommes du Bélier sont loin d'être allergiques aux fleurs et aux parfums. Au contraire, ils adorent recevoir de telles marques d'affection et de reconnaissance. Essayez et vous serez agréablement surpris, vous m'en donnerez des nouvelles.

Pour Madame Bélier : *Red Door* d'Elizabeth Arden, *Pure* d'Alfred Sung, *Red* de Giorgio Beverly Hills, *Magie noire* de Lancôme et *Miss Dior* de Christian Dior.

Pour Monsieur Bélier, qui aime recevoir un parfum à son image : le célèbre et recherché *Hugo* de Hugo Boss. En ce qui concerne le parfum de foin coupé mentionné plus haut, vous en trouverez dans certaines boutiques spécialisées, où l'on vous fabriquera sur mesure un parfum digne du Bélier de votre vie. J'hésite à croire qu'il ira en personne, ce serait indigne de sa réputation de macho. Mais on ne sait jamais.

Quant à elle, nul problème, elle se fera un plaisir d'aller quérir l'odeur qui la met en transe et la fait plus femme.

Bien né

Ayant hérité à la naissance d'une influence numérologique à la fois sacrée et importante sur terre, le Bélier est chanceux. Il prétend le contraire et croit qu'il fait sa chance lui-même, ce en quoi il a partiellement raison. Disons que le destin l'a fait naître à un moment particulièrement heureux. S'il n'est pas chanceux, il est bien né !

Couleurs porte-bonheur du Bélier

Le rouge

Nous l'avons déjà mentionné, mais il faut le répéter, le rouge agit sur le Bélier de façon immédiate. Frappant son imaginaire et allumant son esprit, cette couleur vive éveille en lui l'enfant qu'il est et sera toujours. En tant que premier-né de la grande famille du zodiaque, il a le privilège de l'émerveillement. Entourez de rouge vif la femme ou l'enfant Bélier ou faites-lui porter des vêtements de cette couleur, et il se montrera enjoué, inventif, créateur, génial.

Le rouge-brun ou rouge sang est également une couleur porte-bonheur pour le Bélier des deux sexes. Qu'il en porte pour aller à l'école, pour travailler et pour voyager, et sa sécurité sera assurée. Pour traiter d'affaires importantes, rien de mieux. Ses ennemis sont déstabilisés par cette teinte évocatrice. Leur action stoppée, leur vue obstruée, ils sont neutralisés. Pendant ce temps, le Bélier agit à sa guise et leur échappe.

Le jaune or

Le jaune or est également bénéfique pour le Bélier. Drapée dans du satin ou du velours de cette teinte, la femme Bélier fait un malheur. Des accessoires de cette couleur agissent favorablement sur son subconscient et sur celui de son interlocuteur ou opposant. Il est confondu. L'homme Bélier dont la simple cravate ou pochette est jaune or se rallie les forces cosmiques du Soleil. Pas de malaise ni de défaillance, pas de revers possible.

Soutenus par cette couleur, les Bélier se sortiront de complications dans lesquelles ils s'étaient volontairement ou non embourbés. Ils vaincront le compétiteur. L'énergie du jaune or profite aussi aux enfants du signe. Une chambre décorée et peinte avec cette couleur calmera les angoisses de l'enfant Bélier, et il dormira comme un ange.

Le noir

Le Bélier aime le noir d'instinct. Cette « absence de couleur » ou, au contraire, « présence de toutes les couleurs » a des vertus liées au supraconscient ou superinstinct, faculté qui relève de Pluton. Comme cette planète est active dans la destinée du natif du Bélier, le noir joue un rôle important dans les dons « psy ». Le Bélier qui portera du noir aura des « visions » plus exactes.

Quand il aura recours aux services d'un professionnel dont il apprécie les facultés « supranormales », il se vêtira de noir. Pour consulter un clairvoyant, un tarologue, un numérologue ou un astrologue, portez du noir, car celui-ci bloque vos ondes énergétiques. La personne consultée ne doit avoir recours qu'à son savoir pour prévoir ou prédire votre avenir. C'est un bon test pour qui doute des connaissances de son futurologue préféré !

Bizarre ? Pas tant que ça ! Essayez si vous êtes de ce signe ou de cet ascendant, vous jugerez de l'effet par vous-même.

PIERRES CHANCEUSES DU BÉLIER

Le diamant

Les pierres chanceuses du Bélier sont multiples, mais il se doit de porter un diamant, peu importe sa taille et sa qualité, pourvu que ce soit une pierre véritable. Cette pierre est considérée comme étant la reine des pierres précieuses partout dans le monde. Ces cristaux de carbone pur, élément à la base de la vie, contiennent une chaleur et une pression intenses. Le Bélier réagit bien à cette énergie qui, si elle était libérée, aurait une force d'explosion inconcevable.

Porter un diamant le protège de l'influence négative ambiante et de ses ennemis. De plus, la pierre fortifie sa santé et le met à l'abri des accidents de locomotion parfois si graves…

Le rubis

Dans les bijouteries, on vous dira que le rubis est la pierre du Bélier. C'est vrai, mais, comme cette pierre a une influence agressive et violente, l'homme du signe doit s'abstenir sagement d'en porter, surtout s'il est jeune et fringant, car il n'a pas besoin d'excitant. Par contre, la femme Bélier qui se trouve en perte d'énergie ou d'autonomie fera bien de porter un rubis pendant quelques mois. À son contact, elle sera plus sûre d'elle et plus active.

Le grenat

Le grenat apporte de l'énergie, mais sans le côté excessif de celle du rubis. Sa belle robe rouge-brun est d'un effet saisissant chez le Bélier, homme et femme. Cette pierre est recommandée en toutes circonstances. Elle donne du courage pour affronter une chirurgie, un procès ou un conjoint délaissé et elle stimule la fonction sexuelle. Ses effets sont essentiellement bénéfiques.

L'améthyste

Cela dit, la pierre fétiche du Bélier demeure l'améthyste. D'un beau mauve, elle est du meilleur effet sur sa santé. Elle a aussi la réputation de le protéger des chutes physiques et morales et de l'ivresse. Ceux qui ont des problèmes de consommation d'alcool ou de fréquentation d'autres paradis artificiels feraient bien de s'en procurer une et de la porter. Toute aide est appréciée quand on est moins résistant. L'améthyste n'ayant que des vertus, on n'en abusera jamais !

Un avertissement

Assortir un rubis à un diamant et à une perle est une combinaison belle mais dangereuse. La femme Bélier, en particulier, doit éviter d'en porter. Cela vaut aussi pour l'ascendant Bélier. Même faux, cet amalgame de pierres a des effets négatifs sur le subconscient. Il serait préférable de ne pas en faire usage.

Quant aux métaux conseillés, l'or jaune ou blanc, le platine ou l'argent sertira parfaitement vos pierres précieuses ou semi-précieuses. Celles-ci ne sont allergiques à aucun métal, heureusement !

PAYS, RÉGIONS ET VILLES BÉLIER

Les pays, les régions et les villes où le Bélier sera heureux parce qu'ils sont de même nature que lui sont : l'Alaska (Capricorne ascendant Bélier), l'Allemagne (surtout Berlin), l'Angleterre, Bornéo, la Chine, la Corée, la France (certaines régions dont Marseille), Israël, le Japon, la Judée, la Tasmanie, le Venezuela (certaines parties). Plus près de nous, la Nouvelle-Écosse, Vancouver (Colombie-Britannique), Burlington (Vermont), Daytona Beach (Floride), Guadalajara, Puebla et Cuernavaca (Mexique), San Salvador et les îles Vierges.

Mais vous en découvrirez d'autres endroits que vous apprendrez à aimer, cher Bélier. Les pays et les villes préférés du Lion et du Sagittaire vous iront comme un gant. Ceux du Gémeaux et du Verseau vous plairont aussi, car il en est des lieux comme des humains et les personnes de ces signes sont compatibles avec vous. Faites-en l'expérience, vous leur trouverez du bon.

LES SECRETS DE VOTRE DATE DE NAISSANCE

LES BÉLIER DU 21 MARS sont chanceux en amour et heureux en ménage. Leur charme et leur magnétisme agissent comme un aimant auprès de la personne désirée. Arrivant avec le printemps, ils sont bourrés d'énergie et de vitalité. En principe, ils vivront vieux.

LES BÉLIER DU 22 MARS gravent dans leur mémoire les événements marquants de l'existence afin que ces expériences servent de leçon. Ils comprennent mieux que d'autres le sens de la vie et ils aiment faire rire. Ce sont des clowns sérieux.

LES BÉLIER DU 23 MARS vibrent de manière étrange à une sorte de pouvoir basé sur la compassion et l'altruisme. Cette prédisposition leur offre la possibilité d'aider les gens qui les entourent, quitte à s'oublier eux-mêmes.

LES BÉLIER DU 24 MARS jouissent d'une forte autorité. Leur sens inné du commandement leur permet de se rendre utiles, voire indispensables, mais ils ne doivent pas abuser de leur pouvoir, ni de leurs charmes.

LES BÉLIER DU 25 MARS réussissent brillamment à tous les moments de leur vie, et même dès le plus jeune âge. Ce sont des êtres précoces et vifs qui brillent à la manière des étoiles filantes. La spiritualité leur permet de vivre longtemps.

LES BÉLIER DU 26 MARS devront apprendre à ne pas blâmer les autres pour leurs propres problèmes. Ils ont intérêt à faire face à la musique bravement, en tentant de contourner les embûches. La confrontation agressive est dangereuse.

LES BÉLIER DU 27 MARS ont peu d'amis. Introvertis, ils aiment la solitude et sont prédisposés à la méditation. Ils se prêtent volontiers à l'autoanalyse et en tirent bien-être et épanouissement. La connaissance de soi est ce qu'ils recherchent.

LES BÉLIER DU 28 MARS sont supérieurement intelligents ; certains ont du génie. Pourtant, c'est de la nature qu'ils tirent leurs plus grands plaisirs. Chasseurs, pêcheurs, organisateurs de jeux et de sports divers, ils sont bien en plein air.

LES BÉLIER DU 29 MARS s'expriment avec aisance et possèdent des qualités d'orateur. Certains peuvent transporter les foules par la parole. Ils seront chanceux et réussiront s'ils aiment et sont aimés en retour. L'argent est une motivation pour eux.

LES BÉLIER DU 30 MARS seront heureux dans le mariage. Leur vie professionnelle réussissant mieux dans le partenariat, ils s'associeront avec succès à leur conjoint avec qui ils feront d'excellentes affaires, ce qui les rapprochera.

LES BÉLIER DU 31 MARS sont beaux et de caractère sérieux. Ils s'adonnent aux sciences, aux arts et aux sports. Leurs espoirs se réalisent souvent dans des circonstances exceptionnelles. En affaires, ils sont respectés et brillants.

LES BÉLIER DU 1er AVRIL connaîtront le succès malgré les dures luttes qu'ils auront à mener toute leur vie. Ils ont le don de se faire des ennemis puissants. De nature sociable, ils se plaisent en famille et en groupe. Ils sont parfois naïfs.

LES BÉLIER DU 2 AVRIL sont courageux et fiers. À la suite de difficultés monétaires importantes, ils connaîtront les honneurs et seront récompensés pour leur travail acharné. Ils ont peu de temps pour l'amour mais en trouvent pour le sexe et le sport.

LES BÉLIER DU 3 AVRIL vivent souvent par choix dans la solitude et le dépouillement. Des risques d'exil existent. Ils traverseront mers et océans, et les pays d'accueil seront généreux à leur égard. Une chance sous-jacente les protège.

LES BÉLIER DU 4 AVRIL doivent se méfier des erreurs de jugement en se faisant conseiller pour tout ce qui est important. Travaillant seuls et ne faisant confiance qu'à eux-mêmes, ils réussiront à franchir les obstacles et en auront du mérite.

LES BÉLIER DU 5 AVRIL seront plus heureux à la campagne, loin du bruit. Leur nature guerrière les mène à livrer de grandes batailles qu'ils finissent par gagner. Ils aiment étudier, lire et enseigner. L'amour joue un rôle majeur dans leur destinée.

LES BÉLIER DU 6 AVRIL sont très attachés aux biens terrestres. D'un côté, ils désirent apprendre et se perfectionner. De l'autre, ils aiment l'or et l'argent. Ils finiront par choisir un peu des deux de manière à ménager la chèvre et le chou.

LES BÉLIER DU 7 AVRIL sont chanceux grâce à leur grande sociabilité. Les relations avec les deux sexes sont favorisées. Ils reçoivent l'appui d'amis fidèles et peuvent compter sur eux. La spiritualité est à cultiver, c'est le but de leur existence.

LES BÉLIER DU 8 AVRIL sont aimables et aimés des deux sexes. L'amitié jouera un rôle clé dans leur destinée, qui sera brillante et luxueuse, du moins pour la majorité d'entre eux. Leur talent est remarquable, leur énergie unique. Ce sont des meneurs.

LES BÉLIER DU 9 AVRIL vivront dans la richesse et aimeront les honneurs. Il leur faudra apprendre à aimer les humains, car ils seront un peu misanthropes. Ayant tendance à se retirer dans leurs terres, ils doivent faire des efforts pour se maintenir en place.

LES BÉLIER DU 10 AVRIL sont forts et généreux, ils s'adaptent à toutes les situations. Au jeu de la vie, les femmes sont plus habiles que les hommes. La réussite des Bélier dépend du milieu familial. Plus ils sont éduqués, plus ils réussiront.

LES BÉLIER DU 11 AVRIL connaîtront la fortune grâce à leur caractère résolu. Ils ont du mérite à s'instruire et à se dominer. Se faisant facilement amis et ennemis, ils montrent une hospitalité légendaire et sont généreux avec ceux qu'ils aiment.

LES BÉLIER DU 12 AVRIL sont influençables et portés à l'instabilité. Leur destin dépend de leur milieu familial et de leur instruction. En agissant de manière irresponsable, ils perdront leurs biens. Ils se battront pour conserver leurs acquis.

LES BÉLIER DU 13 AVRIL doivent cultiver leur volonté ; leur point faible est le manque de caractère. Ils sont facilement influençables. L'intrigue et la jalousie leur causeront préjudice. S'ils sont bien entourés, leur destinée sera plus heureuse.

LES BÉLIER DU 14 AVRIL devront leur succès à leur milieu familial et à leur éducation. Ils ont des difficultés avec le sexe opposé et doivent se méfier de la sottise. L'amour est au centre de leur vie. Heureux ou malheureux, ils y pensent sans cesse.

LES BÉLIER DU 15 AVRIL maintiendront dignité et position grâce à leurs qualités d'énergie et de confiance en soi. Rares sont les natifs du 15 avril malheureux. L'art, la beauté, l'esthétique, l'harmonie, la couleur, la peinture et la gravure sont de leur domaine.

LES BÉLIER DU 16 AVRIL sont talentueux et certains ont du génie. De nature royale, ils réussiront grâce à leur mérite et à leur ambition. Une aide précieuse les propulsera au premier rang. Ils seront reconnaissants et paieront leurs dus à la société.

LES BÉLIER DU 17 AVRIL sont voués à la richesse et au succès, mais ils doivent se méfier des revers de fortune ainsi que des possibilités de dispersion de la famille. Le foyer sera source d'ennuis et d'inquiétudes, mais l'amour et le respect de la parole donnée vaincront toutes les difficultés. Bon gré, mal gré, ils se compteront chanceux.

LES BÉLIER DU 18 AVRIL vivront dans l'abondance et connaîtront le succès dans leur sphère d'activité. Les femmes sont plus avantagées que les hommes, mais les deux sexes ont leur part de bonne fortune. Ils seront chanceux et renommés.

LES BÉLIER DU 19 AVRIL sont sur terre pour travailler. Ils seront plus heureux s'ils sont instruits et éduqués, car ils seront armés pour franchir les obstacles. Pour certains, une fin dramatique est possible, mais il ne faut ni généraliser ni dramatiser.

LES BÉLIER DU 20 AVRIL sont influencés par l'éducation et par le milieu familial. De caractère indépendant, ils sont armés pour le combat et savent imposer leurs idées. S'ils se rebellent, ils sont dangereux. L'amour leur rapporte plus que la guerre.

LES BÉLIER OU TAUREAU DU 21 AVRIL (selon l'heure et l'année de naissance) possèdent un esprit vainqueur et sont reconnus pour leur habileté et leur sens de la diplomatie. Leur trait principal est de savoir défendre leurs amours et leur fortune. Ce qui leur appartient est à eux seuls.

JOUR CHANCEUX

Le jour chanceux du Bélier est le mardi, ainsi nommé en l'honneur de Mars qui régit le signe. Quoi que fasse le natif du Bélier le mardi, ses facultés sont en effervescence. Il est dans son élément. Qu'il choisisse ce jour pour se marier, pour faire un enfant, pour s'associer en affaires, pour signer un contrat important, pour voir son directeur de banque, pour ouvrir un commerce, pour partir en voyage ou pour aller vivre ailleurs, et l'affaire est dans le sac.

La magie des Étoiles est en action, le Bélier joue gagnant !

Les secrets du Taureau

21 AVRIL AU 20 MAI

ÉTERNEL ROMANTIQUE

Être aimé, respecté, admiré

À l'image de son mythe, le Taureau vit par amour et pour l'amour. Sans soins maternels, il meurt en bas âge, préférant retourner à la terre plutôt que de se battre dans un monde privé d'affection et de tendresse. Ce n'est ni un écervelé ni un superficiel, encore moins un amateur. Chez lui, tout est professionnel. Les gestes et les paroles, tout est pensé, réfléchi, calculé d'avance avec précision, en fonction du but qu'il veut atteindre. Il rate rarement sa cible. L'adversaire est foudroyé, mais ce n'est pas son but premier. Il désire avant tout être aimé, respecté, admiré.

Deuxième signe du zodiaque

Deuxième signe du zodiaque, le Taureau est sous la gouverne de Vénus, ce qui signifie que cette planète lui sert de force motrice. Les sensations, les sentiments, l'affection et l'amour prédominent donc chez le natif de ce signe. Par ailleurs, le nombre deux signifie depuis toujours et dans toutes les écoles d'ésotérisme la possession matérielle, l'argent. Comme c'est un multiple de un, le pluralisme s'installe. C'est le couple, la diversité, le dualisme.

Dès l'enfance, le Taureau sait qu'en ce qui le concerne, amour et argent vont de pair. L'un et l'autre lui sont indispensables. Un lien se crée entre ces deux objectifs qui deviennent sa motivation principale. C'est décidé, il aura les deux et sera comblé!

Besoin de confort

Vivre à deux coûte plus cher que vivre seul et si le Taureau a besoin d'argent pour l'amour et ses plaisirs, il en veut également pour vivre comme il l'entend, c'est-à-dire dans le confort d'un foyer douillet, avec une bonne table et de grands vins, entouré d'objets d'art et de tableaux de maîtres. Alors, il est heureux. Privé de confort, il est malheureux et ne rend service à personne. Il a de grands besoins d'argent, mais il sait habituellement les combler par son travail et ses propres efforts.

L'amour ou l'argent?

Une question vous brûle sans doute les lèvres: Lequel des deux vient en premier: l'amour ou l'argent? Cela dépend du sexe du Taureau à qui vous poserez la question. Si c'est une femme, elle répondra l'amour. Si c'est un homme, il dira l'argent s'il est vraiment honnête. En réalité, les deux sont intrinsèquement liés dans la vie du natif. Sa planète maîtresse étant Vénus, on ne peut s'attendre à ce qu'il se contente toute sa vie d'un grabat et d'un sandwich! Il lui faut le luxe et la volupté, l'art et la beauté.

Comme la Rome antique, le Taureau est un éternel romantique.

Plans physique, mental et intellectuel

Plan physique

Relevant de Vénus et ayant la Lune en «exaltation» ou en grande force dans son signe, le Taureau est fait pour durer. Sa résistance physique est étonnante. On le voit à sa carrure et à ses jambes bien plantées sur le sol.

Beau et bien proportionné, le Taureau a tendance à s'empâter avec les années, mais avec un peu d'exercice et de bonne volonté, il demeure sensuel et séduisant tout au long de son existence. Sa voix est musicale et superbe, son verbe coulant et étudié ravit l'auditeur. Il a des yeux remarquablement doux et parfois légèrement protubérants, ce qui ajoute à son charme. Le cou, les seins, la poitrine, le cœur, les veines et les ovaires sont ses points sensibles. Il doit surveiller sa thyroïde et son thymus, car ces glandes sont sujettes à des désordres.

Vivre vieux est pour lui la règle, à moins qu'il n'abîme sa santé par des excès de table ou de boisson ou par la débauche, ce qui arrive rarement, il faut le préciser. Le Taureau est physique, au premier degré.

Plan mental

Le Taureau est calme, pondéré, circonspect, réfléchi. Qui veut l'approcher doit le faire dans des moments heureux, de préférence après un bon repas. Le moment du digestif est pour lui l'heure de la confidence, du secret partagé. Patient et persévérant, il prend son temps. Chez lui, tout est lent. Il ne faut jamais le brusquer, car sa réaction peut être agressive, voire colérique et violente.

Si vous sentez que le Taureau n'a pas envie de parler, ne le forcez pas. Évitez les sujets controversés et orientez la conversation sur des sujets d'ordre gastronomique, esthétique ou artistique. Dans son élément, il reprendra pied et sera l'hôte, l'invité intéressant qu'on aime fréquenter. En réalité, si le sujet n'a pas été abordé par lui, mieux vaut faire silence. Écouter de la musique classique et romantique est excellent pour son mental. Cela le rend heureux et réceptif.

Dans certains cas extrêmes, par exemple quand l'enfance a été particulièrement malheureuse ou démunie, une psychanalyse ou une thérapie sera nécessaire pour libérer le Taureau de ses inhibitions. Sa force de volonté est telle qu'il peut se sortir seul de dépendances affectives graves. Drogue, alcool, paradis artificiels, rien ne lui résiste. Il sait qu'il peut se libérer de ses chaînes; pour lui, la porte est toujours ouverte.

Plan intellectuel

L'intellect du Taureau fonctionne lentement mais sûrement. Son processus de compréhension peut être plus lent que chez la moyenne des individus, mais quand il sait quelque chose, c'est pour la vie. Sa mémoire est phénoménale. Il n'oublie jamais une offense reçue, c'est vrai, mais il n'oublie jamais non plus un mot d'encouragement.

Bibliophile, le Taureau aime lire. Il peut dévorer des quantités de journaux et de magazines et lire du matin au soir, si on lui en laisse l'occasion. En compagnie d'un bon livre, il ne s'ennuie jamais. Sur une île déserte, qu'emporterait-il? Un livre qu'il aime, bien sûr, rien d'autre ne saurait lui tenir aussi bien compagnie!

Dons spéciaux

Pour préserver son équilibre mental, le Taureau devrait écrire, que ce soit un manuel de sciences et de mathématiques, un dictionnaire des synonymes, un lexique, un guide de syntaxe et de français, des récits de voyages ou une pièce de théâtre. Il sait s'exprimer par l'écriture. Balzac a écrit sur ce qu'il connaissait: les paysans et l'argent. Heureux le Taureau qui écrit, ne serait-ce que son journal personnel; il se libère de bien des tourments… Il pourrait un jour être publié, ce ne serait pas exceptionnel!

SIGNE FÉMININ, FIXE ET DE TERRE

Signe négatif ou féminin

Le Taureau est un signe négatif ou féminin. Il faut préciser qu'un être est rarement entièrement positif ou négatif; la véritable harmonie réside dans un dosage des deux tendances. Les signes négatifs ou féminins ont des qualités dites féminines, lignes de force venant de l'extérieur et se dirigeant vers le centre.

On comprend alors que le Taureau soit porté naturellement à l'intériorisation de ses énergies et à l'introspection. Le monde émotionnel et psychique constitue son élément. Réceptif et influençable, le natif du Taureau, homme ou femme, est apte à se laisser vivre, à se retirer dans un monde plus abstrait et à vivre les expériences émotives de l'âme. Bien que réaliste et pratique, il s'intéresse naturellement aux mondes cachés.

L'homme moderne

Le Taureau est l'homme fort du zodiaque. Mais il est également l'homme rose ou moderne par excellence. Qu'il ne s'en formalise pas, les sexes ont fortement besoin de se rapprocher. À cause de sa sensibilité toute féminine, il ne peut être misogyne, il agirait contre sa propre nature. Heureuses sont les femmes qui partagent ne serait-ce qu'une partie de leur temps avec lui. Elles se sentent comprises et aimées pour ce qu'elles sont véritablement et en profondeur. L'homme Taureau cuisinera, aidera au ménage, fera les emplettes, décorera la maison et soignera les animaux domestiques tout en prenant soin des enfants s'il y a lieu. Une vraie merveille!

Signe fixe

Le Taureau est un signe aux caractéristiques uniques: il est le seul à être à la fois «fixe» et de terre, capable donc de concevoir et de réaliser ses projets. La fixité est à la fois qualité et défaut. Bien utilisée, elle ouvre la porte au sentiment, à la durée et à la stabilité. Pour bien fonctionner, tout Taureau a besoin de fidélité et d'amour. Autrement, il est sans force, perdu.

Les types de signes fixes vont de l'homme patient et endurant jusqu'à l'homme farouchement obstiné. Prudent de nature, le Taureau est conservateur et change rarement d'idée.

Lorsqu'il est profondément déstabilisé par ses émotions, il peut se rétracter complètement et adopter une opinion tout à fait contraire. En général, il adopte une ligne de conduite et une façon de penser qu'il gardera longtemps, sans ressentir le besoin de les modifier.

Défauts

Gouverné par ses seuls désirs, le Taureau peut devenir égoïste, sans égard pour autrui. Manquant de souplesse et d'adaptabilité, il peut se faire des ennemis irréductibles qui le poursuivront et à qui il ne pardonnera jamais. L'orgueil et la suffisance figurent parmi ses défauts, tandis que l'indolence et la paresse sont ses ennemis. Sa gourmandise le mène parfois à la gloutonnerie et il est doté d'une certaine naïveté, ce qu'il contestera toujours mais qui est une réalité. La fixité engendre aussi la possessivité et la jalousie. Il ne peut imaginer perdre un jour ce qui est à lui. La vie étant mouvement et perpétuel changement, il se doit de comprendre que rien n'est éternel. Y penser est pour lui une source de douleur…

Signe de Terre

Le besoin de sécurité financière du Taureau témoigne de sa dimension terrienne. Son train de vie coûte cher, ses goûts sont dispendieux. Enfant, déjà, les babioles ne l'intéressent pas, il n'est attiré que par la qualité. Il a besoin de se sécuriser et il considère le confort matériel comme une protection. Sans argent, il se sent menacé, malheureux. Le contact avec l'élément terre est indispensable à sa santé physique, psychique et intellectuelle.

GOUVERNÉ PAR VÉNUS

Vénus la douce

Pourquoi l'amour est-il si important dans l'existence du Taureau ? C'est à cause de Vénus, planète douce, aimante, artistique, créatrice d'art et de beauté, qui gouverne son signe. Il est plus heureux s'il s'exprime dans des métiers d'art ou connexes. Les Taureau médecins pratiquent l'art de la médecine. Ceux qui sont architectes bâtissent des cathédrales. Ceux qui s'adonnent au chant et à la musique en font une vocation. D'autres font de leur métier un sacerdoce, une religion.

Générosité

Financièrement ambitieux, le Taureau n'en possède pas moins une grande générosité qui le pousse à donner. Recevoir le moindre cadeau de sa part est une expérience, mais quand il donne son cœur, c'est sans appel. À moins que son partenaire se montre volage, il restera fidèle jusqu'à la mort. Par contre, s'il est déçu en amour, l'homme Taureau devient le plus infidèle des amants ; elle, la manipulatrice la plus coriace. Chaque médaille a son revers. Même la belle Vénus peut entraîner ses disciples sur des pentes dangereuses. Quand le Taureau fait quelque chose, il n'a pas de limites. Pour lui, l'excès est le seul vrai danger.

Le rôle de la Lune

Luminaire de nuit, la Lune joue également un rôle clé dans la destinée du Taureau. Sous l'influence de la Pleine Lune, Madame sera hypersensible, amoureuse et peut-être pleurnicharde, tandis que sous l'influence de la Nouvelle Lune, Monsieur deviendra exigeant, sexuel et capricieux.

La Lune est symbole de maternité, de fertilité et de créativité. Tous les natifs du Taureau sont sensibles aux mouvements de la Lune. Il est important qu'ils surveillent les transits lunaires. Mal lunés, ils sont capables de commettre les pires folies. Bien lunés, ils peuvent transformer leur vie en une journée et en faire une réussite, un bonheur. Cette simple remarque devrait les rendre attentifs…

Chance Pure

La Chance Pure (ou nœud ascendant de la Lune) aime le Taureau. Nombreux sont ceux du signe et même de l'ascendant
qui bénéficient de ses largesses. Rares sont les Taureau qui
n'en ont jamais profité… Ça leur arrivera fatalement un jour
ou l'autre !

Tous les Taureau sont fiers de leur chance ; ils savent que
Dame Chance existe et qu'elle a un faible pour eux. Une bonne
fée veillait sur leur berceau à leur naissance, ils en ont l'assurance. Cela explique en partie la facilité du Taureau à s'assurer
une destinée faste, une vie large et abondante. Mais il semble
qu'il y ait quelque chose de mystérieux, d'impondérable, en ce
qui concerne sa bonne fortune. Est-ce cela que l'on nomme
Chance Pure ? Possible…

Heureux hasard

Grâce à un heureux hasard, le Taureau est chanceux. Il n'y a
pas à l'envier ni à en être jaloux, c'est ainsi, et personne n'y
peut rien. Même les erreurs qu'il commet parfois ne suffisent
pas à le priver complètement de l'appui de Vénus et de la
Chance qu'elle apporte en cadeau au natif du Taureau. À la
limite, certains seront malchanceux par leur propre faute. On
a beau être né avec une cuillère d'argent dans la bouche, il faut
quand même aider la nature, qu'on soit Taureau ou pas !

Gagnants aux loteries

Les Taureau gagnent plus aux loteries que d'autres ? Possible,
j'en connais personnellement quelques-uns qui ont gagné.
Mais je ne voudrais pas inciter les natifs aux jeux et aux paris,
car ils en sont déjà friands. Mais tenter gentiment le sort ne
peut pas nuire, aussi je me permets de leur suggérer de jouer
raisonnablement, selon leurs moyens. On ne sait jamais !

RELATIONS AFFECTIVES

Parfum suave et envoûtant

Les relations affectives du Taureau sont de nature à faire frémir les cœurs sensibles. Elles ont un parfum suave et envoûtant et ne s'éteignent qu'à la mort. À haute teneur dramatique, elles sont marquées par la possessivité et l'exclusivité. Dignes d'un grand film ou d'un roman d'amour, les remous de l'âme du Taureau l'exposent à des revirements aussi inattendus que discutables. Chose certaine, avec lui et elle, ce n'est jamais terminé.

Le Taureau est un passionné. Il sait se montrer affectueux et généreux avec ceux qu'il aime, mais sa tendresse disparaît devant l'indifférence. C'est un sentiment qu'il ne peut subir. Un fait demeure: ce qui est à lui est à lui. Malheur à qui touchera à ses possessions, il vaudrait mieux pour lui n'être jamais né!

Questions existentielles

Le Taureau possède de nombreuses ressources, la principale étant une forte vitalité qui lui permet de résister à des excès et à des pressions qui en tueraient bien d'autres. Pour lui et elle, ces simples mots: prenez les choses comme elles viennent, sans trop vous poser de questions. Est-ce le besoin qui crée l'organe ou l'organe qui crée le besoin? Être ou ne pas être? Le «jeu des questions existentielles» est risqué, voire dangereux s'il s'éternise au-delà de l'adolescence. Voilà, cher Taureau, le message des Étoiles. À vous d'en profiter ou non.

L'ARGENT ET LES AFFAIRES

Art et beauté

Partout où l'art et la beauté prédominent, le Taureau est à son aise. Il fait carrière comme fleuriste, coiffeur, maquilleur, décorateur, couturier, designer, ensemblier, mannequin, créateur, vendeur de vêtements élégants, de bijoux et de fourrures, chanteur, compositeur, interprète, acteur, comédien, auteur, réalisateur, metteur en scène et photographe de talent. Dans les restaurants et les hôtels de luxe, dans les salles de spectacle et partout où règne le luxe, le Taureau est chez lui. Il est aussi excellent architecte, financier, directeur de banque et d'institutions financières, comptable, employé civil, maire, député ou ministre. La médecine considérée comme un art lui réussit.

L'argent et les affaires, c'est son domaine. Il s'y connaît et fait toujours bon usage de ses biens et avoirs.

Besoin de sécurité

Si le Taureau donne son maximum dans les métiers artistiques où la créativité prévaut, il recherche avant tout la sécurité financière. Sachant qu'en tant qu'artiste il sera soumis aux caprices du public et aux fluctuations du métier, il fait mieux de ne s'engager dans la carrière artistique que s'il possède, au départ, une sécurité financière le mettant à l'abri du besoin.

Besoin de compensation

Si le Taureau ne possède pas un bon compte en banque, il vaut mieux pour lui ne pas se lancer dans un métier artistique, car l'insécurité le poussera aux excès de gourmandise, d'alcool et autres vices. Ce besoin de compensation nuira à sa santé, allant parfois jusqu'à mettre sa vie en péril. Il sera plus heureux en tant que gérant d'artiste, directeur de galerie d'art, réalisateur de cinéma, de télévision, de radio, etc., que dans le rôle d'artiste bohème et souvent sans le sou. Romantique, le Taureau, mais pas fou !

Travailleur

Travailleur, le Taureau est capable de persévérance dans l'effort. Quoi qu'il entreprenne, il va jusqu'au bout. Ce n'est pas un lâcheur. Ceux qui ont le plaisir de travailler avec lui sont satisfaits, car il fonctionne bien à l'intérieur du groupe. Il peut aussi se retirer seul, avec ses livres et sa musique, et il en est content.

Où qu'il aille et quoi qu'il fasse, le Taureau s'ennuie un peu. Ça fait partie de sa personnalité… En voyage, il rêve toujours de revenir à la maison.

Gai ou triste

Le Taureau a toutes les raisons d'aimer la vie et de vouloir rester jeune et en forme longtemps. Accompagné par sa belle planète maîtresse Vénus, dite la «Petite Bénéfique», il fait des envieux. Peu de gens l'égalent dans les choses de l'art et de la beauté, mais principalement en amour et en amitié.

Beau signe printanier que le sien. Pourquoi, avec toute cette joie dans l'antichambre, est-il parfois si triste ? C'est un mystère auquel la Lune répond en partie. Influence subtile de cet astre changeant et encore inconnu.

Gai ou triste, le Taureau vivra vieux, alors mieux vaut pour lui passer son temps souriant, aimé et entouré de ceux qu'il aime.

LES AMOURS DU TAUREAU

Tumultueuses et passionnées

Les amours du Taureau sont tumultueuses et passionnées. Possessifs et ardents, les deux sexes sont difficiles à satisfaire en amour. L'homme Taureau a la réputation d'être le plus jaloux du zodiaque. La femme infidèle qui se lie à lui s'attire bien des ennuis… La femme Taureau est la plus anxieuse qui soit; bien malheureux l'être libre qui unira sa destinée à la sienne !

L'amour mène sa vie

Jusqu'à un certain point, l'amour mène la vie du natif du Taureau. Même l'argent passe après les considérations amoureuses pour lui, ce n'est pas peu dire… Ce n'est certes pas une faute d'aimer, mais le natif a une fâcheuse tendance à mal aimer, s'attachant souvent à une personne qui le fait souffrir et qui le rend jaloux. Quand il n'est pas victime d'un amour fatal ou d'une attraction sans retour. La dépendance amoureuse et l'esclavage font parfois partie du scénario le plus noir mais toujours possible. À surveiller étroitement.

Le Taureau est sensible, mais d'une approche rude. C'est ce qui fait son charme, mais c'est aussi la cause de conflits amoureux et conjugaux qui peuvent être de mineurs à sérieux.

Vie amoureuse plus calme

Certains Taureau ont une vie amoureuse plus calme, parce qu'ils ont atteint un âge vénérable ou parce que leur expérience de vie leur permet d'être plus sûrs d'eux. Comprenant l'importance de la confiance mutuelle, ils se sentent moins menacés et sont d'un abord suave et charmant.

Épanouis grâce à l'amour charnel et spirituel, ils sont des anges de patience, des conjoints en or et des partenaires amoureux ou des amis sans pareil. Équilibrés, ils constituent de charmants compagnons et embellissent notre existence.

Souhaitons au natif du Taureau de rencontrer l'âme sœur dans sa prime jeunesse, il s'évitera bien des débordements et des déceptions. Disons-le sans ambages : personne n'aime aussi fort et aussi bien qu'un Taureau amoureux !

APHRODISIAQUES ET SEXUALITÉ

Aphrodisiaque naturel

L'aphrodisiaque le plus sûr pour le Taureau est d'origine naturelle. Rien ne remplace un bon repas pris en amoureux dans un endroit sympathique ou luxueux, suivi d'un dessert maison, d'un verre de champagne et d'une truffe au chocolat. Ajoutez à cela une musique d'ambiance et des draps satinés, et le Taureau est prêt à aimer.

Grande puissance sexuelle

Réputé pour sa grande puissance sexuelle, le Taureau, surtout jeune, n'a point besoin d'aide extérieure pour faire l'amour comme il se doit. S'il est en bonne santé, sa sexualité s'exprime sans retenue et donne lieu à des démonstrations d'affection que lui envieraient bien des gens d'autres signes. Un Taureau stérile ou impuissant, c'est rarissime.

Restrictions

Malgré ses tendances naturelles, il se peut qu'avec l'âge ou l'habitude le Taureau ait besoin d'un peu d'aide extérieure. Je lui conseille de consommer des huîtres et du caviar, des œufs et du champagne, de manger une entrée et un dessert, en omettant le repas principal. En effet, il convient de manger peu et de ne pas consommer d'alcool avant l'amour. Boire aiguise les sens de la jeunesse mais engourdit les moins jeunes, qu'ils soient Taureau ou non.

Déshabillé provocant

Amant du luxe et de la beauté, le Taureau ne peut résister à un déshabillé classique et provocant. La soie et le velours excitent ses sens. Beau et à son meilleur, le natif du Taureau est plus apte à faire plaisir à l'autre sexuellement. L'impulsivité et l'improvisation ne raffermissent pas sa flamme, elles l'atténuent. Si on veut lui déplaire, il suffit de se jeter passionnément sur lui. Il déteste cela !

Apprivoiser son désir

Le Taureau a besoin de temps pour apprivoiser son désir amoureux, pour bien le digérer et en comprendre tous les rouages. Averti et préparé, il affichera un rendement sexuel performant. Réfléchir avant d'agir fait partie de sa nature. Chez lui, même l'amour doit être préparé, anticipé. Autrement, ça risque de rater, ce qui, dans son cas, n'arrive pas souvent…

COMMENT SÉDUIRE UN TAUREAU

Allure et style

Pour attirer l'attention du Taureau et lui plaire, il faut avoir de l'allure et du style. L'apparence est pour lui primordiale. Madame, sortez vos beaux atours, bijoux et vêtements, portez de belles chaussures et de beaux accessoires, soyez d'une propreté immaculée et portez un parfum cher, sinon, c'est raté. Ainsi préparée, allez vers lui. Faites les premiers pas ou rien n'arrivera. C'est aussi simple que cela, ou à peu près...

Certaines vertus

Une fois le premier contact établi, vous aurez besoin de certaines vertus telles la patience et la persévérance. Comme le Taureau manque parfois de goût pour la vie sociale et qu'il est peu attiré par la communication, votre tact et votre diplomatie combleront ses lacunes. Des détails, mais qui consolideront vos relations.

Fidélité et le reste

Par-dessus tout, vous avez besoin d'une énorme dose de fidélité, car le Taureau exerce une telle suprématie qu'aucune compétition dans le cœur de l'aimée ou de l'aimé ne peut exister. Cette particularité vaut pour les deux sexes et en tout temps. Priorité donc à la fidélité, au respect de sa personne et de son orgueil, à la stabilité dans les affections et les amours et à la continuité.

Règles importantes à suivre pour séduire le Taureau et conserver son affection : être toujours disponible, accourir au moindre appel, acquiescer à ses caprices, lui cuisiner de bons repas et satisfaire à son grand besoin d'amour et de sexe. Tout cela augmentera vos chances de séduire un tel séducteur.

Si vous acceptez ces principes de base, vous êtes armé pour l'affronter. Vous êtes artiste ou jouez d'un instrument ? C'est un plus, mais de toute façon vous devrez absolument aimer les arts, sinon vous risquez de le perdre. Laissez croire au Taureau qu'il domine dans le couple, flattez sa vanité et vous verrez qu'il mangera dans votre main. Plus gentil et plus amoureux que lui, il n'y en aura pas. Bonne chance aux intéressés !

COMPATIBILITÉ AMOUREUSE ET SEXUELLE (SYNASTRIE) DU TAUREAU

Taureau-Taureau: Superbe duo amoureux et sexuel qui a besoin de décorum. Le corps est parfumé, bichonné, ils vouent un culte à l'amour. S'ils se plaisent sexuellement, rien ne les séparera. Quand ils font l'amour ensemble, c'est une rhapsodie, mais il arrive que la musique soit fausse, que l'intérêt financier l'emporte sur le sentiment. Dommage !

Taureau-Gémeaux: La magie de l'amour peut altérer le verdict, mais en principe le langoureux Taureau ne se satisfait guère des désirs changeants du Gémeaux. Sitôt dit, sitôt fait, le Taureau reste sur sa faim et l'autre va faire la noce. La jalousie peut causer un drame. Souvent ils se séparent après un intermezzo enflammé et restent amis ou amants.

Taureau-Cancer: Deux natures aimantes, sensibles, romanesques, la synastrie à son meilleur. Le Taureau s'occupe des préliminaires, le Cancer est dans la Lune, son lieu préféré. Réalisme et rêve sont réunis. Le lien est fort, reste à savoir s'il résistera à leurs caprices. Si le Taureau aime voyager et s'il sait aiguillonner le désir de l'autre, c'est gagné.

Taureau-Lion: Deux natures à puissance maximale, deux meneurs de jeu. À court terme, c'est sublime, mais à long terme, c'est risqué. S'ils sont tous les deux jaloux, le drame est quasi inévitable. La combinaison est meilleure quand la femme est Lion. L'attraction fatale est souvent constituée de personnes de ces pôles, il faut se méfier. Certains couples sont heureux, c'est l'exception et c'est très beau.

Taureau-Vierge: Entre ces deux jouisseurs, c'est le coup de foudre assuré. Désireux de se faire plaisir, ils sont prêts à tout pour satisfaire leurs passions. La liste des interdits est courte; si le Taureau est gourmand, la Vierge est coquine. Partageant le même intérêt pour l'érotisme, le couple est voué au succès, mais la jalousie peut tout gâcher...

Taureau-Balance: Synastrie parfaite. Ils sont faits pour l'amour. La sensualité prime sur la sexualité, ce qui ne les empêche pas d'arriver au climax. Ils se satisfont totalement, sinon ils se quittent illico. Pour mettre du piquant dans la relation, le Taureau fait preuve de beaucoup d'inventivité. Ils doivent se fixer des balises, sinon ils iront trop loin.

Taureau-Scorpion: Deux tempéraments contraires s'attirent dans un moment de passion. Un sentiment sans nom les rapproche, de façon consciente ou non, ils recherchent la souffrance, le karma. Lorsqu'ils sont déçus l'un par l'autre, le drame rôde. Idéalement courte, la relation peut durer, mais ils seront meurtris. On risque de se haïr autant que l'on s'est aimé...

Taureau-Sagittaire: Le plus souvent, c'est génial. L'entente amoureuse et sexuelle entre ces deux grands romantiques est naturelle. Quand ils se quittent, c'est accidentel. L'appétit des partenaires est gargantuesque, mais, si l'un se satisfait au détriment de l'autre, on peut entrevoir la fin d'une union volcanique qui pourrait pourtant être idéale.

Taureau-Capricorne: Deux êtres aux féroces appétits de sexe et d'amour. La synastrie est bonne mais demande de la fantaisie. Terre à terre, leur amour est basé sur l'intérêt, pourtant ils ont besoin d'extase et de perfection. Le Taureau est jaloux; malheur à l'autre s'il le trompe sans son accord tacite. Le Capricorne peut lui réserver des surprises...

Taureau-Verseau: Attrait amoureux et sexuel immédiat. Ils s'attirent fatalement, comme la mouche recherche le feu, pour se brûler les ailes. Le Taureau est incompris du Verseau; il souffre de la froideur de ses sentiments et imagine le pire. Les problèmes sexuels peuvent causer la séparation. Leurs natures sont conflictuelles, il faut un ascendant conciliable.

Taureau-Poissons: La compatibilité amoureuse et sentimentale est évidente, mais l'entente sexuelle n'est pas automatique. L'un a de grands appétits, l'autre suit son caprice et peut être froid. L'amour, non le sexe, soude la relation. Le comportement sexuel bizarroïde du Poissons doit être compris et accepté par le Taureau, sinon c'est le bris.

Taureau-Bélier: Si l'homme est Taureau et s'il accepte de laisser le rôle dominant à la femme Bélier, ça peut être intéressant, mais si l'homme Bélier pense victimiser la femme Taureau, il se trompe: elle réagira vivement. Ils peuvent s'aimer, mais ils sont sur des longueurs d'ondes différentes. L'un suit son sentiment, l'autre son inclination sexuelle.

THÉRAPIES NATURELLES

Demi-jeûne

Chez le Taureau, les thérapies naturelles doivent viser à éliminer les déchets qu'il tend à accumuler dans son système, ce qui lui cause divers problèmes de santé. Les lavements et les irrigations du côlon sont pour lui, mais il ne doit pas en abuser. Une bonne alimentation et un jour de demi-jeûne par semaine suffiront à le garder en forme et en santé.

Verre d'eau froide

Un grand verre d'eau froide à jeun, le matin, lui est d'une grande utilité. Il a pour effet de combattre la névrose, la nostalgie et l'abattement. Pas cher pour de tels résultats. À essayer… Les fruits, du lever à midi, constituent également une bonne forme de nutrition pour le Taureau si sensible à ce qu'il ingurgite.

L'eau purifie son système et l'air le stimule. Une bonne heure de marche au grand air et de l'exercice, sous contrôle médical au besoin, lui feront plus de bien que tous les traitements à la mode, bien que ce genre de soins ne soient pas à dédaigner dans son cas.

Summum du luxe

Le summum du luxe: une séance de yoga, suivie d'un moment de méditation, d'un bain de boue, d'une douche avec de puissants jets d'eau, le tout se terminant par un massage. Quelle douceur de vivre! Je vous le souhaite au moins une fois dans votre vie, cher Taureau. Si vous en avez les moyens, ne vous privez pas de cette expérience unique qui vous revitalisera et vous donnera dix ans de moins!

Summum de l'économie

Summum de l'économie: un bain de boue à la maison. Achetez de la boue, appliquez-la ou demandez à l'amour de votre vie de le faire, puis prenez une douche chaude, puis froide, à jets multiples et à force maximale. Ensuite, enroulez-vous dans une serviette de bain et mettez-vous au lit. Sommeil réparateur garanti et à peu de frais…

FLEURS ET PARFUMS PRÉFÉRÉS DU TAUREAU

Des suggestions

Les odeurs qui plaisent au Taureau sont celles qui ont du corps, de la puissance, et qui durent. Tout parfum éphémère lui répugne, toute fleur trop fragile l'éloigne. Chez lui, les cinq sens sont hypersensibles. Le nez est particulièrement fragile. Portez des parfums capiteux et exotiques, et il se rapprochera de vous.

Fleur porte-bonheur

La fleur qui lui porte bonheur est sans contredit ce que l'homme a fait de plus beau: la rose. Pour sa beauté, son odeur et sa variété de couleurs, mais aussi pour le labeur qu'elle représente. Naturelle, la rose? Oui, mais quel travail pour la réussir! Tout jardinier vous le confirmera, c'est la plus belle!

Autres choix

D'autres choix s'offrent à vous si vous désirez faire plaisir à une ou à un Taureau. Le lilas, le cyclamen, le lis, la citronnelle, le seringat, la menthe et le genévrier figurent parmi ses préférés. Dans le commerce, vous trouverez pour Madame : *Joy* de Patou, *Je Reviens* de Worth, *de la Renta* d'Oscar de la Renta, *Poème* de Lancôme, *Ysatis* de Givenchy, *Dune* de Dior et la fragrance la plus romantique au monde, *L'Air du Temps* de Nina Ricci.

Pour satisfaire au plaisir de Monsieur, une gerbe de lilas blanc et *Safari* de Ralph Lauren, *Obsession* de Calvin Klein, *Tsar* de Van Cleef & Arpels, *Sung Homme* d'Alfred Sung et *Monsieur Musk,* odeur naturelle qui l'excitera et vous fera gravir les échelons du désir « animal ».

COULEURS PORTE-BONHEUR DU TAUREAU

Le vert et les tons de terre

Parmi les couleurs porte-bonheur du Taureau, le vert assez prononcé, voire vert forêt, remporte la palme. Ajoutez une touche d'orangé pour le sport ou la fête. Cette combinaison a la réputation d'attirer la chance et de rajeunir celui qui porte ces couleurs.

Vert émeraude, vert olive, etc., tous les verts ont votre préférence. En harmonie avec la planète Vénus, ils provoquent des ondes stimulantes sur le plan de l'imagination et de la créativité, tout en apportant le soutien nécessaire pour réaliser ses buts et ses idéaux. Le vert a aussi le don de favoriser l'espoir et l'équilibre. Il rend sage et avisé celui qui le porte, le rapprochant de valeurs telles la constance et la fidélité.

Les tons de terre vous conviennent admirablement bien : brun, roux, rouille, taupe et chocolat, vous n'avez que l'embarras du choix. Le marine et le gris clair et, pour la fantaisie, les rouges orangés en accessoires sont également intéressants.

Ces couleurs attirent votre attention sur la réalité et sur les vraies valeurs.

Teintes pastel

Pour les chemisiers, les vêtements de plage et d'intérieur et les sous-vêtements, choisissez de préférence les teintes pastel de l'arc-en-ciel.

Ces couleurs douces vous portent chance en amour et dans votre vie intime, mais ne négligez pas leur apport moral : il est réel. Le rose, le vert clair, le bleu ciel et le jaune doux sont merveilleux pour votre caractère. Ils chassent votre morosité.

Le rouge et le noir

Deux teintes à problèmes pour le Taureau. La première excite les sens, provoque l'agressivité et peut causer des drames passionnels. Les accidents de voiture sont plus fréquents chez les natifs du Taureau qui conduisent une auto rouge. Pensez à l'animal dans l'arène et méfiez-vous, vous attirez sur vous la fatalité. Le rouge est déconseillé aux hommes dont le niveau d'énergie sexuelle est élevé, et conseillé par intermittence aux femmes dont la libido est à plat.

Non au noir porté de façon constante et sans accessoires colorés : il porte infailliblement à la déprime. Un Taureau que vous connaissez porte strictement du noir ? Ou bien il est paresseux et se moque de son habillement, ou bien son état d'esprit est sombre et il a besoin de soins.

Si vous avez un ascendant Scorpion ou Capricorne, c'est plus acceptable, bien que peu recommandable. Sinon, vous jouez « La Dame en noir » ou « L'Homme en noir », et vous n'y gagnerez rien de bon, croyez-en mon expérience. Vous pouvez porter tellement d'autres couleurs, cher Taureau, n'hésitez pas à les choisir pour votre garde-robe de base.

PIERRES CHANCEUSES DU TAUREAU

L'émeraude

Les pierres chanceuses du Taureau sont nombreuses, mais la meilleure est l'émeraude, pierre vénusienne par excellence en raison de sa composition et de son exquise couleur verte. Elle coûte cher, car elle fait partie des pierres précieuses. Toutefois, il est prouvé que, même petite mais portée continuellement, elle exerce des pouvoirs quasi magiques. En trois mois, vous en ressentirez les effets et vous serez ravi.

Le béryl

Le béryl vous aidera à combattre certaines habitudes néfastes et destructrices. Si vous êtes triste et sujet à la dépression, il vous faut un béryl vert de préférence. Serti sur de l'or vert, jaune ou rose, il vous redonnera foi et optimisme. Le béryl vert, c'est l'émeraude ; le béryl bleu nuancé de vert, c'est l'aigue-marine ; le béryl rose, c'est la morganite ; et le béryl jaune, l'héliodore. Tous vous sont favorables.

Cher Taureau, portez un béryl et vous deviendrez très heureux.

Le diamant

Le diamant est bénéfique pour le Taureau, homme ou femme. Symbole de l'amour éternel, il dure longtemps et vous protège contre vos ennemis. Portez-le pendant un procès et vous le gagnerez. Portez-le sur du métal jaune de préférence pour en accentuer l'action bénéfique.

Le jaspe vert

Moins coûteux et offrant de multiples avantages, le jaspe vert bigarré est recommandé. Il vous aidera en temps d'insécurité et de doute. Excellent talisman contre les attirances amoureuses négatives, il vous mettra en contact avec des gens justes et honnêtes.

Les perles

Les perles sont de nature vénusienne. Le tableau de Botticelli, *La Naissance de Vénus,* le montre de façon explicite, et son sens ésotérique est évident. Il est normal que le Taureau chérisse les perles et qu'il les porte mieux que personne. Offrez une perle à un bébé fille ou à une fillette, et elle grandira avec grâce et beauté. Par contre, si vos perles vous font pleurer, Madame Taureau, cessez de les porter. Vous vivez une période affective et sentimentale difficile, n'ajoutez pas à votre marasme. Dès que la situation sera rétablie, vous reporterez vos perles avec plaisir.

Laissez souvent reposer vos perles dans du sel de mer pour les purifier.

Si vous en recevez en cadeau ou en héritez, faites-leur subir le même traitement avant de les porter, afin d'en ressentir plus de plaisir et d'être en sécurité.

Pays, régions et villes Taureau

Les pays, les régions et les villes où le Taureau sera heureux parce qu'ils sont de même nature que lui sont: l'Allemagne (par l'ascendant), l'Argentine, l'Asie, Bali, Chypre, le Danemark, la Finlande, la Grèce, la Hollande, l'Irlande, la Lorraine, Nantes, la Picardie, la Pologne, sud de la Russie et la Thaïlande.

Mais le pays Taureau par excellence demeure l'Italie, pour son romantisme, sa nourriture abondante, sa couleur, sa musique, sa paresse, son ambiance et la puissance de sa terre, riche en émotions et en passions. Plus Taureau que cela, c'est impossible, vous en conviendrez.

Saint-Jean et Fredericton (Nouveau-Brunswick), Regina (Saskatchewan), La Nouvelle-Orléans (Louisiane), Annapolis (Maryland), Saint Paul (Minnesota), Kansas City (Missouri), Miami (Floride), Santa Barbara et Oakland (Californie), Las Vegas et Reno (Nevada), Cuba, Brasília et Bahia (Brésil),

Valparaíso (Chili) et le Paraguay, tous ces endroits sont Taureau. Plus près de nous, les villes de Montréal et de New York sont fortement marquées par le signe du Taureau.

Le Taureau et les voyages

Avez-vous commencé jeune à voyager ? Si c'est le cas, vous voyagerez toute votre vie avec ravissement. Sinon, vous le ferez souvent, mais luxueusement et sans courir aucun risque. Si vous n'avez jamais voyagé, relisez *Ulysse* et restez confortablement à la maison. C'est sans doute trop tard pour vous… Signe fixe, vous êtes bien sur place, pourquoi changer ?

LES SECRETS DE VOTRE DATE DE NAISSANCE

LES TAUREAU OU BÉLIER DU 21 AVRIL (selon l'heure et l'année de naissance) possèdent un esprit vainqueur et sont reconnus pour leur habileté et leur sens de la diplomatie. Leur trait principal est de savoir se battre et de défendre leurs amours comme leur fortune. Ils ont une chance rare.

LES TAUREAU DU 22 AVRIL sont capables de neutraliser la malchance et de contourner le destin, faisant ainsi de leur vie une réussite. Mais leurs efforts sont souvent inutiles et leurs espérances déçues à la suite d'actes irréfléchis.

LES TAUREAU DU 23 AVRIL sont destinés à acquérir richesse et biens matériels. Fortunés et talentueux, ils réussiront à leur maturité. Leur bonne étoile agissant tardivement, ils ne doivent pas capituler devant l'adversité. L'art est leur passion.

LES TAUREAU DU 24 AVRIL sont nobles et généreux. Ils doivent se méfier de leurs tendances autodestructrices. S'ils peuvent se défouler dans les arts et la musique, ils réussiront et seront équilibrés et heureux.

LES TAUREAU DU 25 AVRIL sont partagés entre la noirceur et la lumière. Se laisser tenter par l'art et la beauté leur assurera le bonheur. La fin de leur vie sera réussie et harmonieuse, mais ils l'auront mérité.

LES TAUREAU DU 26 AVRIL sont chanceux. Leur vie sera fructueuse. Honneurs et faveurs viendront de leur grande intelligence, qu'ils savent cultiver et employer à bon escient. Leur force est légendaire.

LES TAUREAU DU 27 AVRIL allient talent, beauté et fortune. Ils savent employer ces qualités avec art. Leur caractère complaisant leur vaut de nombreux amis et admirateurs. Ils sont souvent populaires et reconnus.

LES TAUREAU DU 28 AVRIL jouissent de grands talents naturels. Ils connaîtront la gloire et la fortune, mais ils vieilliront mal et se lasseront de l'attention qu'ils reçoivent. Ils se réfugieront dans la solitude et deviendront philosophes.

LES TAUREAU DU 29 AVRIL sont aidés par la chance et la fortune. Intéressés par les affaires du foyer et de la communauté, ils agiront avec éclat. Ils éduqueront et feront école. L'argent leur viendra en prime, ils ne manqueront jamais de rien.

LES TAUREAU DU 30 AVRIL atteignent aisément leur but et sont favorisés par un destin clément. En revanche, ils doivent se méfier de la paresse et de la facilité. Trop de bonnes choses nuisant, ils doivent s'ingénier à donner le bon exemple aux plus jeunes.

LES TAUREAU DU 1er MAI sont financièrement bien placés. Ils doivent surveiller leurs yeux, leurs oreilles, toute faiblesse des membres ou tout autre problème corporel. Le muguet leur portera bonheur et sera pour eux symbole de travail bien fait.

LES TAUREAU DU 2 MAI sont joyeux et aptes à connaître la fortune, peut-être la gloire. Leur amour de l'art et de la beauté en fait des artistes. Ils sont appelés à réaliser de grandes choses. Leur réputation dépasse souvent les frontières.

LES TAUREAU DU 3 MAI ont un destin lié à leur dévouement pour une cause. Ils auront des ennemis et seront calomniés. Il leur faudra craindre l'hydropisie et la noyade, mais, la chance aidant, ils seront sauvés de toute avarie sérieuse.

LES TAUREAU DU 4 MAI sont beaux, chanceux en amour, en affaires et en politique. Ils profiteront de tous ces bienfaits et connaîtront un destin faste. Pourvu qu'ils demeurent réalistes et sages, ils auront un sort enviable.

LES TAUREAU DU 5 MAI connaîtront la beauté, la splendeur et la fortune s'ils emploient bien leurs talents. Les femmes sont plus équilibrées que les hommes, qui tendent parfois à trop miser sur la sexualité. Ils auront une vie amoureuse tapageuse.

LES TAUREAU DU 6 MAI connaîtront la gloire et feront parler d'eux. Leur destinée est brillante. Être né ce jour attire la chance et donne souvent du génie. Sentimentalité et sensibilité étant exacerbées, surveiller le cœur est recommandé.

LES TAUREAU DU 7 MAI doivent trouver leur propre identité sexuelle et psychologique. Influencés par leur milieu, ils seront musiciens et avant-gardistes. Leur vie sera pleine de rebondissements, mais la spiritualité les élèvera.

LES TAUREAU DU 8 MAI trouveront leur identité sexuelle et psychologique grâce à leur transparence. Ils auront des ennemis mais s'en sortiront grâce à leur sens de l'humour. Qu'on les aime ou qu'on les déteste, cela ne les empêchera pas de réussir.

LES TAUREAU DU 9 MAI possèdent la beauté, la splendeur et la fortune et sont voués à un sort généreux. Les hommes sont plus heureux que les femmes, mais les deux sexes profitent pleinement de ce que la destinée met à leur disposition.

LES TAUREAU DU 10 MAI sont portés à connaître la joie, la plénitude et souvent la richesse. Ils possèdent la beauté, le talent et le courage, mais devront surveiller leur cœur sensible à la misère d'autrui. Ce sont des meneurs, rien ne leur résiste.

LES TAUREAU DU 11 MAI possèdent une audace et une chance peu communes dans les affaires d'argent, le tout doublé d'une volonté puissante de s'imposer. Ils réussiront en politique et en art et occuperont des postes de prestige.

LES TAUREAU DU 12 MAI sont très fortunés. Beauté, splendeur et chance semblent être leur lot. Ils demeurent simples malgré leur gloire ou leur argent. Aimant aider autrui, ils trouvent le bonheur en se donnant. L'amour est leur motivation.

LES TAUREAU DU 13 MAI ont un talent artistique et créateur. Les femmes sont plus épanouies que les hommes, mais les deux sexes sont à la recherche du grand amour. Ils devront surveiller leur santé, cœur et artères, cou et seins.

LES TAUREAU DU 14 MAI ont une santé fragile. Ils sont sujets à attirer de fortes inimitiés. Leur destin sera faste s'ils ne se laissent ni influencer ni manipuler. Les sentiments seront au cœur des décisions financières qu'ils prendront.

LES TAUREAU DU 15 MAI déjoueront maladies et accidents, pièges et embûches, et réussiront à s'imposer dans leur milieu. Leur destin dépendra de leurs propres actions. La vie sentimentale jouera un rôle déterminant dans leur vie matérielle.

LES TAUREAU DU 16 MAI aiment l'action directe et percutante. Le talent naît de leurs actions. Plus ils sont audacieux, plus ils ont du succès. La chance les guidera vers un métier, une carrière qui les satisfera financièrement et leur permettra de grimper dans l'échelle sociale.

LES TAUREAU DU 17 MAI donnent leur plein rayonnement en art, dans l'action et la politique. Leur destin est faste, leur fortune assurée. Ils passent aisément du rire aux larmes mais ne sont pas nécessairement bipolaires. Ce sont des acteurs remarquables.

LES TAUREAU DU 18 MAI possèdent une fortune enviable. Ils sont recherchés et aimés, mais doivent craindre un revirement du sort en leur défaveur. Ils se remettront de leurs difficultés et termineront leur vie entourés d'amour et de respect.

LES TAUREAU DU 19 MAI possèdent le talent et sont protégés des dangers qui ne cessent de les menacer. S'ils évitent les conflits hommes-femmes, leur destinée sera faste. Ce sont des chefs de file, des généraux, non des soldats.

LES TAUREAU OU GÉMEAUX DU 20 MAI (selon l'heure et l'année de naissance) ont un sens artistique inné. La politique, la médecine et les sciences les passionnent. Ils connaîtront le grand amour et feront la joie de leur entourage. S'ils travaillent dur et bien, ils deviendront riches.

JOUR CHANCEUX

Le jour chanceux du Taureau est le vendredi, ainsi nommé en l'honneur de Vénus. Quoi qu'il fasse le vendredi, le natif est sûr d'obtenir de bons résultats. S'il choisit ce jour pour faire la cour et rencontrer l'être aimé, prendre la décision de se marier, de s'associer et de signer des contrats importants, il sera satisfait.

La magie des Étoiles intervient en sa faveur, le Taureau joue et gagne !

Les secrets du Gémeaux

21 MAI AU 21 JUIN

L'ACTEUR DU ZODIAQUE

L'acteur du zodiaque

Il faut se rendre à l'évidence, le Gémeaux est le signe de l'acteur. La raison de ce penchant particulier : la double nature du natif de ce signe, homme ou femme. Jean qui pleure et Jean qui rit sont les deux masques du Gémeaux. Qu'il soit acteur de métier ou acteur dans la vie de tous les jours, une chose est certaine : pour jouer la comédie, personne n'arrive à sa cheville. Son physique attirant, ses qualités de charmeur et de conteur, sa fine intelligence et son esprit analytique complètent le portrait de l'acteur du zodiaque.

Entre le rire et les larmes

Le Gémeaux doit faire attention, en particulier au moment de l'adolescence, puis de la deuxième et de la troisième partie de sa vie. Vingt, quarante et soixante ans sont des années charnières, les plus difficiles de son existence. Ses sourires cachent les secrets de son âme. Il rit souvent pour masquer ses larmes. Avec lui et elle, il faut se méfier des apparences. Leur insouciance trompeuse réserve parfois de vilaines surprises…

Il y a sans doute des exceptions à la règle, mais je ne connais pas un Gémeaux qui ne soit conforme à cette image, du moins en partie. Il aurait tort de s'en formaliser, c'est plutôt flatteur. La facilité qu'il a de jouer la comédie lui sera utile un jour ou l'autre. S'il se sert de ses qualités à des fins utiles et constructives, il rira plus souvent qu'il ne pleurera.

Plans physique, mental et intellectuel

Plan physique

Physiquement, le Gémeaux est beau et le plus souvent en santé. Il attache beaucoup d'importance à son apparence et à sa forme ; il ne se néglige jamais. Bien fait et musclé, il possède un visage aux traits réguliers. Le front est large, les sourcils arqués bien dessinés au-dessus de ses yeux inquisiteurs ; le nez est étroit et les pommettes saillantes. Sa bouche lui donne un air peu décidé. Le visage tient dans un triangle inversé. On reconnaît le natif de ce signe à sa façon de s'exprimer avec les mains, gesticulant pour convaincre l'adversaire de sa bonne foi. Comme mime et imitateur, il est imbattable. Il a l'art de se transformer et de décomposer son visage. Ses grimaces nous font craquer.

Prédispositions pathologiques

Les troubles affectant les bronches, les poumons et les voies respiratoires sont fréquents. Son système nerveux est fragile, il a besoin de détente, de repos physique et mental. Le Gémeaux doit se méfier de la gourmandise et de l'embonpoint. Le sucre est son ennemi. Il doit surveiller sa glycémie dès le plus jeune âge et continuer à le faire toute sa vie. Bras, épaules, mains et jambes, tout ce qui bouge chez lui risque de se fracturer. Il a intérêt à se protéger lorsqu'il pratique des sports.

L'air qu'il respire doit être filtré et pur, sinon le Gémeaux sera chétif et malade. Son système nerveux est fragile, il a le sommeil léger et ne dort que d'un œil et d'une oreille. S'il réduit ses appétits sexuels et les excès, il vivra vieux et demeurera alerte jusqu'à son dernier souffle.

Plan mental

Vif d'esprit et de nature enjouée, le Gémeaux se plaît avec la jeunesse. Désirant paraître jeune toute sa vie, il fait des sacrifices pour repousser l'impact du temps. De dos, on croirait une toute jeune personne. Mais s'il se retourne, il révèle son âge. Il aime la mode, les sports, la danse, les jeux et les passe-temps où sa musculature et son adresse sont mises à profit. C'est un formidable acrobate et funambule, au sens propre et au figuré. Il a des défauts, mais rares sont les Gémeaux paresseux.

Le fait de bien se connaître le rend plus aimable. Chose certaine, on ne l'amadouera pas avec des récriminations, il déteste cela. Ce qui peut l'adoucir : des paroles douces, des conversations intelligentes, des rencontres amicales dans des lieux élégants, des contacts humains un peu superficiels mais amusants, des propos critiques et un rien cyniques. Rien de mieux pour désamorcer la colère d'un Gémeaux que de le faire rire. Il ne résiste pas à un sain défoulement !

Plan intellectuel

Le cerveau du Gémeaux est constamment sollicité et en action. Son seul problème : arrêter de penser et prendre le temps de dormir. Il n'a jamais tort et ne change jamais d'idée jusqu'au moment où, la conversation revenant sur le sujet, il adopte la position opposée, niant avoir émis auparavant une opinion contraire. Possédant le sens du dialogue et du paradoxe, il connaît des tas de choses en surface, mais il en parle avec tant de persuasion qu'on le croirait expert.

Son habileté à se sortir du pétrin est phénoménale. Bluffant mieux que personne, il apprécie l'effort que vous faites pour lui être agréable. Ses défauts sont l'inconsistance et la superficialité. Pas étonnant que les journalistes et les interviewers soient souvent de ce signe !

Signe neutre, double et d'Air

Signe neutre

Signe neutre, le Gémeaux possède la double qualité d'être à la fois positif et négatif. On le dit officiellement positif, mais qui le connaît sait qu'il a cette particularité de voir les deux côtés d'un problème. Chez lui, action et réaction s'entremêlent. Homme ou femme, il donne des ordres et en reçoit avec autant de facilité. Suivant les besoins de son métier ou de sa carrière, il agit « au masculin » ou « au féminin ». Les deux lui sont naturels. Prenant par périodes les rênes de sa destinée, puis se laissant aller, il évolue dans un monde en perpétuel mouvement. C'est son univers.

Homosexualité

On ne relève pas plus d'homosexualité chez les Gémeaux que chez les autres signes, mais leur excentricité vestimentaire et intellectuelle en fait des cibles faciles. Aimant se déguiser et se travestir, ils s'amusent à affoler leurs parents et amis. Les essais romantico-sexuels sont fréquents, surtout chez les jeunes, mais le natif du Gémeaux tend, avec les années, à s'assagir et à choisir, dès l'arrivée d'un enfant, un mode de vie plus conformiste. Il aime et respecte les enfants. Il désire être leur formateur, leur mentor, leur parent.

Signe double

On attribue, avec raison, à ce signe double une tendance au dualisme et à l'indécision. Possédant le don de se diviser et de se multiplier, le Gémeaux entretient souvent des relations avec des gens de tous les coins du monde. Il peut plaider le faux pour savoir le vrai, ça ne le gêne pas. Capable de se mettre à la place de l'interlocuteur, c'est un hôte charmant.

Protections occultes

Son adaptabilité n'a d'égale que sa souplesse ; son tact et sa diplomatie sont légendaires. Attitude qui peut sembler amusante et cocasse, mais qui est pensée et calculée : il prend toujours un chemin détourné pour arriver à son but, même quand la voie est libre. C'est sa façon de contester, de montrer sa supériorité sur les événements et sur la fatalité. Son esprit ouvert lui vaut des amitiés qui dureront toute la vie. Secret bien gardé du Gémeaux : des protections occultes lui sont assurées pendant toute la durée de son passage sur terre. Il le sait et en abuse parfois...

Défauts

Chez le Gémeaux, la raison domine sur la sentimentalité. Sans être un défaut, cette tendance donne un caractère indépendant qui ne se laisse pas mener par l'affection, l'amitié, ni même par l'amour. Original et libre penseur, il peut être assez manipulateur et ne s'attacher à personne de manière constante. Aisément influençable, il change souvent d'idée. Avec lui, le dernier qui parle a raison. Il est utile de le noter.

Parfois découragé par les événements, il flotte, évite de prendre des responsabilités et manque de détermination. Un complexe d'infériorité peut le rendre timide, pessimiste et rusé. La malhonnêteté est alors sa seule arme. Le fait de le valoriser pendant son enfance et son adolescence évitera qu'il choisisse cette solution.

Ses principaux défauts sont l'indécision, le dualisme, la dispersion des énergies, le chèvre-choutisme (qui ménage la chèvre et le chou), la nervosité, l'agitation, la ruse, l'esprit superficiel, la verbosité. Il n'est pas très sentimental, mais ses qualités compensent largement ses carences affectives.

Signe d'Air

Signe d'Air, le Gémeaux possède une grande rapidité de mouvements et d'esprit. Mobile, il est rarement pris au dépourvu et il a toujours une explication à donner à ses actions. Très intelligent, il vit, pour ainsi dire, dans sa tête. Il emploie son raisonnement et son jugement davantage que l'homme moyen. Il aime étudier, créer, inventer, arranger, classifier, réorganiser les choses et il s'intéresse aux problèmes de l'éducation. Il fait preuve de goûts raffinés et s'exprime avec aisance. Sa voix est souvent son instrument de travail.

GOUVERNÉ PAR MERCURE

Mercure, la planète du mental

Le Gémeaux est gouverné par Mercure, la planète du mental. Cette planète joue un rôle extrêmement important, car l'homme, grâce à son cerveau, peut répondre aux vibrations d'intelligence et de raisonnement qu'elle envoie, ce qui le différencie de l'animal.

MESSAGER DES ÉTOILES

Mercure constitue le Moi grâce auquel l'être humain prend conscience du bien et du mal. Mercure joue le rôle d'intermédiaire entre l'esprit et le monde extérieur, ce qui lui a valu dans la mythologie le nom de « Messager des dieux ». Il nous donne non seulement la faculté de penser et de formuler des idées, mais aussi de les traduire en actes et de nous exprimer par la parole.

Le vrai et le faux

Mercure gouverne nos facultés conscientes, positives et objectives, notre esprit critique, notre mental et nous permet de penser, de raisonner, de juger, d'acquérir des connaissances, d'augmenter notre savoir par l'étude et l'expérience. Si Mercure était absent de notre système solaire, nous serions livrés à nos seuls instincts. L'apport de cette planète à l'humanité est sans prix, car elle gère la faculté de distinguer le vrai du faux et permet de séparer le bon du mauvais.

Vif-argent

Comme le mercure, ce métal fuyant, on ne peut saisir le Gémeaux ni l'attraper. C'est du vif-argent. Ayant Mercure comme planète maîtresse, il n'est jamais complètement au repos. Il fait le guet et a peur de manquer quelque chose ! Méfiez-vous du Gémeaux qui dort : il écoute, entend, analyse et verbalise ensuite à sa façon !

Il n'a jamais peur

C'est une dynamo, un catalyseur d'énergie, un entraîneur hors pair. Rarement pris au dépourvu, il offre toujours une raison pour expliquer ses actions et ses retards. Ses principales qualités sont l'adaptabilité et l'intellectualité. Chez lui, tout se passe sur le plan de l'esprit ; il est à la fois physique et intellectuel. À l'aise sur la corde raide, il aime provoquer les Étoiles. Nous craignons pour lui, mais lui n'a jamais peur. Il connaît peu ce mot et ne l'utilise jamais.

C'est vrai, le Gémeaux s'en sort toujours. Possédant un équilibre sans égal et des réflexes sûrs, il se place plus souvent en position d'attaque que sur la défensive. Il fait un bon avocat et sait défendre ses intérêts. Bien mal avisé qui s'en prendra à lui ou à elle !

L'enfant Gémeaux

Peut-on empêcher l'enfant Gémeaux de bouger, de changer sans cesse de jeu et de centre d'intérêt, en quelque sorte d'être hyperactif ? La réponse est sûrement non. D'ailleurs, il ne serait pas sage de l'obliger à se concentrer pendant de longues heures sur un sujet qui ne l'intéresse plus ou pas. Il se rebellera, détestera l'étude et les professeurs et s'en ira ailleurs chercher de quoi nourrir sa curiosité.

Le problème

Le problème est le suivant: il sait tout sur le sujet enseigné peu après que l'instructeur l'a énoncé. Les autres n'en sont qu'au début du processus mental. Il occupe donc son esprit à autre chose, rien de plus naturel. Le fait de le blâmer et de le culpabiliser ne fera que renforcer son aversion. Ça pourrait même provoquer de l'antipathie à l'égard du parent, du professeur, du conjoint ou ami et forcer l'enfant à se réfugier dans un monde imaginaire plus sympathique et compréhensif.

À tout âge

Pour qu'il donne sa pleine mesure, il faut absolument trouver ce qui intéresse le Gémeaux, sinon, c'est peine perdue. Malin, il cherchera dans tous les endroits du globe et dans tous les milieux de quoi satisfaire son insatiable curiosité. Ce qui ne va pas sans risque, évidemment, mais chanceux comme il l'est, point besoin d'avoir peur: il trouvera quelque part quelqu'un ou quelque chose qui le stabilisera un moment. C'est plus qu'il n'en faut pour lui faire oublier le temps qui passe, pour chasser l'ennui et pour qu'il remplace sa moue par un beau sourire.

La nature l'a choyé

Le Gémeaux se dit que la nature l'a choyé. C'est vrai, mais gare à lui s'il en abuse, il se retrouvera gros Jean comme devant. Dur pour l'ego et l'orgueil. S'il se fait prendre en défaut, il le paiera cher. Ça lui arrive rarement. En fait, il profite plus qu'il ne souffre de ses nombreux talents. Nul mieux que lui ne sait manier l'instrument avec lequel il travaille. L'ordinateur n'a pour lui aucun secret, il en joue comme il jouerait de la harpe ou du pinceau.

Éternelle jeunesse

Le Gémeaux est le troisième signe du zodiaque, celui de l'enfant, du recommencement, de l'éternelle jeunesse. Avec lui, on ne creuse pas, on effleure. Cela suffit pour qu'il nous fascine. Son univers est celui de la curiosité, de l'appel du large, des voyages en pays lointain, des relations improbables et des paroles indicibles. Qu'il parte aussi souvent qu'il le voudra, le fait est qu'il reviendra. Il revient toujours à ses anciennes amours !

RELATIONS AFFECTIVES

Cérébral sensible

Le Gémeaux n'est pas un affectif, mais un cérébral sensible. Chez lui, tout passe en premier par l'esprit, mais le cœur n'est pas absent. Il faudrait être de mauvaise foi pour prétendre que le natif et la native du Gémeaux n'ont pas de cœur. Trop d'exemples nous prouvent le contraire. Laisser un chien ou un chat à la rue ? Impossible. Encore moins un humain. C'est sans doute pourquoi les itinérants ont auprès de ce signe la cote d'amour.

Pour toujours

Consulter la carte du ciel personnelle d'un Gémeaux renseigne sur ses relations émotionnelles, car, avec lui ou elle, rien n'est clair et limpide quand il est question de sentiment. Tout s'embrouille, se complique, se contredit, jusqu'au point où l'on ne sait plus très bien s'il aime, comment il aime et quand il aime. Chose certaine, une fois son affection donnée, c'est pour toujours.

Le natif n'est pas étranger au pluralisme en amour. Il n'est pas impensable qu'il puisse mener deux vies parallèles. Il pourrait s'y sentir très à l'aise. Chose certaine, ses lettres d'amour et ses messages sont à conserver. Nul mieux que lui ne sait écrire les sentiments qu'il ressent.

Beau signe

Le Gémeaux est un beau signe. Ne laissez personne dire le contraire. Pas parfait, mais qui peut se vanter de l'être… Léger, frais, vivifiant comme l'air en montagne, son caractère est parfois décrié à cause de la légèreté dont il a hérité. Mais ce serait un non-sens de le vouloir lourd et amorphe. On ne peut aller contre sa nature… Il faudrait un ascendant et une lune natale très austères pour anéantir sa joie de vivre. Et encore, il trouverait le moyen de faire de l'humour.

Ça va aller

Ce qu'il y a de beau avec vous, Gémeaux, c'est que tout s'arrange. À vos yeux, rien n'est jamais fatal. « Ne t'en fais pas, ça va aller » est la phrase que vous répétez le plus souvent. Vous avez raison, tout finit toujours par s'arranger. C'est dans l'ordre des choses. Lire *L'Insoutenable Légèreté de l'être* de Milan Kundera vous conviendrait. Je vous suggère ce livre, car l'auteur parle de vous, ou c'est vous qui parlez avec ses mots…

L'ARGENT ET LES AFFAIRES

Bien nanti

En ce qui concerne l'argent, le travail et l'ambition, le Gémeaux est bien nanti. Il ne manque jamais de travail: il occupe deux ou trois emplois, mène de front deux carrières. Son ambition est reconnue et respectée. Côté argent, il sait ce qu'il veut et où il va. Il lui en faut suffisamment pour qu'il n'ait pas à se priver. C'est un excellent comptable. Deux ou trois colonnes de chiffres ne l'effraient pas. Le calcul mental, comme tout ce qui est mental, il connaît.

Communication

Le Gémeaux n'est évidemment pas réfractaire aux nouveautés. S'intéressant tôt ou tard à toutes les inventions modernes, il les fera fonctionner pour son profit – s'il ne les invente pas lui-même. Celui qui niera le talent de communicateur du Gémeaux (natif ou ascendant) sera de mauvaise foi. Il s'agit d'un fait reconnu, basé sur des statistiques établies depuis des siècles. Le Gémeaux et la communication ne font qu'un.

Jeux de hasard

Chanceux aux jeux de hasard, le Gémeaux aime jouer et surtout gagner. Cartes, dés, échecs et jeux de société n'ont aucun secret pour lui. C'est un magicien, ne l'oubliez pas. Grâce à sa dextérité, il fait des gains surprenants. Comme il sait manipuler les objets et les gens, il trouve cela normal. Rien dans les mains, rien dans les poches, et le tour est joué! Il gagne à la loterie et, le plus souvent, beaucoup. Tant mieux pour lui et elle! Souhaitons qu'il ne se fasse pas avoir au moment de placer son argent, mais il y a gros à parier qu'il sentira la bonne affaire et qu'il se méfiera des escrocs!

Métiers et professions

Son maître Mercure lui attribue des talents pour les occupations ou les métiers suivants: écrivain, journaliste, étudiant, professeur, éditeur, secrétaire, diplomate, sportif, acteur, danseur, magicien, imitateur, mime, animateur de radio et de télévision, chansonnier, musicien, caricaturiste, représentant de commerce, vendeur, directeur d'agence de voyages, thérapeute, aviculteur, marchand d'oiseaux, livreur, facteur, camionneur, coureur automobile, joueur professionnel de bridge et d'échec, et éternel voyageur.

Comme il se désintéresse vite de son travail, il lui est suggéré de changer assez souvent d'emploi. La monotonie, la routine, il déteste. Qu'il s'en tienne loin, cela pourrait lui donner de mauvaises idées...

LES AMOURS DU GÉMEAUX

Amours et amitiés

Dans les relations humaines, le Gémeaux est à l'aise. Il évolue dans son domaine, celui de la séduction. Ses amitiés durent en général plus longtemps que ses amours et sont plus valorisantes. Parfois, il fait de ses amants ses amis, et vice versa. C'est un as de l'amitié, un champion de l'affection partagée, un bon père, mais parfois, hélas, un piètre conjoint.

La femme Gémeaux

La femme Gémeaux semble rester une femme-enfant fragile toute sa vie. En réalité, elle est une redoutable amante qui contrôle ses passions et qui peut se refuser à l'ultime seconde. Son pouvoir est dangereux pour l'homme épris d'elle… Sa force réside dans le fait de ne se donner à personne. Elle est et elle demeure la femme à conquérir, jamais soumise, jamais vaincue.

L'homme Gémeaux

L'homme Gémeaux a besoin d'être rassuré sur l'impression qu'il fait à la personne convoitée. Il veut tout savoir d'elle et tout dire de lui. Il aime parler de son désir et l'expliquer à l'autre et il prend souvent plus de plaisir aux préparatifs que dans l'acte sexuel lui-même. Il se grise de mots et s'autosuggestionne. L'autre fait partie du jeu amoureux. Les paramètres étant définis d'avance par les parties en cause, nulle surprise déplaisante ne peut survenir. Le natif du Gémeaux peut laisser libre cours à son imagination.

Mariage

Dans le mariage légal et l'union stable, le Gémeaux n'est pas très heureux. À moins qu'il n'ait la chance d'avoir un partenaire qui l'aime et lui fasse entièrement confiance, et encore… Privé de liberté et d'indépendance, il s'ennuie dans le couple traditionnel et manque d'oxygène. Parfois il quitte le nid pour aller voir ailleurs si le gazon est plus vert. La plupart du temps, il revient.

Union libre

L'union libre lui réussit souvent mieux, mais la notion de fidélité étant affaire de perception personnelle, nul n'a à le juger. Lui seul sait ce dont il est capable et ce qu'il peut ou non assumer. Les responsabilités trop lourdes le gênent. Mieux vaut pour lui se garder un espace vital, un jardin secret où il évoluera avec charme et aisance. Il sera alors un partenaire amoureux, un amant parfait.

Pas malheureux

Le natif du Gémeaux doit redouter les trop nombreuses aventures, surtout de nos jours où les relations sexuelles ne sont pas sans danger. Il doit donc essayer de s'attacher le plus tôt possible, sinon il ira de cœur en cœur, au gré de sa fantaisie. Il ne sera pas heureux, mais il ne sera pas malheureux non plus. Il a plus d'un tour dans son sac et sait se débrouiller seul. C'est un fin finaud, il ne faut jamais le sous-estimer.

« Le don de soi n'est pas naturel au Gémeaux, surtout pas à la femme du signe. Il doit être appris, accepté, compris avant d'être ou de ne pas être exprimé. » Ainsi parle mon professeur d'astrologie et amie Huguette Hirsig au sujet du Gémeaux, signe aussi beau que complexe et difficile à cerner...

APHRODISIAQUES ET SEXUALITÉ

Auditif et fin lecteur

Le Gémeaux proclamera haut et fort qu'il n'est pas intéressé et qu'il n'a nul besoin d'aphrodisiaques pour atteindre le climax. C'est peut-être vrai et peut-être faux. Quoi qu'il en soit, ces petites suggestions lui remonteront la libido, si jamais il se trouve en mal d'excitation ou en panne de désir.

Le Gémeaux est un auditif et un fin lecteur. Il est stimulé principalement par des lectures appropriées, des films suggestifs et des photographies érotiques. Pourvu qu'il soit dénué de violence, ce genre de littérature et d'imagerie ne fait de mal à personne. La femme Gémeaux a elle aussi besoin de son et d'images pour atteindre le septième ciel. Sans cela, elle s'ennuie un peu, compte les mouches au plafond et bâille, ce qui est mauvais signe…

Mise en scène savante

Sur le plan physiologique, le natif et la native du Gémeaux ont besoin d'une mise en scène savante pour réussir complètement l'acte sexuel. Le décor, l'ambiance, le secret, les rendez-vous clandestins, la rencontre dans un train ou dans un avion, tout cela émoustille leurs sens. Autre secret: les paroles dites avant et pendant l'amour jouent un rôle primordial dans l'excitation sexuelle. Après l'amour, les Gémeaux parleront peu mais riront beaucoup, ce qui, pour eux, est un signe de satisfaction mutuelle.

Nourritures terrestres

Côté nourritures terrestres, rien de mieux qu'un champagne ou un vin mousseux pour aiguiser les sens du Gémeaux. Ajoutez à cela un peu d'œufs farcis, d'huîtres et des hors-d'œuvre divers et finissez le repas par un café corsé, comme il les aime. Votre menu pour deux est idéal et complet. Il devrait vous conduire à l'amour.

Le tout est de savoir doser vos plaisirs pour qu'ils ne deviennent pas excessifs et risqués. Plus vous en avez, plus vous en voulez, c'est fatal. À défaut de solides principes, il vous faut des balises. Mercure est le dieu des voleurs, ne le laissez pas voler votre âme!

Comment séduire un Gémeaux

Propos légers

Si vous désirez conserver l'intérêt d'un Gémeaux plus de quatre minutes, intéressez-vous strictement à sa personne et tenez-le en éveil avec des propos légers, voire légèrement grivois. N'oubliez pas que c'est un séducteur-né. Il faut donc s'efforcer de retenir son attention. Détails importants : des vêtements ajustés et de couleur voyante, une voix basse et sexy, un regard lourd et mystérieux, tout cela l'excitera. Quant au reste, à vous d'y pourvoir...

Jeu de la séduction

Le Gémeaux aime le jeu de la séduction souvent plus que la réalisation de ses désirs libidineux. Il repousse l'occasion qui se présente et qu'il a souvent lui-même créée et il fuit parfois pour des raisons complexes, que je tairai par discrétion. Il arrive qu'il quitte les lieux avant que l'acte ne soit consommé. N'en concevez pas de complexes. La raison est simple : il préfère la chasse à la victoire et n'a plus envie, un point c'est tout.

Personne loyale

Si vous attendez de lui qu'il vous consacre sa vie à la première rencontre, Madame, vous risquez d'être amèrement déçue. Vous pouvez ne pas avoir de nouvelles de lui pendant des jours, sinon des semaines, et vous devrez sans doute provoquer la deuxième rencontre. Fidèle à lui-même, il ne promet rien. Si vous visez une relation durable, mieux vaut mettre cartes sur table et discuter de ce que vous attendez de la relation avant le fait accompli. Par contre, s'il vous aime, sa fidélité durera longtemps, son amitié, toujours. Il n'est pas de ceux qui renient les personnes aimées. Vous pourrez toujours faire appel à ses loyaux services, quoi qu'il advienne. C'est une personne loyale en amitié et en amour.

Le rire est gagnant

Une chose est certaine : si vous l'ennuyez, c'est foutu. Faites-le rire et vous êtes gagnant. Si vous prenez la peine de l'attiser et de lui faire du pied sous la table, attendez-vous à ce qu'il y ait des suites, genre marivaudage. Ne jouez pas à l'ingénue,

Madame, il déteste. Ne faites pas le macho, Monsieur, ça l'horripile. Trouvez ce qui l'amuse, le distrait et le fait rire, et vous toucherez le point sensible. Rire est ce qu'il aime le plus au monde. Après, sinon avant l'amour!

COMPATIBILITÉ AMOUREUSE ET SEXUELLE (SYNASTRIE) DU GÉMEAUX

Gémeaux-Gémeaux: Belle complicité à l'horizontale et à la verticale. Ces amants sont à la fois libres et investis dans la relation amoureuse et sexuelle. Comprenant l'instabilité de leurs sentiments, ils se permettent certaines libertés sans rompre le lien qui les unit. Au contraire, ça attise leur passion. Un brin de cruauté est possible, mais ce n'est pas conscient.

Gémeaux-Cancer: Deux quêtes amoureuses différentes. L'un recherche la conquête et la satisfaction sexuelle rapide, l'autre la gratification sentimentale et sexuelle à long terme. Aimant le flirt, le Gémeaux excelle dans les préliminaires. Le Cancer veut procréer; pour lui, sexe égale survie. Question d'épiderme, ce n'est pas idéal, mais en amour des miracles sont possibles...

Gémeaux-Lion: Fantaisie et fougue sexuelle se rencontrent. Leur jouissance rejoint l'extase, ils se donnent corps et âme et frissonnent à l'unisson. L'un aime plus que l'autre, mais chacun y trouve son compte. La poursuite de sensations fortes est une constante. L'infidélité peut ruiner cette relation quasi parfaite, mais le plus souvent, c'est super.

Gémeaux-Vierge: Ils s'attirent et peuvent se satisfaire sexuellement, mais sentimentalement, c'est le vide. Leur goût pour les jeux érotiques est partagé, mais ils se lassent et cherchent ailleurs de quoi les titiller. Grande curiosité sexuelle, peu d'émotion; souvent, la relation est vouée à l'échec. S'ils ne sont ni jaloux ni possessifs, ça peut durer, mais ce n'est pas à rechercher.

Gémeaux-Balance : Deux intellectuels de l'amour. La synergie est si forte qu'elle dure au-delà de la passion. Il est question entre eux d'érotisme plus que de phéromones, mais ils se plaisent et en viennent rarement à se détester. Le Gémeaux agit par curiosité, la Balance sous le coup de l'émotion. Ce n'est parfois qu'un beau feu d'artifice, mais c'est superbe.

Gémeaux-Scorpion : Compatible amoureusement et sexuellement, cette synastrie donne de bons résultats. L'attraction sexuelle est immédiate, le plaisir garanti. Aucun n'abdique sa souveraineté. Au lit, ils sont à la hauteur. Ces jouisseurs s'y connaissent en matière d'amour et de sexe. Domination possible, et la passion pouvant mener au drame, il faut se méfier…

Gémeaux-Sagittaire : Ces partenaires ont des besoins affectifs, amoureux et sexuels difficiles à combler. Très actifs, ils doivent être disponibles et en forme, sinon l'autre cherchera ailleurs. S'ils gardent leur indépendance, ils se plairont longtemps, mais la relation se termine souvent abruptement. À moins de trouver l'âme sœur, mieux vaut sans doute chercher ailleurs.

Gémeaux-Capricorne : Deux natures amoureuses et sexuelles de portées bien différentes. L'un est poids léger, l'autre poids lourd. L'un des deux peut être masochiste, l'autre sadique. Les sensibilités sont étrangères l'une à l'autre, mais, si le sexe domine le sentiment, ils atteignent le nirvana ! Flirt et stabilité font rarement bon ménage, mais tout est possible…

Gémeaux-Verseau : Deux tempéraments vifs et sanguins dont la compatibilité affective et sexuelle est naturelle. Ils s'aiment et s'acceptent inconditionnellement. La sexualité connaît des hauts et des bas. Il faut au Gémeaux une vie personnelle bien remplie. Coup de foudre, relation durable, tout dépend du passé. L'ascendant doit être compatible.

Gémeaux-Poissons : Deux natures hypersensibles et hyposexuées. À moins d'un ascendant et d'autres points compatibles entre eux, la synergie est vouée à l'échec. Les rapports amoureux sont difficiles, les relations sexuelles complexes et le plus souvent frustrantes. L'aventure risquant de mal se terminer, les ados doivent s'abstenir de telles expériences.

Gémeaux-Bélier: Belle synastrie amoureuse et sexuelle. La compatibilité est remarquable. S'ils s'investissent dans la relation, ils en retireront une grande satisfaction. Sans préambule, ils jouissent l'un de l'autre sans complexe. Le corps exulte et le cœur est content. Le Gémeaux n'est pas farouche et le Bélier est audacieux; ils sont follement épris.

Gémeaux-Taureau: Un lièvre rencontre une tortue. Pas idéal pour une relation amoureuse et sexuelle durable. Si les deux font des concessions, c'est possible, mais ça use. L'un des deux, le Taureau d'habitude, souffre plus que l'autre, c'est fatal. Le Gémeaux parle d'érotisme, mais il se donne peu. L'autre reste sur sa faim et un Taureau qui a faim est dangereux...

THÉRAPIES NATURELLES

Végétarisme

De type sanguin, vous avez de la chance, cher Gémeaux. Vous êtes exposé à moins d'accidents et de maladies que d'autres signes. Pour peu que vous gardiez votre équilibre en favorisant une alimentation végétale et que vous ne fassiez pas d'abus de nourriture et d'alcool, vous aurez une longue et belle vitalité. Mangez beaucoup de salades et de légumes, le végétarisme est pour vous.

Besoin d'oxygène

Dans votre cas, l'oxygénation du sang est le meilleur traitement naturel. Signe d'Air, vous avez grand besoin d'oxygène et vous devez sortir prendre un bol d'air frais tous les jours. C'est une condition essentielle à votre bien-être. Dormir la fenêtre ouverte est un bon moyen de récupérer vos énergies. Vous avez le sommeil léger, peut-être serait-il plus réparateur si vous ouvriez un peu la fenêtre... Bien couvert, vous ne courez aucun risque.

Exercices respiratoires

Faire des exercices respiratoires est conseillé. Fumer vous est interdit, parce que cette habitude, nocive pour tous, vous est particulièrement néfaste. Voies respiratoires et poumons sont vos points sensibles. Si vous n'écoutez pas les Étoiles, tant pis, mais il est sûr qu'un jour ou l'autre vous devrez en payer le prix. Dommage, avec la belle espérance de vie que vous avez...

Yoga et méditation

Le yoga est excellent pour le Gémeaux, car il calme le système nerveux qui est fragile chez lui. La méditation transcendantale ou une autre forme de méditation et de contemplation recèle aussi des bénéfices appréciables. Ceux qui s'y adonnent 20 minutes par jour en retirent des avantages dont ils ne sauraient se passer. Ils ne vivraient probablement plus sans ces techniques naturelles.

Élément important

La terre est l'élément qui pourrait vous aider en cas de maladie et de déséquilibre. Portez des sandales de cuir naturel et touchez la terre avec vos pieds et vos mains le plus souvent possible. Ce traitement vous épatera. Les bains de boue et les traitements balnéaires vous réussissent aussi, mais ils sont coûteux. Si vous en avez les moyens, faites-vous plaisir et tentez l'expérience des nouveaux traitements corporels, mais si vous êtes malade, n'hésitez pas à avoir recours aux soins spécialisés et aux thérapies dites «naturelles». Vous valez l'investissement!

Summum de l'économie

Summum de l'économie: couvrez-vous les pieds de terre ou enterrez-vous complètement dans le sable, à la plage, cet été. Restez ainsi 20 minutes. Vous recevrez des énergies telluriques bienfaisantes qui agiront sur vous de manière positive. Plantez des fleurs, des arbres, faites un potager. Ça ne vous coûtera pas une fortune, et vous serez bien.

Fleurs et parfums préférés du Gémeaux

Arôme printanier

Le Gémeaux est séduit par un doux arôme printanier, léger et fluide comme lui. Tout parfum capiteux lui répugne, toute odeur trop forte l'indispose et lui donne mal au cœur. Le natif du Gémeaux a le nez fin, si fin qu'il n'hésite pas à quitter une personne dont il n'aime pas le parfum. Il sait ce qu'il aime et n'aime pas dans le domaine des fleurs et des parfums, vous ne lui passerez pas n'importe quoi.

Muguet

Son odeur préférée est celle du muguet qui fleurit au printemps, quand le signe du Gémeaux fait triomphalement son entrée sur terre et commence son règne, en mai, mois doux à son cœur. Il aime aussi le myosotis, la lavande, la menthe, le liseron, la valériane et la mercuriale évidemment, puisque c'est la plante associée à Mercure, sa planète fétiche. Il est facile de lui faire plaisir, ses goûts en matière d'odeurs et de fleurs sont simples. C'est bien tout ce qu'il aime de simple dans la vie, respectons ce besoin !

Café

On suggère au Gémeaux de ne pas abuser du café, boisson dont il est friand. L'odeur du café le met en transe, mais en boire trop, et surtout le boire trop fort, est néfaste pour son système nerveux. La caféine pouvant causer de l'insomnie, le Gémeaux n'a nul besoin de ce stimulant le soir avant de se mettre au lit, s'il se couche pour dormir, bien sûr.

Sa plante talisman est le thym, tonique et antiseptique. Rien de mieux qu'une tisane faite avec ce précieux aromate pour lutter contre les microbes et les virus du rhume ou de la grippe. Prise à temps, elle vous évitera une visite chez le médecin. Un bain aromatisé avec cette herbe magique fera aussi des merveilles.

Des suggestions

Parmi les parfums qui feront plaisir à la femme Gémeaux, notons les favoris de toujours : *L'Air du Temps* de Nina Ricci, *Muguet* de Coty, *Madame Rochas* de Rochas et *Eau vive* de Carven.

Pour l'homme Gémeaux : *Polo* et *Crest* de Ralph Lauren, *Escape* de Calvin Klein et *Drakkar Noir* de Guy Laroche. Ces odeurs devraient lui être agréables, bien que les essences naturelles et les huiles essentielles lui soient encore plus bénéfiques.

La chance

Il faut le dire, car c'est vrai, la chance est fortement liée au nombre 5. De nombreux gagnants à la loterie et aux jeux de hasard peuvent en témoigner : ils sont souvent Gémeaux, ascendant Gémeaux ou ils ont la Lune natale dans ce signe. Pourquoi ? Allez savoir ! Le destin agit sous des formes mystérieuses, ses voies sont étranges…

Voyages à l'étranger

Le natif du Gémeaux qui se lie dans le mariage, l'union libre ou l'association d'affaires doit être prêt à composer avec un besoin de liberté qui ne l'abandonnera jamais. Si le partenaire et les associés sont dépendants et possessifs, il se lassera et partira sous d'autres cieux. S'adaptant bien ailleurs, il y est parfois mieux que chez lui. Au fond, il se sent bien partout. De plus, le fait de déménager et de voyager à l'étranger augmente sa part de Chance Pure. Il aurait tort de s'en priver !

Karma doux

Natif relevant du nombre 5, votre grâce est grande et votre karma est doux. Vous excellez en publicité, dans les relations publiques, sociales et diplomatiques. Les slogans vous motivent, l'écriture et l'étude sont pour vous. On vous retrouve dans les négociations, les discussions orageuses où votre adresse manuelle et orale impressionne. Quoi que le destin vous réserve, vous êtes comme le chat, vous retombez toujours sur vos pattes! Bien malin qui vous détrônera!

Natifs du cinq

Natifs des 5, 14 et 23 de tous les signes, de tous les mois et de toutes les années, et plus particulièrement, bien sûr, ceux du 23 mai, du 5 ou du 14 juin, attendez-vous à connaître la jeunesse éternelle. Curieux et fringants, vifs et intelligents, vous mourrez vieux mais verts. Tel un arbre coupé qui sait qu'il va renaître des entrailles de la terre.

Sens de l'humour

Ne perdant jamais leur sens de l'humour, les natifs relevant du 5 sont un atout pour la société, la compagnie qui les emploie, la famille qui les retient, le couple dont ils font partie. Tous leurs rapports humains débordent d'énergie et sont stimulants. Dans certains cas, ils provoquent la controverse, mais ne faut-il pas un peu de fantaisie dans notre monde terne?

Comptons sur le Gémeaux pour oser faire ce que nous n'osons pas et remercions-le de nous ouvrir les portes d'une vie tridimensionnelle. C'est véritablement un être en «champfusion», heureux dans l'âge du Verseau, qui s'annonce, pour lui, des plus complémentaires.

Couleurs porte-bonheur du Gémeaux

Le vert

Vous aimez d'instinct les couleurs printanières et fraîches qu'on retrouve dans la nature à la fin du printemps et au début de l'été. Le vert a le don de vous calmer. Il vous enchante par la bonne humeur qu'il dégage et l'espoir qu'il fait naître. Le vert limette vous plaît particulièrement. Dès que vous en portez, vous redevenez joyeux, léger, rieur. Du coup, vous rajeunissez.

Le jaune

Le jaune a aussi pour vous beaucoup de charme, surtout s'il est de teinte soutenue ou orangée. Pour la maison, ça peut aller, mais sur vous, n'en abusez pas. Il tend à vous rendre encore plus compliqué, mieux vaut l'éviter surtout en période de dualité et d'indécision. Par contre, le jaune un peu citronné vous va à ravir et vous apporte optimisme et chaleur humaine. Vous pouvez en user et même en abuser.

Vert et jaune

Le vert allié au jaune produit un effet sensationnel sur le Gémeaux (signe ou ascendant). Quand il en porte, il se crée autour de lui un irrésistible climat de joie. Que ce soit pour solliciter une faveur, une hausse de salaire, des avantages sociaux ou pour obtenir un poste plus important et faire tourner le sort en sa faveur, cette combinaison audacieuse est gagnante. Les statistiques sont formelles à ce sujet.

Marine ou gris

Au travail, portez du marine ou du gris. Ces couleurs vous rendent beau, vous êtes à l'aise, et elles conviennent à toutes les situations tout en renforçant votre autorité. Ajoutez des accessoires à la mode, et le tour est joué. N'abusez pas du noir, il tend à vous rendre misogyne. Cela peut sembler far-felu, mais c'est vrai, faites-en vous-même l'expérience…

Pour les grandes occasions, portez du gris argenté ou du brillant argenté. Cette teinte met en vedette votre côté Gémeaux, sans toutefois prendre trop de place. Le gris clair peut aussi avoir du charme, mais évitez le blanc, il peut être dévastateur.

Pierres chanceuses du Gémeaux

Chrysoprase

La meilleure pierre protectrice pour le Gémeaux est la chry-soprase. Cette pierre semi-précieuse au nom très compliqué est très abordable. Montée sur métal blanc, elle a un effet exclusivement bénéfique. Montée sur métal jaune, elle peut être neutre ou nocive selon la personne qui la porte. Optez donc pour une belle calcédoine d'un jaune verdâtre, enchâs-sée sur du métal blanc. Elle accroît l'intelligence et est béné-fique pour les étudiants et les enseignants. En tant que talisman protecteur pour les sportifs et les voyageurs, elle est superbe.

Pierres précieuses

Portez le diamant pour affirmer votre statut social, l'éme-raude comme calmant naturel, le lapis-lazuli pour la sagesse qu'il accorde, la turquoise pour la sobriété qu'elle apporte et le saphir pour vous aider à réaliser vos rêves.

L'émeraude et la turquoise sont surtout utiles en voyage dans les pays lointains. Antiseptiques naturels, ces pierres ont la réputation de sortir de leur monture et de tomber pour vous prévenir d'un danger imminent. De plus, elles accen-tuent la perspicacité, l'intuition, le jugement. Trésors à possé-der, elles ne sont jamais négatives.

Toutes les pierres précieuses sont en accord avec la nature du Gémeaux, sauf le rubis. Il est contre-indiqué en raison de sa forte énergie qui peut se transformer en agressivité à la moindre rebuffade. Il est donc suggéré de ne pas en porter.

PAYS, RÉGIONS ET VILLES GÉMEAUX

Les pays, régions et villes où le Gémeaux se sentira le plus à l'aise sont Gémeaux comme lui. Les États-Unis sont très marqués par le signe du Gémeaux. Leur attrait sans borne pour la jeunesse en témoigne. Berkeley et Monterey en Californie sont du signe et San Francisco est ascendant Gémeaux. Soulignons que l'Amérique du Nord en entier est Gémeaux. Comme c'est le Nouveau Monde, il ne saurait en être autrement.

L'Afrique (partie nord-est surtout), l'Australie, la Belgique, le Brabant, l'Égypte, le pays de Galles, le Nigeria, Calabre et la Sardaigne, les villes de Londres, de Metz et de Versailles sont aussi Gémeaux comme le sont Anchorage (Alaska), l'Arkansas, la Guyane, Jacksonville, le Kentucky, le Rhode Island, le Wisconsin et les chutes du Niagara.

LES SECRETS DE VOTRE DATE DE NAISSANCE

LES GÉMEAUX OU TAUREAU DU 20 MAI ont un sens artistique dès la naissance. La politique et les sciences les passionnent. Ils connaîtront le grand amour et feront la joie de leur entourage. S'ils travaillent fort, ils atteindront leurs buts et feront fortune.

LES GÉMEAUX DU 21 MAI sont honnêtes et originaux, audacieux et drôles. Leur sens de la musique, du rythme et de la mimique est remarquable. Ce sont des acteurs, des magiciens, des danseurs. Ils jouissent d'une chance peu commune et savent l'apprécier.

LES GÉMEAUX DU 22 MAI sont pratiques et matérialistes. Ils s'épanouissent pleinement dans l'art et dans l'écriture et emploient habilement leur sensibilité et leur imagination. Ils aiment les enfants et sont de bons parents, de bons maîtres, de bons moniteurs.

LES GÉMEAUX DU 23 MAI sont téméraires et audacieux. Ils sont vifs d'esprit, s'expriment bien et savent discuter de tous les sujets. Bons professeurs, romanciers ou cinéastes, ils sont rassurants pour les autres, aimants et aimés. Leur vie sera productive.

LES GÉMEAUX DU 24 MAI sont doués d'inspiration. Souvent bohèmes et rêveurs, ils ont besoin d'harmonie dans leur vie amoureuse et matérielle pour réussir. L'amour est au centre de leurs préoccupations. S'ils en manquent, ça peut être fatal.

LES GÉMEAUX DU 25 MAI s'élèveront grâce à leur courage et occuperont des postes importants. On leur fait confiance et ils en sont dignes. Ils avancent par leur propre mérite et donnent autant qu'ils reçoivent. Ce sont des progressistes.

LES GÉMEAUX DU 26 MAI connaissent le succès, mais ils savent demeurer simples et modestes. Chanceux et fortunés, ils profitent de la gloire qui les poursuit. Leurs amitiés amoureuses et leurs amours défrayent la chronique, mais ils sont heureux.

LES GÉMEAUX DU 27 MAI ont un jugement sûr et impartial. Courtois et affables, ils se montrent d'agréable compagnie et réussissent dans tous les domaines. Ils connaissent des revers, mais ils sont capables de se refaire. Ils connaissent une fin de vie à l'abri de tout besoin.

LES GÉMEAUX DU 28 MAI seront tranquilles et rechercheront la paix. Ils devront se méfier de leurs ennemis mais finiront par obtenir justice. Rien ne leur sera acquis, mais ils réussiront à dépasser leurs limites et triompheront de leurs difficultés.

LES GÉMEAUX DU 29 MAI devront lutter contre leurs tendances autodestructrices s'ils veulent atteindre l'équilibre et le bonheur. Le choix de leurs amis et de leurs relations sentimentales conditionnera leur vie entière ; ils devront avoir du flair.

LES GÉMEAUX DU 30 MAI sont voués à un destin exceptionnel, mais qui pourra s'avérer dangereux s'ils s'acharnent à exercer trop de domination. Ils feront face à des problèmes majeurs et devront se garder de tout prendre sur eux, leur santé pouvant écoper.

LES GÉMEAUX DU 31 MAI sont chanceux dans la vie. Charitables, ils aiment soigner et aider. Possédant le don de guérison, ils en usent correctement. Ils jouent souvent le tout pour le tout et sortent gagnants d'entreprises hasardeuses.

LES GÉMEAUX DU 1er JUIN ont des admirateurs inconditionnels et des ennemis puissants. Ils recherchent la gloire et la fortune, mais leur destinée sera instable. Voulant être les premiers, ils devront s'accommoder de ce qu'ils ont reçu en héritage.

LES GÉMEAUX DU 2 JUIN sont physiquement actifs et intellectuellement forts. Leurs espoirs se réaliseront malgré les difficultés qui surviendront sur leur route. La vie spirituelle leur apportera du réconfort dans leurs épreuves.

LES GÉMEAUX DU 3 JUIN sont dotés d'une double nature. Capables du meilleur et du pire, leurs espoirs se réaliseront grâce au courage qu'ils montreront dans leur métier, leur travail, leur profession. Ils auront l'art de forcer le sort à tourner en leur faveur.

LES GÉMEAUX DU 4 JUIN tendront vers la renommée, la gloire et la fortune qu'ils obtiendront par la ruse. S'ils demeurent honnêtes, ils auront plus de succès que s'ils usent de subterfuges. Le plus souvent, ils n'en feront qu'à leur tête. Ça leur réussira.

LES GÉMEAUX DU 5 JUIN sont érudits et de nature compliquée. Tendant à la confusion des sentiments et des idées, ils devront apprendre à ne faire qu'une chose à la fois. Leur vie sentimentale et érotique sera aussi complexe qu'eux, mais ils seront satisfaits.

LES GÉMEAUX DU 6 JUIN sont capables d'accomplir de grandes choses. Bons vendeurs, la chance leur sourit dans les luttes qu'ils mènent. Ils savent défendre leurs intérêts. L'amour et l'amitié amoureuse priment dans la liste de leurs priorités ; ils sont heureux.

LES GÉMEAUX DU 7 JUIN sont influençables. Leur destin prendra la couleur de leur entourage, d'où l'importance de leur éducation et de leurs fréquentations. S'ils apprennent et s'instruisent, ils seront épanouis et répandront le bonheur autour d'eux.

LES GÉMEAUX DU 8 JUIN sont souples et changeants, ils s'adaptent à toutes les situations. Leur sort est enviable, leur réussite permanente. Ils voyageront en pays étrangers et l'exotisme fera partie de leur quotidien. Ils seront chanceux en amitié et en amour.

LES GÉMEAUX DU 9 JUIN sont portés vers le mysticisme. Ils réaliseront de véritables tours de force et deviendront célèbres. Maîtres ou gourous, ils seront courtisés et parfois vénérés. Leur influence sur leur milieu sera considérable.

LES GÉMEAUX DU 10 JUIN recherchent la gloire et la lumière. Ils accumuleront des biens et se feront une place de choix dans la société. Aimant briller dans les cercles intellectuels et politiques, ils ont le don de parole et savent plaider toutes les causes.

LES GÉMEAUX DU 11 JUIN rechercheront le prestige et la gloire, mais ils l'obtiendront au détriment de leur vie amoureuse. De nombreux changements sont à prévoir dans leur travail, leur métier, leur carrière. Ils en mèneront deux avec succès.

LES GÉMEAUX DU 12 JUIN caressent des idéaux élevés mais difficiles à atteindre. Leurs projets sont nombreux et divers. Les voyages et la nouveauté agrémentent leur vie. Ils adorent les enfants, en particulier les bébés, et font de bons éducateurs.

LES GÉMEAUX DU 13 JUIN agissent avec diplomatie et douceur. La fortune leur est assurée pour peu qu'ils fassent l'effort de cultiver la chance. Ils risquent de devenir célèbres et d'être reconnus pour leur art et pour leur efficacité en affaires.

LES GÉMEAUX DU 14 JUIN sont attirés par la gloire et l'argent, mais ils devront se méfier de leurs ennemis qui chercheront à les exploiter. L'amour viendra consoler leurs ambitions légitimes. Ils auront des enfants et les moyens de les éduquer correctement.

LES GÉMEAUX DU 15 JUIN devront se montrer prudents et éviter de se faire des ennemis. S'ils sont doux et conciliants, leur sort sera meilleur. Le charme et la compréhension leur rapporteront en affection et en amour. De plus, cela les protégera des iniquités.

LES GÉMEAUX DU 16 JUIN ont intérêt à éviter la colère et la violence en se défoulant dans les sports et les voyages. Têtus et volontaires, ils travailleront bien mais seront à la merci de leurs passions. Les femmes seront plus heureuses que les hommes.

LES GÉMEAUX DU 17 JUIN connaissent de bons moments, mais la fortune est instable. S'ils se placent dans des situations difficiles, ils s'en sortent indemnes, mais non sans un prix à payer en argent et en réputation. L'amour peut leur épargner des mésaventures.

LES GÉMEAUX DU 18 JUIN sont doués pour la communication. Leur voix est leur principal instrument pour faire carrière. S'ils prennent leur vie en main, ils seront heureux en amour et gagneront le respect de ceux qu'ils aiment.

LES GÉMEAUX DU 19 JUIN recevront des honneurs. Ils ont des talents de réalisateur et sont des travailleurs acharnés. Ils connaîtront le bonheur dans leur vie amoureuse et deviendront célèbres s'ils demeurent honnêtes et intègres.

LES GÉMEAUX DU 20 JUIN sont sensuels et montrent des qualités d'artistes. Ils connaîtront la fortune mais aussi des échecs retentissants. L'argent est la principale motivation de leur travail, mais ils sont appelés à un destin large et fructueux.

LES GÉMEAUX OU CANCER DU 21 JUIN (selon l'année et l'heure de naissance) sont malléables et se plient facilement aux exigences du milieu. Intellectuels, ils se réalisent dans l'écriture, les sciences et les arts. Leurs rapports avec le sexe opposé sont parfois difficiles.

JOUR CHANCEUX

Le jour chanceux du Gémeaux est le mercredi, nommé ainsi en l'honneur de sa planète gouvernante, Mercure. Mercredi convient à la signature de contrats, engagements ou fiançailles, aux voyages, aux déménagements, aux affaires d'argent et de commerce, aux études, aux examens et au travail imposé. Les relations sociales et professionnelles sont aussi favorisées cette journée-là.

La magie des Étoiles est en action, le Gémeaux joue gagnant !

Les secrets du Cancer

22 JUIN AU 23 JUILLET

PIERROT LUNAIRE

L'enfant de la Lune

Pourquoi donner au Cancer le nom de Pierrot lunaire ? L'association d'idées est évidente, puisque le signe relève de la Lune, luminaire de nuit que l'on ne connaît pas encore tout à fait. Comme elle, le Cancer cache une partie de sa nature et se dissimule derrière un voile pour rire ou pour pleurer.

L'homme dans la Lune, c'est lui. Le Cancer rêve souvent, visitant des régions inconnues de nous. Il est le seul à connaître le secret de la Lune, qui est lié au sien. En fait, elle et lui ne font qu'un. C'est pourquoi les Anglais le nomment *moon child* ou enfant de la Lune !

Pierrot lunaire est un enfant qui se déguise et se transforme pour émouvoir et amuser. Le Cancer ne fait pas autrement toute sa vie. C'est sa signature, sa particularité que de nous faire rire aux larmes et pleurer dans le même souffle !

Quatrième signe

Quatrième signe du zodiaque, le Cancer s'intéresse à tout ce qui a trait à la naissance et, par opposition, à la fin de la vie et à la mort. S'assurer une fin de vie confortable peut devenir une fixation pour lui. Il devient grippe-sou et, dans certains cas, avaricieux par peur de manquer de quelque chose. Il faut lui apprendre jeune que la sécurité n'est pas une affaire d'argent mais de mentalité. Ainsi, il vivra plus heureux. Aussi heureux que puisse l'être un Cancer, car, avec lui ou elle, le bonheur a des résonances diverses, des consonances qui nous sont étrangères.

Quand on a la chance d'être Cancer et de s'appeler Pierrot, Pierre ou Pierrette, on doit bénir ses parents fort inspirés de nous avoir donné un tel prénom ! Si vous avez un bébé en route, il faudrait peut-être y penser. Simple suggestion des Étoiles...

PLANS PHYSIQUE, MENTAL ET INTELLECTUEL

Plan physique

Tous les Cancer ne se promènent pas comme le Pedrolino de la *commedia dell'arte,* habillés et masqués de blanc. Mais ils ont souvent le teint blanc, même s'ils ne sont pas malades. Le soleil ne leur convient pas, ils ne doivent pas en abuser. Un bon dermatologue leur est indispensable.

Vous avez un teint de lait. Une beauté ! Avoir une jolie peau est un trait que le Cancer partage avec les autres signes d'eau. Vos yeux ont souvent la couleur de l'eau limpide ou brouillée, selon les états d'âme. Un regard sans fond ajoute à votre mystère. Des mains agiles, dont l'une est d'une force exceptionnelle – sorte de « pince de crabe » –, vous permettent de réaliser des exploits manuels utiles.

Prédispositions pathologiques

Le système lymphatique lent et paresseux du Cancer l'oblige à se mettre régulièrement en action. Il a besoin d'exercice, de danse, d'expression corporelle pour garder la forme et se défouler. Les muscles tendent à s'affaisser, le corps à ramollir.

Le natif du Cancer doit respecter une stricte discipline de vie et faire du sport pour rester jeune et beau.

Son estomac est délicat. Il aura une longue vie s'il surveille ses poumons fragiles et éloigne les maladies cardiopulmonaires, pneumonie, pleurésie, péricardite, hypertrophie stomacale, sclérose hépatique, calculs biliaires, coliques hépatiques, gastro-entérite, péritonite.

La résistance physique du Cancer n'est pas des plus fortes; il doit, à un certain âge, surveiller la prolifération des cellules. Il a raison de prendre soin de lui et de ne jamais aller jusqu'à l'épuisement. Les remontées sont lentes et pénibles. Dans son cas, la prévention est une nécessité.

Plan mental

Le Cancer est observateur, réceptif à l'enregistrement des souvenirs. Autres caractéristiques importantes: attention spontanée, rêverie, défiance, activité mentale subjective, obstination tenace, hospitalité et esprit de famille traditionaliste. Il a parfois des états mentaux capricieux, se montre instable, irréaliste, timide ou fantasque. Il est épris de nouveauté et de voyage, mais ne se sent bien que chez lui.

Le plus remarquable chez le Cancer, c'est sa tendance maternelle et paternelle, son instinct de protection, son besoin de nourrir, de sécuriser financièrement ses ouailles, sa famille, ses dépendants. Il a aussi un instinct patriotique remarquable. Que l'on partage ou non ses opinions, il est sincère, c'est indéniable, et il peut aller aux extrêmes pour prouver qu'il a raison.

Parmi ses traits positifs, citons la bonté, la sensibilité, l'imagination puissante dont il se sert pour s'évader de la routine et des embêtements. Ayant un esprit polyvalent, une nature impressionnable et tout en contraste, il est rarement déprimé. Si cela lui arrive, il puise dans ses ressources et n'a pas de grands efforts à faire pour s'en sortir. Le rêve compensatoire est pour lui une belle réalité.

Son état d'esprit varie autant que la pression barométrique. À peu de chose près, il suit ses mouvements et varie avec elle. Un des plus grands secrets du Cancer : sa fragilité aux ambiances et à la température. Quand on sait cela, on a compris bien des choses…

Bien luné, le Cancer est un amour, une joie. Mal luné, c'est l'enfer. Heureusement, la Lune change vite de signe : deux jours et demi, et elle part ailleurs. Le Cancer change d'humeur, c'est remarquable. La Pleine Lune affecte surtout les femmes du signe. Les accouchements sont plus nombreux, les règles pénibles, le caractère inégal. La Nouvelle Lune affecte les hommes du signe. Ils sont mécontents, difficiles et n'ont qu'une idée en tête : faire l'amour. Pour calmer un Cancer, vous savez ce que vous avez à faire, inutile d'en dire plus.

Plan intellectuel

Le Cancer n'est pas vraiment un intellectuel, mais il adore tout ce qui est calme et sécurisant ; par conséquent, la lecture, les jeux intelligents et d'apprentissage l'intéressent dès la petite enfance. Dames, échecs, jeux de stratégie et questionnaires l'amusent, mais les jeux de cartes, à moins qu'il ne gagne, l'ennuient.

Possédant une mémoire phénoménale, la plus grande du zodiaque sans doute, il n'oublie jamais une chose apprise et est souvent doté d'une « mémoire photographique ». Il lui est facile de reconnaître les endroits, les costumes et les habitudes d'une famille, d'un pays. À titre d'expérience, lisez un livre à quelques reprises à un jeune enfant. Avant que vous n'ouvriez la bouche, il vous dira ce qui est écrit dans la bulle, textuellement. C'est assez impressionnant, surtout quand l'enfant a deux ou trois ans…

S'il étudie et développe ses facultés intellectuelles et artistiques, le Cancer peut devenir un créateur de génie. Sinon, il sera assez intelligent pour tirer parti des gens et des situations où la destinée le placera. Il ne manquera jamais de rien faute d'avoir compris, car, si le processus intellectuel est lent, le Cancer n'en est pas moins réaliste et ambitieux. Rêveur peut-être, mais pas bête…

SIGNE FÉMININ, CARDINAL ET D'EAU

Voici quelques explications qui vous éclaireront sur la nature profonde du Cancer.

Signe négatif ou féminin

Le Cancer est un signe de pôle négatif ou féminin. Les facultés réceptives sont plus importantes que les facultés motrices qui poussent à l'action. Introverti, il ne va pas aisément vers les autres. Ceux-ci doivent gagner sa confiance, et ce n'est pas facile. Il a une prédisposition naturelle pour le laisser-aller. La fatalité l'escorte, il tente tant bien que mal de s'en faire une alliée.

Si cette attitude réceptive n'est pas contrebalancée par un ascendant ou une Lune natale puissante en signe masculin, il risque de se trouver en état d'infériorité et de dépendance. Cela peut mener à la paranoïa. Le plus souvent, l'intériorité est bien utilisée et concourt à l'accomplissement de la tâche dont le natif du Cancer a hérité à la naissance. Son destin s'accomplit.

La faible femme

La femme Cancer qui accepte de jouer le rôle de victime ajoute à son malheur, avec, pour elle et ses enfants, une suite de conséquences fâcheuses et potentiellement dramatiques. Possédant des qualités de meneuse et de femme d'affaires, elle doit les utiliser pour minimiser les risques de dépendance affective et matérielle. Elle se doit d'être financièrement autonome. Indépendante, elle court moins de risques.

La faible femme du Cancer, il ne faut pas y croire, surtout de nos jours. En se retroussant les manches et avec l'énergie psychique qui la caractérise, elle peut faire tomber les obstacles et mener sa vie comme elle l'entend.

Signe cardinal

Le Cancer est un signe cardinal, ce qui signifie que, dès la naissance, la volonté domine toutes les autres facultés. C'est le seul signe qui ait la triple qualité d'être à la fois féminin, cardinal et d'eau, capable donc d'efforts considérables et d'une patience angélique, mais pouvant se réfugier dans le négativisme presque total pour refaire son énergie.

Chez le natif du Cancer, les grandes poussées d'énergie correspondent aux heures de gloire et de succès social et professionnel. Les temps de repos servent à la création et à la gestation d'un projet qu'une puissante démonstration de volonté mettra au monde ou non, selon l'énergie présente chez chacun. Cette volonté est la grande chance du Cancer. Quand il l'utilise, tout devient possible. Sa vie lui appartient !

Force de volonté

Vous, Cancer, connaissez la force de votre volonté. Les autres l'ignorent, car ils vous croient doux et passif. Quelle erreur ! En réalité, vous êtes un torrent d'eau bouillante. Bien malheureux qui se met sur votre chemin et vous empêche d'atteindre votre but. Avec le temps, vous aurez gain de cause, vous avancez inexorablement. Vous pétrissez et façonnez votre vie, vous venez à bout de toutes les vicissitudes. La volonté est votre arme secrète, ne le dites à personne !

Défauts

Parmi les traits négatifs du Cancer, soulignons une émotivité extrême, de l'hypersensibilité pouvant dégénérer en sensiblerie, un tempérament changeant avec des sautes d'humeur souvent redoutables. Caractère faible sous le coup d'une émotion trop grande, inclination à l'apitoiement sur son propre sort, tendance à la rancune, rages impuissantes, violence intériorisée ou extériorisée selon les circonstances et la personne.

Vous ne pardonnez et n'oubliez jamais l'offense reçue en raison de votre grande mémoire, mais aussi à cause d'un orgueil presque démesuré que vous cachez bien. Surprenant pour les non-initiés… Vous pouvez vous faire avoir par flatterie, être manipulé et… manipuler les autres. L'envers de la médaille, pas de quoi fouetter un chat !

Signe d'Eau

Votre volonté s'exerce subtilement, imperceptiblement. Qui ne vous regarde pas vivre attentivement ignore votre puissance et votre pouvoir. Quand ils s'en prennent à vous, bien des gens sont surpris par la force et le courage avec lesquels vous affrontez l'adversité et résistez à la pression. N'oubliez pas cette image de l'eau qui use le rocher à force de le frapper… L'eau du Cancer n'est pas une eau dormante, il faut se méfier. Avec vous, il y a toujours anguille sous roche !

GOUVERNÉ PAR LA LUNE

La Lune, luminaire de nuit

Gouverné par la Lune, luminaire de nuit, le Cancer est obligatoirement un oiseau de nuit. Bébé, il s'amuse la nuit et dort le jour. Si on le laissait vivre à sa guise, il passerait sa vie ainsi, dormant le jour et vivant la nuit. Parfois, il fait de l'insomnie. Chose certaine, il crée et écrit mieux la nuit. On dit de lui qu'il est « lunatique ». C'est vrai, en ce sens qu'il suit les mouvements ou transits lunaires plus que les autres signes. Normal puisque la Lune est sa planète maîtresse.

Les marées témoignent de la puissance de la Lune. Le natif et la native adorent la mer, mais ils y courent des risques. Se méfiant de l'enchantement du chant des sirènes, ils se font rarement prendre par la vague de fond qui les menace incessamment.

Grande imagination

De façon positive, la Lune accorde au Cancer une imagination remarquable. Cette faculté est tellement développée qu'il en contrôle difficilement les effets. Capable de se créer un monde imaginaire personnel et vivant dans ses fantasmes, il se satisfait largement de ses intérêts intérieurs. Il est rarement prédateur. Sa popularité auprès des deux sexes lui procure tout ce dont il a besoin.

Il peut avoir recours à ses dons d'imagination pour gagner sa vie et se faire une place sous la Lune. Le vedettariat, il n'aime que rarement, à moins qu'il ne soit imposé par le travail. Le Cancer y réagit bien, mais c'est à son corps défendant, soyez-en assuré. Il préfère l'anonymat.

Polarisation

La Lune brille par effet de polarisation des rayons solaires. Seule, elle est sans reflet. L'énergie lunaire est si forte qu'elle blanchit, encore aujourd'hui, le lin dans la campagne française et ailleurs, ce qu'aucun produit artificiel ne réussit si bien. Symbole de la femme et de la mère, la Lune est responsable de la fertilisation. Grâce à elle existent la création, la procréation, la survie.

Pourquoi dit-on souvent que le Cancer est plus difficile à comprendre qu'un autre signe ? Régi par la Lune, il est plus complexe, plus romanesque, plus capricieux, plus rêveur et plus idéaliste que les autres. Il répond à la nature et à sa nature, tout simplement.

Il ne faut jamais sous-estimer un Cancer, homme ou femme. La polarisation de la Lune, son astre gouverneur, interdit de croire à sa faiblesse. Comme le phénix, il renaît sans cesse de ses cendres. Plus fort que lui, il n'y a que le Soleil dont il apprend très jeune à fuir les rayons ravageurs... Quant au rayonnement du Cancer, il fait bien des envieux.

Jupiter en exaltation

Jupiter, le « Grand Bénéfique » est dit « en exaltation » dans le signe du Cancer. Cet aspect confère aux natifs de ce signe une protection occulte et réelle dont ils ne sauraient se passer.

Traversant mers et mondes, le Cancer sait qu'il s'en tirera. Cette assurance explique qu'il prenne des risques parfois sérieux avec une sorte d'indifférence hautaine. Il sait que Jupiter le protège, c'est son assurance santé et sécurité !

RELATIONS AFFECTIVES

Capacité émotive

La capacité émotive du Cancer est gigantesque. Elle gère en grande partie sa vie. Ses émotions atteignent parfois le paroxysme. Le sensationnalisme n'est pas absent de ses relations émotionnelles. Des tendances dramatiques se révèlent dès le plus jeune âge. Pour extérioriser sa sensibilité, le natif pleure, rage et se fait consoler. La mère joue un rôle prédominant. Le complexe d'Œdipe existe plus fortement chez la fille Cancer, mais il peut être présent chez le garçon et causer autant, sinon plus, de problèmes.

Milieu familial

Le milieu familial est rarement idéal et cause souvent peines et conflits. On dit que le Cancer a des parents légers, absents, inconséquents. C'est parfois vrai, mais ses besoins d'amour et de protection étant insatiables, aucun parent ne réussit à passer l'examen parfaitement. Difficile d'accorder ses violons et de se faire un programme sur lequel se reposer quand on est Cancer. Pour toutes sortes de raisons, la famille est changeante, monoparentale, diffuse sinon confuse.

Les relations émotionnelles du Cancer sont intenses ou, au contraire, inexistantes. Elles se limitent parfois au travail, au bureau et à l'exercice de ses fonctions. Ce n'est pas mauvais, c'est simplement étrange… Au mieux, c'est complexe. Si vous êtes Cancer, vous savez exactement ce que je veux dire. Si vous aimez un Cancer, comprenez le message, vous serez moins malheureux.

Madame Butterfly

Une image me vient à l'esprit pour expliquer l'inexplicable : Madame Butterfly dans l'opéra de Puccini. Elle s'inquiète, fronce les sourcils, prend un air maternel, fustige la servante et pleure, déchirée entre son enfant et son amour. Voilà une image bien cancérienne !

Rien de simple ne satisfait vraiment le Cancer en matière d'amour et d'affection. Il a besoin d'émotions fortes, mais « qui trop embrasse mal étreint », il finit parfois seul, mais heureux d'avoir brassé tant d'émotions et de s'en être tiré indemne en se réfugiant dans le rêve. Le rideau tombe sur le dernier acte, Butterfly n'est plus. Le papillon s'est brûlé les ailes…

Le chat dans la maison

Cancer, le chat est votre animal fétiche. Le chat dans la maison, c'est vous vous étirant et bâillant, puis prenant des poses. L'autre doit être disponible, garder votre place au chaud, veiller sur votre maison quand vous êtes au travail et prendre soin des enfants s'il y en a. Si seulement il sortait les poubelles !

Quand on vous laisse en paix, vous êtes un adorable gros chat ronronnant de plaisir et de satisfaction, sans agressivité ni méchanceté. La chaleur du foyer, voilà ce dont vous avez besoin pour vous ancrer dans la réalité. Chaleur et sécurité affective sont essentielles à votre survie. Les sources changent, mais l'énergie est toujours disponible pour vous, quelque part dans l'éther…

L'ARGENT ET LES AFFAIRES

Son point fort, les affaires

Les affaires sont le point fort du Cancer. En cela, il a du génie. Sachant retenir le nom des clients et satisfaire leurs désirs, il attire la clientèle. Notez que les femmes du signe réussissent dans le monde des affaires aussi bien que les hommes, parfois mieux. Sachant persuader sans en avoir l'air, le Cancer vend tout sans problème. L'autre finit par penser que c'est lui qui désire acheter et il est sûr de faire la meilleure affaire de sa vie ! En tant que vendeur, le natif du Cancer n'a pas son pareil.

Endroits propices

Dans l'immeuble et les placements, la médecine, la chimie et la biochimie, le Cancer est à l'aise. Dans la restauration, l'hôtellerie, les bars, en tant que chef cuisinier, il est fabuleux. Dans les maisons d'accueil, hôpitaux, foyers nourriciers, écoles maternelles et garderies, il donne son meilleur. Les enfants vont à lui naturellement et lui font confiance. Sur un autre plan, l'eau et les produits de l'eau lui réussissent. Sportif, il opte pour la natation, la voile, le bateau, le ski nautique et la plongée sous-marine.

Métiers et professions

Le transport maritime et la pêche l'intéressent. Il voue un intérêt particulier à l'histoire, à l'histoire de l'art, au droit criminel et international, à la politique locale et internationale. Le métier d'artiste (poète, musicien, cinéaste ou romancier) satisfait ses envolées artistiques et créatrices. Pour l'amour du passé et du calme, il aime les métiers d'antiquaire et d'archiviste. Il excelle en tant que thérapeute, interprète des rêves, tarologue, cartomancien, numérologue, psychologue, psychiatre et psychanalyste. L'astrologie et l'astropsychologie lui sont naturelles.

La plupart du temps, le Cancer fait de l'argent en y prenant plaisir. Ce n'est pas un mince avantage.

Pour les sentiments qu'il témoigne aux siens et à sa patrie, pour l'attachement à ses racines, nous aimons le Cancer, c'est fatal !

LES AMOURS DU CANCER

Stabilité amoureuse

Le Cancer amoureux est attentif aux besoins du conjoint ou du partenaire de vie. La stabilité amoureuse s'installe jeune et peut durer toute la vie, pour peu que l'autre lui en laisse la chance. Dans les cas moins heureux, il connaît le vide sentimental, mais, de manière générale, il trouve son port d'attache et fonde un foyer pour se sécuriser et repousser la solitude qu'il redoute. Celui-là a bien de la chance !

Sens maternel et paternel

Hommes ou femmes, les natifs du Cancer ont le sens maternel très développé. La femme Cancer est avant tout féminine et maternelle. Aimant les enfants, elle en a généralement plusieurs. Se sentant démunie de ne pas en avoir, elle materne tout le monde, y compris son patron. L'homme Cancer aime sa progéniture. S'il n'en a pas, il gâte les enfants des autres avec autant d'ardeur que s'ils étaient les siens. En fait de papa gâteau, on ne fait pas mieux.

Sachant que l'amour-passion ne dure pas toujours, le Cancer explore différentes sortes d'affections et de sentiments. Certains natifs de ce signe peuvent vivre sans relations charnelles et bien s'en porter, mais tous désirent connaître les joies de la famille, si importante pour eux. Cela leur a souvent manqué dans leur jeunesse. Reste que les sentiments d'amour maternel et paternel sont parmi les plus beaux sentiments que puissent ressentir et exprimer les Cancer.

Rêverie amoureuse

Laissons-les à leur rêverie amoureuse, c'est leur meilleure façon de s'évader du quotidien. Possédant une imagination qui conditionne leur vie entière, ils n'ont que rarement besoin d'avoir recours à l'infidélité physique. Leur cinématographie mentale suffit amplement à leur procurer le matériel érotique et sentimental dont ils ont besoin. Et si jamais ils partent, ce n'est pas pour longtemps. Ils reviennent toujours au foyer. C'est leur planche de salut, ils auraient tort de s'en éloigner complètement.

En général, l'amour est bon pour eux. Ils trouvent une âme sensible qui les comprend et les réconforte. Les amours du Cancer peuvent sembler illogiques et incompréhensibles vues de l'extérieur, mais s'ils sont heureux, à quoi bon se poser des questions. C'est leur bonheur qui compte, pas le nôtre !

APHRODISIAQUES ET SEXUALITÉ

Attitude « normaliste »

Par rapport à la sexualité, le Cancer adopte une attitude « normaliste » qui surprend. Connaissant jeune tous les rouages de la sexualité, il ne se gêne pas pour vivre la sienne comme il l'entend. Peu démonstratif en public, il est passionné et exigeant au lit. Pour lui plaire, il faut lui en donner beaucoup, et pour le satisfaire, encore plus…

Vêtement provocant

Un vêtement provocant et doux le ravira, mais il remarque surtout les mains. Si elles sont soignées, il se laissera caresser tel un chat. Il aime un lit propre mais un peu défait, avec des couvertures douces et chaudes ou des couettes confortables. Cela dit, il peut se contenter d'amour expéditif, mais il n'est pas heureux. Pour se réaliser sexuellement, il lui faut de la magie, du décor, de l'ambiance.

Sensible aux sons et aux odeurs

Sensible aux sons et aux odeurs, le Cancer aime s'entourer de meubles anciens et de photos souvenirs. Pour l'amour, il préfère les cartes postales suggestives, les livres érotiques et la musique romantique et classique. *Le Clair de Lune* de Debussy lui convient, le *Boléro* de Ravel l'amuse, les modernes l'agacent.

Certaines odeurs le font chavirer. Si vos hormones amoureuses éveillent en lui le désir, vous êtes sûr d'obtenir un résultat. Par contre, un décor stérile et froid lui coupera les ailes. Fait à remarquer, il donne son meilleur en voyage. Être ailleurs le rend plus audacieux. Ce secret peut en intéresser plusieurs…

Nourritures terrestres

Du côté des nourritures terrestres, le crabe demeure son aphrodisiaque naturel préféré, bien que tous les poissons et les fruits de mer lui conviennent, avant et après l'amour. Un petit verre d'alcool ne lui est pas interdit. La chaleur le rendant plus performant, il est de ceux qui peuvent sans problème avaler vodka et caviar et faire l'amour comme un tsar de Russie ! Sachant cela, beaucoup l'envieront.

COMMENT SÉDUIRE UN CANCER

Avoir les qualités de l'emploi

Pour séduire un natif ou une native du Cancer, il faut d'abord avoir les qualités de l'emploi. Plaire au plus romantique des signes n'est pas une sinécure. Abstenez-vous de tenter l'aventure si vous manquez de patience et de persévérance. Il est lent à se décider et à passer à l'acte, mais l'effort en vaut la peine pour qui l'aime et a du temps à lui consacrer. Mais il faut attendre sa décision et accepter ses caprices, ce qui n'est pas donné à tout le monde !

Ad vitam æternam

Quand on séduit et gagne l'amour d'un natif ou d'une native du Cancer, c'est pour toujours. Du moins, le pense-t-il. Autant il est difficile de l'attirer dans ses filets, autant il n'est pas aisé de s'en défaire. Il est conseillé d'être sûr de ses sentiments avant de lui promettre un amour éternel. Il a la mémoire longue et le bras long, aussi mieux vaut ne jamais le trahir. Avec lui, c'est *ad vitam æternam* ou rien, soyez-en avisé.

Avances explicites

Vous êtes décidé ? Faites-lui des avances explicites et directes, mais assez discrètes pour qu'il n'en prenne pas ombrage. Il devient vite méfiant. N'attendez pas qu'il fasse les premiers pas, vous risquez d'attendre longtemps. Il faut être audacieux et agressif pour lui plaire, tout en se souvenant qu'il n'est pas du genre à se montrer démonstratif en public. Certaines femmes du signe sont dites «collantes», certains hommes «trop persistants». Cela reste à voir…

Sachez que les marques d'affection prodiguées par le Cancer sont rares. Si vous vous attendez à ce qu'il saute de joie, vous comble de compliments et de cadeaux et déclare son amour pour vous devant la famille et les amis, quittez cet être renfermé et un peu sauvage. Il n'est pas pour vous !

Tendre et romantique

Le Cancer est le signe qui favorise le plus la vie de couple et de famille. Tendre et romantique, il aime les enfants, la maison, le confort du foyer. Si vous détestez les pantouflards, vous serez malheureux avec lui, mais si vous aimez l'homme rose, vous pourriez, Madame, être divinement heureuse. Souvenez-vous que le Cancer aime manger, mais qu'il a un rapport souvent difficile avec la nourriture. Si c'est un homme, occupez-vous de son estomac, c'est par là que vous l'attraperez et le conserverez !

La femme du signe appréciera que vous lui cuisiniez de bons petits plats à l'occasion. Ou alors, emmenez-la au restaurant, elle adore ! D'ailleurs, tous les Cancer sont bien au restaurant. Fidèles à leurs habitudes, ils ont leur préféré. Souhaitons que vous l'aimiez aussi !

Fait à souligner : le Cancer aime les chats et la musique. Si vous ne les supportez pas, vos natures sont incompatibles. À ces simples faits, vous saurez si le Cancer qui vous intéresse est pour vous et le séduirez en connaissance de cause. Alors, vous serez follement heureux ensemble !

COMPATIBILITÉ AMOUREUSE ET SEXUELLE (SYNASTRIE) DU CANCER

Cancer-Cancer : L'énergie amoureuse et sexuelle des partenaires varie selon l'air du temps. Comme ils sont hypersexués ou froids selon leurs humeurs, la satisfaction totale est difficile à atteindre. Les sensibilités se froissent aisément, la vie sexuelle écope. Si le but est de procréer, la relation sera meilleure. Sauf exception, mieux vaut renoncer que se blesser gravement.

Cancer-Lion : Le jour et la nuit se rencontrent et se complètent, quoi de plus naturel ? Ils s'aiment, mais il faut au Cancer une affectivité sans problèmes et au Lion une grande inventivité pour que le jeu du chat et de la souris les amuse longtemps. Le Lion est chasseur, mais le Cancer amoureux est prêt à faire des concessions pour lui. L'ascendant déterminera leurs amours.

Cancer-Vierge : Deux épidermes compatibles, deux âmes différentes. Le Cancer se laisse caresser, l'autre doit diriger la relation. Sensuelle, la Vierge aime les jouissances intenses et fréquentes. Lent, le Cancer fait des efforts pour satisfaire l'autre. Le plus souvent, la synergie agit. Amoureux et amants y trouvent leur compte, ils sont heureux ensemble.

Cancer-Balance : L'un domine, l'autre subit. La psychologie diffère, les sensibilités se heurtent. La libido éteinte, il faut des prodiges d'imagination, une bonne connaissance de la technique sexuelle et beaucoup d'amour pour rallumer la flamme. Risque d'attraction fatale. Sans dépendance affective ni violence, c'est plus intéressant ; autrement il faut se séparer.

Cancer-Scorpion: Synergie amoureuse et sexuelle tenace inclinant à la possession charnelle d'un être qui nous ressemble et pourrait être notre âme sœur. Mort et survie dans l'acte d'amour. Création et procréation sont les buts avoués ou inconscients. Les caresses n'ont pas de limites, aucun tabou ne résiste. Ils se donnent et se possèdent, c'est sublime.

Cancer-Sagittaire: Le goût de l'aventure prédomine dans cette synergie. Le désir sexuel est présent, mais le cœur joue un rôle majeur. On ne lésine pas sur les moyens à employer pour atteindre le climax à plusieurs reprises. Tout pour se faire plaisir. Cet échange amoureux et sexuel a de quoi rendre jaloux les timorés. Si l'on voyage beaucoup ensemble, c'est durable.

Cancer-Capricorne: Cette synastrie est peu recommandable. L'un est hypersensible, capricieux, masochiste; l'autre cherche son propre plaisir et impose son autorité. Le Cancer souffre du manque de chaleur de l'autre, celui-ci l'ignore et fait à sa tête. Un fossé affectif les sépare, c'est parfois dramatique. Un ascendant compatible peut sauver ce couple, mais à quel prix!

Cancer-Verseau: Cette union sentimentale et charnelle donne de bons résultats à long terme, mais à court terme ça peut être décevant. La libido du Cancer varie et suit le climat, la sexualité du Verseau est compliquée. En cas de problèmes sexuels, un sexologue est utile. Parfois ils vivent une belle aventure romantico-sexuelle. C'est romanesque, houleux mais grandiose.

Cancer-Poissons: La sensibilité du Cancer rejoint celle du Poissons. Ils s'aiment et font bien l'amour ensemble, mais ça peut manquer de piquant. Si le Cancer a de l'initiative et l'autre de l'imagination, la satisfaction est garantie, mais cela ne se produit pas tous les jours. La relation peut durer le temps des roses, mais, dans certains cas, c'est initiatique. Il fallait que cela arrive!

Cancer-Bélier: Deux natures contraires qui trouvent impossible de s'aimer sans se faire souffrir. Le Cancer est blessé par la brusquerie du Bélier. Les préliminaires, pas question, imaginez la frustration! Il faut que le Cancer soit masochiste et l'autre sadique pour continuer la relation, mais il s'en trouve pour l'apprécier. Si la femme souffre de dépendance affective, c'est plus grave.

Cancer-Taureau : Cet amalgame de sensibilité, d'amour et de sexualité mène les partenaires au septième ciel de la volupté charnelle. Sensuels tous les deux, ils aiment que les préliminaires soient longs et savoureux. Gourmand, le Taureau procure des sensations fortes au Cancer qui savoure sa victoire. La procréation est une motivation, mais le plaisir domine.

Cancer-Gémeaux : Sexuellement compatibles, mais loin l'un de l'autre affectivement, ils peuvent s'attirer l'espace d'un moment, mais la passion risque vite de s'éteindre. Coup de foudre, rencontre de voyage, le plaisir est court. Le cœur est absent, souvent rien ne subsiste de la partie de plaisir qu'ils ont eue ensemble. Si, le souvenir, et il est plus doux qu'amer.

THÉRAPIES NATURELLES

Problèmes lymphatiques

Le Cancer étant un signe d'Eau, il peut y avoir un mauvais fonctionnement de la lymphe. Comme les problèmes lymphatiques entraînent une mauvaise digestion, provoquent des maladies de peau et de vessie et l'hydropisie, il faut chercher à prévenir les risques et consulter son médecin régulièrement.

Pour remédier à la situation de façon naturelle, il faut bouger et fatiguer son corps autant que son esprit afin que le sommeil soit réparateur. Les exercices réguliers sous surveillance médicale ou thérapeutique stimuleront le système et empêcheront les blocages d'énergie responsables de la maladie et de l'angoisse. L'exercice et vous étant ennemis, vous avez des efforts à faire pour garder la forme, mais avec la volonté vous pouvez y parvenir. Il faut dire que le jeu en vaut la chandelle puisqu'il s'agit de votre qualité de vie.

L'eau, votre élément

L'eau, votre élément, peut vous aider à recouvrer la santé, si vous l'avez perdue ou si elle est amoindrie. En cas d'insuffisance lymphatique, vous avez besoin de bains fréquents, de douches quotidiennes. L'eau et la mer sont vos alliées. Vous récupérez rapidement quand vous êtes exposé à cet élément vital, mais, comme il présente souvent des dangers, la baignade en solitaire et après les repas est contre-indiquée.

Les croisières sont rarement idéales et présentent des risques qu'en tant que Cancer vous connaissez. Les grands naufrages vous ont toujours passionné, peut-être avez-vous fait partie d'équipages perdus en mer dans des temps anciens... À moins d'avoir votre thème natal en main, évitez les grands bateaux et lisez bien ce qui suit...

Les bains flottants

Comme thérapie naturelle, les bains flottants sont faits pour vous. C'est le summum du bien-être et du confort. Ne pas sentir son corps, être en état d'apesanteur, quel plaisir! Essayez, vous adorerez. Vous pouvez suppléer aux bains flottants commerciaux en ajoutant à votre bain du sel d'Epsom ou des sels de bain en quantité. Retrouvant le fluide maternel, vous reprenez vite vos élans et retrouvez la forme.

Le soleil

La chaleur du soleil vous est bénéfique, mais il est conseillé d'éviter les rayons ultraviolets directs et prolongés. Rester à l'ombre l'été et faire la sieste en pays chaud de midi à quinze heures vous évitera des ennuis. Ainsi, vous retirerez les bénéfices du soleil sans en avoir les inconvénients: coups de soleil, cancer de la peau, etc. À ce sujet, voyez un dermatologue régulièrement. Pendant votre traitement soleil, consommez de l'eau fraîche et des jus rafraîchis pour éviter la déshydratation.

Boire beaucoup d'eau pure est pour vous la thérapie naturelle la plus sensationnelle.

Le summum de l'économie

Summum de l'économie : la pratique de sports légers et, en particulier, de la marche à pied. C'est gratuit et bon pour activer le système lymphatique, ne vous en privez pas !

FLEURS ET PARFUMS PRÉFÉRÉS DU CANCER

Parfum subtil

Les natifs du Cancer aiment s'entourer d'odeurs exotiques mais non capiteuses. Souvent allergiques et parfois asthmatiques, ils doivent soigner leur appendice nasal et traiter leur sens olfactif avec sagacité et entendement. Autrement, on leur verra la goutte au nez, ce qui n'est plaisant pour personne et surtout pas pour le Cancer concerné.

L'odorat du Cancer est particulier. Il aime aussi les fleurs dont le parfum est subtil et presque inexistant. Ça ne le dérange pas ; au contraire, ça lui convient on ne peut mieux. Enfant de la Lune, il présente des bizarreries qu'il importe de respecter. Après tout, chacun ses goûts. Les siens varient, c'est son droit.

L'iris

Sa fleur préférée entre toutes est l'iris. Il aime son parfum. À ce sujet, on raconte qu'Iris était une messagère ailée des dieux de l'Olympe, et l'arc-en-ciel, son écharpe ! Romantique, n'est-ce pas ? Fait sur mesure pour le Cancer…

Si vous devez choisir un parfum, une eau de toilette pour une native ou un natif du signe, allez vers les odeurs délicates et légèrement exotiques. Le bois de santal, par exemple, lui convient. La violette lui plaît bien, la citronnelle ainsi que l'ipéca, l'hysope et la belle-de-nuit sont des choix sûrs. Il aime aussi les bains chauds aux huiles essentielles, c'est son dada.

Des suggestions

Parmi les parfums que je vous suggère, en voici quelques-uns qui pourraient vous intéresser si vous êtes vous-même Cancer ou si vous désirez séduire une personne du signe. Les résultats sont pratiquement garantis.

Pour les femmes : *L'Air du Temps* de Nina Ricci, suivi de près par *Anaïs Anaïs,* puis par *Bal à Versailles. Miss Dior* de Christian Dior pourrait enchanter les plus jeunes, mais ce serait les gâter terriblement...

Pour les hommes : *Opium* pour homme d'Yves Saint-Laurent, *Azzaro* pour homme, *Versace* pour homme, *Alfred Sung* pour homme et naturellement *Eau* de Rochas, le Cancer étant un signe d'Eau.

Souvent, eau et savon lui suffiront. C'est bien, pourvu qu'il utilise un bon déodorant, car il tend à transpirer plus que d'autres.

COULEURS PORTE-BONHEUR DU CANCER

Le blanc

Le blanc est votre couleur porte-bonheur, c'est la teinte de la Lune, votre planète. Cette « absence de couleur » exerce sur vous une mystérieuse fascination. Quand vous en portez, vous êtes beau et belle. Le blanc attire sur vous des vibrations bénéfiques et vous met en évidence. Si vous désirez être remarqué, portez du blanc, vous ne vous tromperez pas.

C'est la couleur de l'été. Usez et abusez-en en cette saison, vous serez l'objet de regards admirateurs de la part des deux sexes. Pour plus de chance, mariez-vous l'été et en blanc, évidemment. Quel que soit votre âge, cette couleur vous conviendra et rehaussera votre charme. Les natifs du Cancer moins sûrs d'eux peuvent porter du blanc cassé avec profit. Pour briser la glace, rien de mieux. Je désirais partager ce secret avec vous depuis longtemps. Voilà, c'est fait !

Le gris perle

À défaut de blanc, le gris perle vous rendra service. Pour les grandes soirées d'automne et d'hiver, rien ne vous va mieux que cette teinte. Elle exerce sur vous une influence calmante tout en accentuant votre élégance naturelle. Cette couleur reflète tact et diplomatie, qualités si importantes en société. En gris perle, vous êtes présent mais discret, simple mais troublant. Si c'est ce que vous recherchez, vous obtiendrez l'effet désiré.

Le bleu

Tous les bleus vous sont bénéfiques. Dans la vie de tous les jours, au travail, au bureau, en voyage et dans les réunions officielles, vous ferez fureur en bleu sombre, bleu roi ou indigo. Ainsi vêtu, vous chasserez les dominateurs et les manipulateurs qui pullulent autour de vous en raison de votre apparente naïveté. Le bleu vous protégera des agressions extérieures et de votre propre faiblesse.

L'argenté

Si vous désirez faire de l'effet et attirer sur vous tous les regards, portez de l'argenté de la tête aux pieds. Pour une grande occasion ou un bal costumé, osez cette fantaisie. Personne ne pourra ignorer votre présence, vous rayonnerez tel l'astre d'argent qui vous guide, la Lune! Offrez-vous ce luxe au moins une fois dans votre vie. Vous en garderez un souvenir ému et ferez peut-être une conquête qui marquera votre vie de son sceau argenté.

Évitez le noir

Ultime secret: évitez le noir ou alors portez-le à l'occasion. Contraire à votre nature, il pousse à la mélancolie, rend triste et pessimiste. Faites les bons choix de couleurs et vous serez plus heureux, plus heureuse, je vous le promets. Une maison ultramoderne décorée de noir et de blanc ? Pas pour un Cancer.

Ce serait courir après le malheur. Même le chat de la maison doit être blanc, jamais noir !

Les couleurs émettent des ondes vibratoires et provoquent des réactions diverses selon l'individu. C'est prouvé « scientifiquement ». Nul n'a le droit d'ignorer les grandes lois cosmiques.

PIERRES CHANCEUSES DU CANCER

La pierre de lune

La pierre de Lune est votre pierre chanceuse. On dit qu'elle a plus de pouvoirs à la Pleine Lune, ce qui semble logique. Les femmes du signe surtout ont intérêt à en porter. De couleur laiteuse, elle favorise l'amour et a pour effet de stimuler les fonctions affectives. La pierre de lune vous aidera à trouver l'amour, si tel est votre désir, mais elle peut aussi faciliter les relations sociales et professionnelles. Artistes, danseurs, éducateurs, cadres, secrétaires de direction, psychologues et travailleurs de la santé bénéficient largement de ses bienfaits. En voyage, elle protège ceux qui la portent. Elle affine la sensibilité et renforce la résistance physique et psychique.

Un secret: si la personne qui la porte a de la haine dans son cœur, la pierre perdra son lustre et sa beauté. C'est à considérer...

L'opale

Semblable à la pierre de Lune, la mystérieuse opale a fait beaucoup jaser. On en a dit beaucoup de mal, et il est vrai qu'elle ne convient pas à tous. Certains agressifs, par exemple, feraient mieux de s'abstenir d'en porter, mais elle rend de grands services aux natifs et natives du Cancer. Musiciens, artistes et ouvriers de la radio, de la télévision et du cinéma ne devraient pas s'en passer. Montée sur or blanc, platine ou argent, l'opale émet des vibrations qui accroissent les dons psychiques, la voyance et la perception extrasensorielle. Elle favorise aussi la popularité.

Chaque opale est unique, d'où l'attachement que vous avez pour elle. Cette pierre est heureuse dans l'eau. Si vous en portez une, prenez-en soin en la passant régulièrement sous l'eau. Elle gardera ainsi sa beauté et sa force naturelles.

La perle

Sa couleur nacrée, sa provenance, sa douceur naturelle font de la perle la pierre qui plaît le plus au Cancer. Si votre côté féminin a besoin d'être souligné, portez une perle. Le but sera atteint. Je vous la conseille surtout si votre rôle de mère, d'épouse, de père réel ou adoptif ou d'époux vous pèse et vous dépasse. Vous trouverez en elle un soutien précieux, une assistance réelle. Quand vous devenez trop autoritaire, sortez votre perle et portez-la. Vous verrez votre agressivité reprendre magiquement sa trajectoire normale. La perle a un effet bénéfique sur les hommes et les femmes du signe. Les minéraux ne font pas de discrimination sexuelle !

À éviter

La perle noire est une pierre malade. N'en portez pas, surtout si vous êtes Cancer de signe solaire, ascendant ou lunaire. Elle a la triste réputation d'augmenter les tensions psychiques, de déséquilibrer le système glandulaire et lymphatique et de rendre solitaire et misanthrope qui la porte. Ce n'est pas pour vous, c'est évident.

L'onyx noir a sur vous le même effet négatif et le diamant noir n'est pas non plus pour vous. Mettez ces pierres de côté ou encore offrez-les à un Scorpion ou à un Capricorne. Il ou elle les adorera !

PAYS, RÉGIONS ET VILLES CANCER

Les pays, régions et villes où le Cancer se sent à l'aise sont ceux qui sont Cancer comme lui. Il devrait choisir de s'y établir ou de les visiter au cours de son existence. Se sentant accepté, il fera bon voyage et vivra en bonne entente.

Ces pays, régions et villes sont: Acapulco, Algérie, Argentine, Bahamas, Bavière, Bengale, Brooklyn (New York), Champagne (France), Chine, Cleveland (Ohio), Colombie, Écosse, Flandres, Honduras, Idaho, Java, Mexico, Minneapolis (Minnesota), Nantucket (Massachusetts), Nassau, New Hampshire, Paraguay, Pays-Bas, Providence (Rhode Island), Rochester (Minnesota), Tunisie, Virginie, Wyoming.

Toutes les grandes îles, comme Montréal et New York, sont marquées par le Cancer, comme le sont les États-Unis, le Canada et le Québec. En tant que Cancer, vous êtes heureux dans ces lieux. Ils vous sont naturellement sympathiques. Vous n'en partirez jamais de bon cœur. Ces terres sont de votre essence, vous les aimerez toujours et vous serez heureux d'y vivre ou d'y séjourner.

LES SECRETS DE VOTRE DATE DE NAISSANCE

LES CANCER DU 22 JUIN sont sensuels et raffinés. Ils se feront aisément des amis et leur renommée dépassera les frontières. Bonheur et carrière outre-mer, en pays étranger. Ils se tireront d'affaires cocasses où ils auront le don de se placer.

LES CANCER DU 23 JUIN ont une nature subtile et intuitive et aiment se lancer dans des entreprises mystérieuses. Le spirituel les intéressera plus que le matériel, mais ils seront doués pour les affaires et le commerce. Ils sont de bons vendeurs.

LES CANCER DU 24 JUIN sont émotifs et religieux. Ils recevront quelquefois une éducation à l'étranger et y feront souvent carrière. Ils sont tour à tour actifs et lymphatiques, mais la chance guidera leurs entreprises. Le bonheur en amour viendra après des peines.

LES CANCER DU 25 JUIN ont un esprit profond, une intelligence pénétrante, une imagination romanesque. Leur génie s'extériorisera sur la scène ou au cinéma. Mariage avec quelqu'un de plus âgé. La chance les poursuivra, même quand ils ne la mériteront pas.

LES CANCER DU 26 JUIN sont hypersensibles. Ils ont une imagination débridée et des conceptions bizarres. On ne les comprendra pas toujours, mais on les aimera. Ils vibreront à la musique, au romanesque et à l'irrationnel, mais ils demeureront pratiques.

LES CANCER DU 27 JUIN sont à la fois rêveurs et réalistes; ils ont beaucoup de chance et aiment la magnificence. Fortune, beauté et renommée leur sont promises. Leur vie sera pleine d'imprévus, mais ils choisiront leur métier ou profession avec soin.

LES CANCER DU 28 JUIN sont sympathiques et réceptifs à l'égard d'autrui. Comme ils sont portés à être indulgents, on louera leur bonne nature. Révélations lors de voyages en mer, mariage avec quelqu'un de plus jeune, carrière étonnante relevant de la magie.

LES CANCER DU 29 JUIN sont intelligents et ingénieux, ils aiment les sciences, notamment la médecine et l'astronomie. L'aviation et la musique sont aussi favorisées. Ils créeront leur propre légende et deviendront ce que leur esprit aura imaginé.

LES CANCER DU 30 JUIN sont habiles, pratiques et fortunés; ils ont des amis parmi les supérieurs et les subalternes. Capables d'expédients, ils seront les seuls artisans de leurs succès et échecs. La persévérance sera responsable de leur réussite.

LES CANCER DU 1er JUILLET sont sensibles, timides et irrésolus. Ils subiront l'inimitié des frères et sœurs et courront des risques avec leurs proches. Ils devront prendre garde aux accidents de travail et seront plus heureux employés que patrons.

LES CANCER DU 2 JUILLET sont de nature violente et doivent tempérer leurs ardeurs pour réussir. Ils ont du talent pour l'art, la musique, l'écriture et le cinéma. Ils vivront parfois des événements dramatiques, mais ils s'en tireront indemnes.

LES CANCER DU 3 JUILLET sont impulsifs et ont hérité de dons artistiques. Ils connaîtront la splendeur et le drame, la gloire et la défaite. Gains et pertes par jeux et spéculations sont possibles, mais ils trouveront moyen de se refaire.

LES CANCER DU 4 JUILLET sont responsables dans leur travail ; ils sont portés vers la science et le mysticisme. Ils connaîtront des succès et des contraintes pendant leurs séjours à l'étranger et voyageront beaucoup. Ils finiront par trouver l'amour.

LES CANCER DU 5 JUILLET sont luxurieux et indolents ; ils aiment ce qui est facile et utilisent leur talent pour embellir leur vie. Ils auront des ennemis à la maison et subiront peines et pertes au foyer. Ils trouveront la paix recherchée à l'âge mûr.

LES CANCER DU 6 JUILLET ont des émotions vives, des désirs insatisfaits. Entreprises désastreuses ou enrichissantes dans l'immobilier, risques de surdité ou de cécité, problèmes corporels, rien ne les abattra. Ils se feront une vie à leur mesure.

LES CANCER DU 7 JUILLET ont une nature riche. Les supérieurs les craignent, les subalternes les aiment. Importants dons artistiques. Illumination grâce au travail et à la profession. Ils auront une vie remplie et seront chanceux aux jeux de hasard.

LES CANCER DU 8 JUILLET ont une hérédité exceptionnelle et des dons de conteur. Ils récolteront le fruit de leur labeur et seront respectés dans leur milieu de travail. Renommée grâce à l'union, au mariage qui élève socialement et matériellement.

LES CANCER DU 9 JUILLET ont un esprit influençable et humanitaire aux multiples talents. Ils auront beaucoup d'amis sincères mais devront redouter la violence d'ennemis hypocrites. S'entourer d'amour et de bonne volonté les protégera.

LES CANCER DU 10 JUILLET sont friands de voyages sur terre et sur eau ; ils sont joviaux et amicaux. Leurs talents s'extérioriseront par l'écriture et la musique. Des oncles leur causeront problème, mais leur bonne nature transformera les inimitiés en affection.

LES CANCER DU 11 JUILLET ont un esprit de domination et se contrôlent difficilement. Ils tenteront d'usurper la position de leurs aînés et se feront des ennemis qui auront la mémoire longue. Un grand amour les rendra meilleurs et les protégera.

LES CANCER DU 12 JUILLET sont sensuels et ambitieux; ils sont fortunés. Leurs espérances se réalisent grâce à la chance, au travail et au talent. Pour certains, gloire et renommée seront suivies de chute. Pour d'autres, ça durera grâce à leur générosité.

LES CANCER DU 13 JUILLET ont un esprit inquisiteur et recherchent la gloire. Anxieux, ils seront portés à se tourmenter et connaîtront des difficultés dans les réalisations pratiques. Source d'inquiétude et de motivation, l'argent leur viendra tard dans la vie.

LES CANCER DU 14 JUILLET sont sensibles, secrets et aiment la maison. Ils sont très attachés à leur mère. C'est la femme qui les marque le plus. Vie calme en apparence, mais fin de vie dramatique et souvent commentée.

LES CANCER DU 15 JUILLET sont impulsifs et généreux. Ils feront des bénéfices avec leurs entreprises. La mère sera un bon guide, mais ils devront se méfier des ennemis et protéger leur réputation. La stabilité amoureuse les protégera de tout mal grave.

LES CANCER DU 16 JUILLET sont sensibles et studieux, mais ils doivent redouter la violence. Leur chance sera périodique et viendra par le travail. Dons d'écrivain, d'historien, de critique ou d'avocat. Ils ne cesseront jamais de se questionner.

LES CANCER DU 17 JUILLET sont de nature autoritaire et vindicative. Ils seront paresseux, mais leurs dons se révéleront avec succès. Parfois, décès de la mère dans la maison, ce qui retardera leur évolution. L'attachement aux parents doit être contrôlé.

LES CANCER DU 18 JUILLET sont des mystiques ou aiment la débauche; ils oscillent entre le meilleur et le pire. Ils auront des difficultés en amour mais trouveront la paix dans une œuvre humanitaire. Tout détruire pour rebâtir mieux sera leur sauvegarde.

LES CANCER DU 19 JUILLET sont fortunés et talentueux; ils ont des dons pour la peinture et l'écriture. Nombreux voyages en fonction des affaires, du métier, du travail choisi. Une part de prédestination est inévitable, ils composeront avec la réalité.

LES CANCER DU 20 JUILLET sont des personnalités publiques. Portés vers le théâtre et le cinéma, ils connaîtront la gloire, mais ils devront se méfier d'accidents en mer, par eau, liquides, paradis artificiels et malveillance. L'amour les protégera.

LES CANCER DU 21 JUILLET sont ambivalents, talentueux et inventifs. Ils mèneront leur barque et seront capitaines de leur navire. Leurs désirs se réaliseront grâce à la fortune du conjoint ou à la suite d'une association d'affaires payante.

LES CANCER DU 22 JUILLET sont profonds et secrets; ils aiment vivre en reclus, mais ils doivent faire face à la réalité. Hommes et femmes sont fantasques. Parfois surdité, cécité, handicap physique ou psychoses traitables les guettent. Ils s'en sortiront par eux-mêmes.

LES CANCER OU LION DU 23 JUILLET (selon l'année et l'heure de naissance) devront se méfier de leurs ennemis. Des affaires scabreuses teinteront leur vie et les placeront en mauvaise posture. Ils traverseront les obstacles à force de persévérance et seront heureux en amour.

Jour chanceux

Le jour chanceux du Cancer est le lundi, ainsi nommé en l'honneur de la Lune. Quoi qu'il fasse le lundi, il est sûr d'avoir une longueur d'avance sur le compétiteur, de mettre les patrons dans sa poche et de l'emporter. Ce qu'il entreprend le lundi ne dure pas très longtemps, mais il en retire tout le bénéfice qu'il est permis d'espérer.

La magie des Étoiles opère quand le Cancer joue le 2 : il est gagnant !

Les secrets du Lion

24 JUILLET AU 23 AOÛT

LE RÔLE ACTUEL DU LION

Le rôle du Lion dans l'ère du Verseau est clair : il doit servir de lien entre la dernière phase d'évolution et le grand saut. Les qualités requises sont celles du Lion, roi de la création. De nature royale, elles se nomment force, sagesse, beauté. Quand l'homme du Verseau aura terminé son périple et aura conquis sa propre force, utilisé sa sagesse et connu la beauté, une nouvelle race sera définitivement née.

Le Lion joue un rôle majeur dans l'ère du Verseau. À l'opposé de celui-ci, il sert à équilibrer les forces du Verseau. L'impact du Lion se précisera au cours des années et des décennies qui viennent, mais personne ne doit ignorer ce rejeton de la Vierge céleste. La merveilleuse prophétie d'Isaïe en témoigne : « Car un enfant nous est né, un Fils nous est donné, et la domination reposera sur ses épaules et on l'appellera Admirable, Conseiller, Dieu Puissant, Père Éternel, Prince de la Paix. L'accroissement et la paix de son empire n'auront point de fin. »

Par conséquent, l'idéal vers lequel nous devons tendre à l'entrée du XXIe siècle nous est fourni par le Lion : il a pour noms dimension et projet. On peut en déduire que les principales qualités qui feront de l'homme un roi de la création sont inscrites dans la voûte céleste. Celui qui cherche peut les lire dans la constellation du Lion...

Roi de la création

Le lion est le plus bel animal de la création, et c'est aussi le plus fort. À l'instar de la bête qui lui sert de symbole, le signe du Lion est auréolé d'une lumière particulière. On serait de mauvaise foi de prétendre le contraire, car c'est une réalité.

Si le Soleil n'est pas éclipsé lors d'une naissance en Lion, il confère au corps une santé et une vitalité prodigieuses, une grande capacité de récupération et un courage inaltérable. Par contre, si Mars est mal aspecté, il en résultera des problèmes.

Blessé ou malade, le Lion est plus dangereux que bien portant, c'est fatal. Mais en ces années 2000, cela a lieu de moins en moins au point de ne pratiquement plus exister, car on a besoin du Lion pour vivre sous l'ère du Verseau. Armé pour la lutte et pour la survie de l'espèce, il nous entraîne à sa suite. Ses qualités d'honneur, sa noblesse et sa magnanimité sont dignes du roi de la création, rôle qu'il doit idéalement jouer dans la destinée de l'être humain.

Fils et fille du Soleil

En tant que fils et fille du Soleil, le Lion est honnête et fidèle. Aimant la lumière et la vérité, il est au-dessus de tout soupçon. Ayant recours à des moyens honorables, il capte son auditoire par son magnétisme foudroyant. S'il écoute sa nature inférieure, il aura de sérieux ennuis. Des peines de cœur et d'orgueil l'affligeront et il s'en remettra difficilement. Le plus souvent, il attire dans son sillage des gens de qualité et dignes de l'intérêt qu'il leur porte.

Le Lion n'oublie jamais l'offense reçue. Avis à ceux qui seraient tentés de le prendre à la légère et de l'humilier: le Lion peut être sans pitié, implacable, dangereux. Comme celui de la jungle quand il a faim! Le plus souvent, il est rayonnant, fier et cordial, comme seuls les fils et les filles du Soleil savent l'être!

Le mythe

Le mythe entourant le signe du Lion et commémorant la constellation du même nom est traditionnellement lié au lion de Némée qu'Héraclès tua au cours des Jeux néméens, et dont il revêtit la peau en hommage à la force et à la bravoure de l'animal. Depuis toujours, le Lion est réputé pour sa force. Ceux qui relèvent de lui sont marqués de ce sceau, depuis leur premier souffle de vie jusqu'à leur mort. La force dominera leur destinée.

Le symbolisme du signe du Lion crève les yeux. L'animal illustrant le signe est impressionnant, superbe. L'impression immédiate que crée le visage du natif en est une de force, de majesté, de supériorité sur son adversaire. Il sait qu'il gagnera la partie, qu'à tout le moins il la jouera jusqu'au bout. Ses traits sont frappants, sa bouche ferme, son allure décidée. Pas de méprise possible, il s'agit bien du Lion.

PLANS PHYSIQUE, MENTAL ET INTELLECTUEL

Plan physique

Le Lion est athlétique et beau. La tête contraste visiblement avec le corps. Elle est légèrement plus importante que lui. Les épaules sont massives, la poitrine est large, la mâchoire décidée. Les traits ont quelque chose de félin. De beaux yeux verts, bleus ou gris clair viennent couronner le tout. On parle souvent de sa chevelure abondante, de sa crinière de Lion. C'est vrai qu'il a de beaux cheveux, mais l'exception confirmant la règle, le contraire peut se produire et donner des hommes chauves, des femmes à la chevelure fine. Mais cela n'altère en rien sa puissance et son ambition, il se vengera en étant plus autoritaire et plus exigeant que les autres. Le Lion a toujours du caractère !

Prédispositions pathologiques

Le Lion gouverne le cœur et le plexus solaire. Il doit prendre des précautions et surveiller les troubles ou les lésions affectant le cœur, la région des muscles dorsaux et la moelle épinière. Il est prédisposé aux troubles de la circulation sanguine et du rythme cardiaque (arythmie, fibrillation, endocardite, myocardite, angine de poitrine), aux troubles du foie, à l'anémie cérébrale, à l'hémiplégie, à la dépression nerveuse ou à l'hyperactivité nerveuse. Les yeux et le dos sont les autres points sensibles du Lion.

Le Lion tend à s'échauffer le sang et à avoir des montées ou des baisses brutales de pression artérielle. Les longs bains de soleil ne sont pas pour lui ; il doit s'hydrater régulièrement et prendre des douches fraîches pour maintenir son tonus. Il doit contrôler son sang, la prolifération des cellules étant une possibilité à surveiller.

Pourvu d'une forte santé, le Lion est en grande partie responsable de son état. De cela, il est conscient dès le plus jeune âge, c'est un plus.

Plan mental

Sur le plan mental, le Lion demeure fidèle à lui-même, c'est-à-dire fier de sa force mentale et orgueilleux. Ambition, honorabilité, idées nobles et dispositions royales sont l'apanage du natif de ce signe. Son état vibratoire est analogue à celui de la nature au mois d'août, son activité est rayonnante.

Au théâtre, *Le Cid* de Corneille illustre parfaitement ce signe. Autocrate, meneur d'hommes possédant un fort caractère dramatique, le personnage du Cid représente bien le Lion, héros dans toute sa splendeur. Magnanime et courageux, il s'offre lui-même en victime, triomphe des Maures et gagne enfin la main de Chimène. Rien de banal dans cette histoire de Lion !

Rien de plébéien non plus dans la vie de certaines célébrités du signe du Lion. Qu'on pense seulement aux destins glorieux de Louis XIV, le «Roi-Soleil», et de Napoléon Bonaparte. Et à celui tragique et beau de Jacqueline Bouvier-Kennedy-Onassis. Lion, assurément...

Riche ou pauvre, le Lion exige le respect. Le plus souvent, il l'obtient. Gageons que l'on commence à savoir pourquoi...

Plan intellectuel

Sans être nécessairement un intellectuel, le Lion jouit d'une intelligence doublée d'instinct qui le porte à l'organisation et à l'analyse synthétique d'un problème. Peu porté à rêver (ses rêves sont rares et il s'en souvient peu), il n'hésite pas à s'emparer des idées et projets d'autrui et à les mener à terme. Franc et emphatique, il ne cache jamais ses intentions. Avec lui et elle, on sait où on s'en va dès le départ. C'est un avantage...

Le Lion fait un mauvais menteur. Il doit emprunter d'autres avenues pour réussir, sinon sa crédibilité en souffrira et son orgueil prendra un dur coup. Il est toujours démasqué ou se vend lui-même. Ce n'est pas faute d'intelligence, mais de mémoire et d'évaluation du sujet qu'il tente de berner. Au fond, il est sympathique même quand il ment, car vous savez qu'il dira la vérité la minute suivante !

Il est doué d'une intelligence parfois supérieure, parfois normale, mais il a le don d'exploiter ses talents et ses ressources comme personne. Quand il a du génie, ce qui est fréquent, il crée des chefs-d'œuvre, amasse des fortunes et laisse à sa progéniture de quoi se souvenir de lui !

SIGNE MASCULIN, FIXE ET DE FEU

Signe positif

Le Lion est un signe de pôle positif ou masculin. Il extériorise ses forces et tend à profiter de ses actions avant d'en faire profiter les autres. C'est inné, on n'y peut rien, et lui non plus. Lui reprocher son égocentrisme et son exubérance serait puéril et ne servirait qu'à rallumer en lui des émotions qu'il vaut mieux étouffer !

Chez lui, la récompense vient toujours après de grandes manifestations de force et d'énergie. L'action est sa source de vie et de survie. Il n'est bien que dans le mouvement, la foule, la curiosité du devenir. Bon général, il fait un mauvais soldat.

Par contre, s'il respecte la personne qui lui fait face, il sait se montrer patient. Dans les choses de l'amour, il peut être docile, doux comme le gros chat sauvage qu'il est par nature, et ronronner à la moindre occasion...

Signe fixe

Signe fixe, le Lion est accroché à ses idées et il peut vivre de la même façon longtemps... Jusqu'à ce qu'il change complètement d'idée et tombe dans l'excès contraire, ce qui lui arrive rarement et toujours après mûre réflexion. Contrairement à ce que l'on pourrait penser, ses décisions ne sont pas impulsives, mais longuement analysées et mûries avant d'être prises.

L'homme fort

La permanence et la force s'expriment au quotidien dans la vie de l'homme fort du zodiaque. Plus que quiconque, l'homme du Lion aime dominer. Il régit sa famille, son foyer à la manière d'un monarque, d'un commandant des armées. Ses enfants dépendent de lui jusqu'à un âge avancé. Cela lui procure un sentiment de puissance qu'il chérit.

Nul mieux que lui ne sait manipuler les êtres, travestir les événements, s'approprier ce qui ne lui appartient pas et le transformer de façon bénéfique pour lui, pour les siens et, souvent, pour la collectivité. Ce qu'il décide de faire, il le réalise coûte que coûte, parfois pour un bien, parfois pour un mal. De toute façon, il ne se soucie que du résultat final. On doit respecter cette force de la nature comme il se respecte lui-même, c'est-à-dire profondément.

Signe de Feu

Signe de Feu, le Lion a un tempérament un peu démesuré, extrémiste et parfois mégalomane, mais il est affectueux et amoureux. Sans amour, le Lion ne vit pas. Il périclite et décline. Il lui est recommandé de se lier à une personne plus jeune et surtout plus souple que lui, qui lui passera tous ses caprices et fera sa joie au lit. Alors, le feu du Lion sera bien utilisé. Autrement, il fera des bêtises, qu'il soit jeune ou vieux.

Défauts

Un des défauts du Lion peut avoir un effet dévastateur. Mieux vaut en être averti. Le feu exerce sur lui une étrange fascination. De là à devenir pyromane, il y a un monde, mais il faut faire attention avec les adolescents et les personnes mentalement fragiles. Conseil aux natifs du Lion : ne jouez pas avec le feu. Ça brûle et c'est dangereux à tout âge !

Armes à feu, explosifs, matières combustibles, poêles et eau bouillante présentent les mêmes risques. Il y a lieu d'être prudent avec le feu, car les statistiques prouvent qu'il est souvent une cause d'accidents. Vous êtes averti, protégez-vous.

GOUVERNÉ PAR LE SOLEIL

Le Soleil

Le Lion est gouverné par l'astre dominant notre monde, soit le Soleil. Nous ne devons pas nous étonner que le Lion, aussi bien femme qu'homme, occupe une place de choix dans la hiérarchie et la société. C'est l'essence même de ce que j'appellerais « le normalisme intégral normal », tout ce qu'il y a de plus normal et logique.

Aura bénéfique

Solaire, le Lion rayonne sur son entourage familial, social, amical et professionnel. Une aura bénéfique l'entoure, il réchauffe ceux qu'il aime et chérit. Il les protège de ses rayons vivifiants, les guérit de certains maux inexplicables et récupère ceux qui sont récupérables. Tous ceux qui l'approchent sentent sa chaleur animale et humaine et profitent de son immense énergie. Comme le Soleil, certains l'adorent et le recherchent, d'autres le craignent et le fuient, mais il ne laisse personne indifférent.

Autoritaire, mais juste

Le natif de ce signe aime exercer son autorité sur tous et chacun. Il trône sur sa tribu, sa famille, son clan, tel un roi ou une reine. Personne ne peut lui déplaire sans subir de châtiment. Juste de nature, il refuse de se venger. Quand il cesse de nous aimer, nous sommes très malheureux. Voilà pourquoi nous nous plions à ses désirs et supportons ses humeurs et ses caprices. Il en vaut la peine !

Brillant et coloré, il connaît sa valeur et peut se montrer hautain, mais, le plus souvent, il est charmant et enjôleur, romantique et chaleureux, majestueux et superbe.

Jeux, sports et enfants

Le Lion aime le plaisir, les jeux, les sports et les enfants. Enfants et petits-enfants font sa joie. Jeune de cœur et capable d'émerveillement, il réussit à amuser les plus tristes, à stimuler les plus paresseux et à dérider les malades et les déprimés.

Sans le rire des enfants, de la famille ou du public, le Lion se sent démuni, inutile. S'il peut s'occuper de sa progéniture, tant mieux. Sinon, il s'occupera des enfants des autres, sera entraîneur de hockey ou d'un autre sport et sacrifiera temps, énergie et argent au bien-être des petits et à l'amour du sport. Ainsi, il se réalisera complètement et vivra vieux et heureux.

L'érotisme

Étrangement, c'est aussi le signe qui s'intéresse le plus à l'érotisme, à la connaissance de l'amour qu'il considère souvent comme un jeu. Son préféré avec la chasse, cela va de soi !

Érudit, il écrira sur le sujet. Plus souvent, il se délectera d'images et de lectures émoustillantes. Cela lui suffira à combler le vide qu'une imagination limitée crée parfois chez lui. Ses fantasmes sont simples et sains, du moins, la plupart du temps. Sinon, il devra démystifier le sexe et le rendre acceptable, afin d'éviter les ennuis que la société crée à ceux qui transgressent les lois établies. Lion ou non, il faut respecter la loi !

Relations affectives

Ardent et passionné

Le Lion est un hyperémotif ardent et passionné. Ses relations affectives ont, dans sa vie, une importance capitale. Impulsif et affectueux, il aime démontrer ses sentiments et ne craint pas de témoigner son affection en public. Ses sens raffinés le dirigent d'instinct vers un être compatible. Dans le choix d'un compagnon ou d'une compagne, il se trompe rarement.

Les « cellules amoureuses » des protagonistes doivent s'accorder dès le premier contact, autrement il n'y a rien à faire. Se marier par intérêt n'entre pas dans les considérations du Lion, mais un mariage d'honneur est plausible sinon fréquent. Tout pour l'honneur !

Charme irrésistible

Possédant un charme irrésistible, le Lion magnétise et attire à lui la personne qu'il désire avoir comme amant, maîtresse, ami ou partenaire d'affaires. C'est lui qui choisit son entourage, jamais le contraire. Ses ennemis eux-mêmes ont de la peine à lui résister. Peu arrivent à le détester et personne ne peut le détruire sans en payer le prix.

La vie du Lion ne se passe pas sans quelque drame affectif ou accident dont il est plus ou moins responsable. Jeune, il tend à se lier impulsivement, ce qui ne se termine pas toujours à son avantage. Assagi, il vit par la suite de grands moments passionnels, suivis de calme relatif. C'est heureux, car, à ce rythme, il ne tiendrait pas longtemps !

Émotions à fleur de peau

Le Lion a les émotions à fleur de peau. Avec l'âge, sa vie amoureuse ralentit et sa possessivité affective diminue. Comprenant qu'il compte pour ceux qu'il aime, mais admettant que les personnes aimées ont besoin d'autres sources de vitalité et d'intérêt, il devient plus sociable au fil des ans. Sa réceptivité aux autres étant plus grande, il s'enrichit au contact de ses semblables et se prend à les aimer d'un amour charitable et spirituel. Cette évolution constitue l'un des points forts du Lion: il peut aimer tout le monde!

Acteur ou auteur

Émotivement, le Lion vieillit bien. Ayant dompté sa trop forte nature, il exerce sur ses émotions et ses sens un contrôle qui le met à l'abri des drames dont il est trop souvent la source. Homme ou femme, il a facilement la larme à l'œil. Souhaitons qu'il ne verse pas de larmes de crocodile pour nous attendrir; c'est toujours possible, car, en tant qu'acteur ou auteur dramatique, il n'en est pas de plus talentueux dans le zodiaque!

L'âme des choses

Malgré ses quelques manques et ses défauts, on adore généralement le Lion. À cause de ses grandes qualités de cœur, on oublie parfois qu'il est humain, donc vulnérable et capable de se tromper. Il ne faudrait pas perdre de vue la dimension charnelle du natif et de la native de ce signe en cette ère du Verseau qui tend à déshumaniser et à voler l'âme des êtres et des choses…

Devenir «champfusion» avec le Lion est une possibilité ouverte à tous. À chacun de se rallier à lui et d'en prendre conscience.

L'ARGENT ET LES AFFAIRES

Pas de problème majeur

En ce qui concerne l'argent et les affaires, le Lion n'a pas de problème majeur. Souvent bien nanti à la naissance, il est rarement pauvre et miséreux. Si tel est le cas, c'est accidentel et de courte durée. Aucun natif, si humble soit-il, n'a l'intention de végéter et de rester dans l'ombre bien longtemps. Il réussit toujours à sortir du marasme et à vaincre le destin quand celui-ci se fait cruel, ce qui est rarissime dans son cas.

Gloire et ambition

Deux motivations principales dans la vie du Lion : la gloire et l'ambition. Aimant l'argent, l'or et tout ce qui brille, il recherche instinctivement les honneurs et la renommée. Ces attributs ont sur lui un attrait foudroyant. Dans certains cas, il s'agit d'un attrait fatal, mais, la plupart du temps, il réussit à s'imposer à la communauté et se fait rapidement une place au soleil, aidé en cela par un sort généreux autant que par ses propres efforts.

Suivre l'appel du destin

Du choix de son métier, de sa carrière, dépend sa destinée entière. Il est donc primordial pour le Lion de suivre l'appel du destin, de se plier aux exigences de la profession choisie, de faire les études et les sacrifices nécessaires pour assouvir sa soif de richesse et d'apparat. Se contenter de peu n'étant pas sa qualité première, aussi bien qu'il se dote de titres et de connaissances qui lui seront nécessaires pour s'épanouir dans la vie...

Métiers et professions

Les métiers d'autorité et de prestige sont ses préférés. Il peut être notaire, avocat, médecin, chirurgien du cœur, des yeux, de l'ossature ou chirurgien esthétique, dermatologue, banquier, chef de file ou de département, organisateur d'élections ou de parti politique (pas politicien élu, car les élections lui sont néfastes), artiste, comédien, directeur d'entreprise, de radio ou de télévision, producteur de films, réalisateur ou savant de génie. Les postes de direction et d'organisation sont pour lui.

On le rencontre dans les carrières militaires, là ou le commandement et l'autorité prévalent. Il a également des dons pour l'orfèvrerie et la bijouterie. L'esthétique, la mode et la beauté sont des domaines qui favorisent sa créativité et qui lui

permettent d'exprimer une certaine supériorité. La diplomatie répond à ses critères, les affaires financières lui sont naturelles. Il se contentera d'un poste subalterne, à condition que
le patron soit digne d'admiration et lui fasse entièrement
confiance. Sinon, il partira et trouvera mieux.

Religieux, il sera évêque ou cardinal et il fera un bon pape
si on lui en laisse la chance. Chef de police, chef d'orchestre
ou chef de gare, pourvu qu'il soit chef, il est à sa place et
occupe son poste avec honnêteté, élégance et savoir. Aristocrate de nature, il ferait un bon roi ou un souverain, mais ce
poste est rarement disponible, aussi doit-il s'efforcer de trouver une compensation au besoin qu'il a d'être et de paraître.

Chance

Vous avez souvent entendu dire que le Lion est le signe le plus
fort, le plus beau et le plus chanceux du zodiaque. La rumeur
court non sans raison. Le Soleil qui règne sur lui le protège de
ses ondes cosmiques favorables. Rares sont les natifs tout le
temps malchanceux. Des revers de fortune passagers, oui, mais
la malchance constante, jamais. Il se refera un jour ou l'autre.
La chance lui sourira de nouveau.

Fortune

Certains connaissent la fortune grâce aux parents, à la famille
ou aux relations, mais la plupart l'atteignent à la force du poignet. Le *self-made-man* et la *self-made-woman* sont souvent
natifs du Lion. Pour d'autres, les gains fortuits aux jeux de
hasard, la profession, la spéculation financière, le sport, les
chevaux et les animaux de race entraînent la fortune. Pour
quelques favoris enfin, ce sont les arts : la peinture, la sculp-
ture, la musique, le cinéma et le théâtre les enrichissent. Ils
deviennent des sommités, des stars fortunées. C'est leur lot, il
est enviable, avouons-le !

Les amours du Lion

Cupidon veille

Le Lion possède une riche mais exigeante nature. C'est un chasseur au masculin, une chasseresse au féminin. Ce trait rend ses amours inégales et parfois difficiles. Chose certaine, le Lion n'est pas le candidat idéal pour les dépendants affectifs ni pour les timorés. Seuls les forts peuvent se payer le luxe d'aimer un Lion. Cupidon veille et prend les moyens voulus pour le toucher avec sa flèche empoisonnée. Le Lion succombe finalement aux charmes d'une personne qu'il adore et vénère ; c'est le bonheur.

Heureux et comblé

Les amours du Lion sont toute sa vie. Il a besoin d'un foyer stable, de sécurité affective et sentimentale, d'amour mais aussi et surtout de respect. Ces conditions étant remplies, il est heureux et comblé. Sous-estimé, il regimbe et part. Sa maison est son royaume, son bureau et ses affaires sont sa fierté. Malheur à qui tentera de lui ravir sa femme, et même sa fille, sans son consentement. Il vaut mieux pour le ravisseur ne jamais reparaître aux yeux du Lion !

Ménagez son orgueil

Bon cœur, généreux, tendre à ses heures, le Lion s'attire plus de bons sentiments que de mauvais. Ménagez son orgueil et il ne vous fera jamais de mal, quoi que vous lui ayez fait. Rabrouez-le, mais gentiment. Il n'aime pas qu'on lui résiste. Si vous le faites, arrangez-vous pour que personne ne le sache. Imposant, il sait se montrer aimant et tolérant. Parents, enfants et amis sont ravis de faire partie de sa famille, mais ses amours passent et passeront toujours en premier. C'est sa priorité !

L'amour aime le Lion

L'amour aime le Lion. Il lui envoie toujours une personne aimable, belle, intelligente, capable de le seconder tout en l'adorant. Ses amours font jaser, car il a l'art de mêler les autres à ses affaires personnelles et d'en tirer profit. Dans la famille, au travail, au bureau et parfois jusque dans les journaux, les potins vont bon train. Les amours du Lion font l'objet de maintes discussions. Le plus souvent, il est gagnant, car il aime l'amour autant que l'amour l'aime!

Sentiments et sensations

En tant que natif ou native du Lion, le monde des sentiments et des sensations gère votre univers. Heureux en amour, votre générosité ne connaît pas de limites. Prodigue, vous gâtez vos ouailles avec une complaisance et une simplicité désarmantes. Dépensant sans sourciller des sommes énormes pour faire plaisir aux autres, offrant des cadeaux dont vous auriez peut-être envie ou besoin vous-même, vous allez jusqu'à vous priver pour ceux que vous aimez. Le Lion à son meilleur!

Mais quand vous cessez d'aimer, attention! Si on vous indispose, qu'on vous bafoue, qu'on vous résiste sexuellement ou autrement, gare! Vous pouvez être cruel et vous montrer vindicatif. Il faut fuir votre courroux. La haine est un sentiment que peut exprimer violemment le Lion, il vaut mieux s'en méfier.

Un conseil: si vous avez une relation sentimentale avec un Lion ou une Lionne et que plus rien ne va, partez loin et sans laisser d'adresse. Si vous l'avez trahi ou s'il se sent trahi, ce qui revient au même, le Lion vous harcèlera. La fuite est la seule issue.

Mariage contre union libre

Le mariage légal est souvent problématique pour le Lion, homme ou femme. Il n'est pas à l'aise quand il est en cage, vous l'avez remarqué. La première union est parfois moins heureuse. Il faut des prodiges d'amour et de dévouement pour qu'elle dure et soit réussie. Un deuxième ou un troisième mariage est possible. De toute évidence, l'union libre lui convient mieux. Tout dépend de sa morale, de son degré d'évolution et du partenaire de vie qu'il s'est choisi. Si vous en épousez un, soyez prêt à assumer les risques du métier. Rendez-le fier de vous, occupez-vous de la maison, veillez sur vos enfants tout en soignant vos amis et vos relations, et vous serez la perle rare qu'il cherchait. Vous vivrez heureux ensemble longtemps.

APHRODISIAQUES ET SEXUALITÉ

Puissance sexuelle légendaire

Le Lion n'est pas orgueilleux quand il prétend ne pas avoir besoin d'aide extérieure pour réussir l'acte sexuel. Le plus souvent, c'est exact. Sa puissance sexuelle est reconnue, sinon légendaire. Son sang chaud n'a que faire des stimuli artificiels. Bouillir d'impatience et atteindre le septième ciel est pour lui un état naturel, il n'a pas beaucoup d'efforts à faire pour y arriver et donner du plaisir à l'autre.

Appétit vorace

Le Lion doit se méfier d'un appétit vorace trop rapidement rassasié. Poursuivre sa victime et la dévorer sans y mettre des formes n'est pas du meilleur effet sur le partenaire sexuel. Le natif doit apprendre à dompter sa passion pour devenir un bon amant, une bonne maîtresse.

Un bain d'eau tiède légèrement parfumé calmera ses ardeurs, et une douche d'eau fraîche diminuera son empressement. Vous ne voulez quand même pas l'endormir !

Aliments magiques

Parmi les nourritures propres à stimuler l'amour du Lion, notons les aliments magiques suivants: les noix de toutes sortes et le homard froid mayonnaise. Un autre secret: le homard contient de l'or. En infime quantité, il est vrai, mais on sait que le métal préféré du Lion est l'or… Ces aliments essentiels ont le don de rendre le natif plus gaillard et plus amoureux. Ça vaut la peine de les essayer…

En général, un léger buffet froid est idéal. D'ailleurs, le Lion devrait presque toujours manger tiède ou froid. C'est meilleur non seulement pour sa libido, mais pour sa santé en général. Si vous aimez le luxe, un peu de champagne dans un superbe verre fera l'affaire. Il ou elle vous adorera et vous en donnera des preuves indiscutables.

Ultime secret

Ultime secret : n'oubliez pas de mettre de l'humour dans le plaisir amoureux. Les jeux, le rire et les mots susurrés à l'oreille, voilà qui tiendra votre Lion éveillé et vous rendra irremplaçable à ses yeux. Votre amour durera toute la nuit ou toute la vie, selon votre notion de l'éternité !

COMMENT SÉDUIRE UN LION

Cran et audace

Pour séduire un Lion, il faut avoir du cran et de l'audace. Faibles et peureux, abstenez-vous. Puis il faut du panache, de l'ardeur et de la suite dans les idées. Un être froid et calculateur ne lui plaira jamais longtemps. Comme il est doté d'un sixième sens particulièrement affiné, on ne le trompe pas aisément en matière de sexe et de sentiment, pas plus qu'en matière d'argent ou autre. Qui s'en prend à lui doit être intègre et honnête, ou il vaut mieux qu'il déguerpisse à toute vitesse pour ne pas être mangé tout cru !

Cette mise en garde est sévère mais réaliste. Reste le bon, le généreux Lion à séduire. Autre secret : un ascendant Lion sera également sensible aux principes énoncés ci-après. Ayez-y recours, même si la personne a seulement un ascendant Lion.

Utile d'avoir du pouvoir

Il est impératif d'être beau, d'avoir du charme et d'être bien habillé, car le Lion aime ce qui est soigné et élégant. Il est essentiel d'avoir de belles manières, car il aime les personnes raffinées. Enfin, il est utile d'avoir de l'argent et surtout du pouvoir, car il n'aime que ce qui brille et a de l'avenir. Voilà les bases pour faire bonne impression. Passons maintenant aux choses sérieuses…

Côté caractère

Côté caractère, le Lion manque parfois de patience et de contrôle. Rester souple et tolérant vous aidera à préserver la relation. Mais le plus important réside dans l'attrait sexuel que vous lui inspirez ou non. Si c'est le cas, la partie est gagnée.

Faites semblant de fuir quand il vous poursuivra de ses avances et vous exciterez son instinct prédateur. Il vous adorera. Plus il devra faire des prouesses et briser des tabous pour vous conquérir, plus il vous appréciera. Mais attendez-vous à ce qu'une fois la conquête réalisée les choses se déroulent rapidement. Il n'est pas de ceux qui dégustent lentement leur plat préféré…

Avis pratique : si le Lion ne vous désire pas sexuellement, oubliez-le au plus vite. Vous ne voulez tout de même pas que les choses tournent au drame… Ne poursuivez pas le Lion. S'il aime chasser, il déteste se faire chasser. Question d'instinct de conservation, vous pouvez facilement l'imaginer…

COMPATIBILITÉ AMOUREUSE ET SEXUELLE (SYNASTRIE) DU LION

Lion-Lion : Deux êtres de fougue et de passion compatibles. Cette belle synastrie rencontre une difficulté : la femme est volontaire et très sexuée. Si l'homme est possessif et aime contrôler, ça peut mal tourner. L'amour et le sexe sont de

puissants motivateurs, il ne faut pas sous-estimer ces partenaires peu ordinaires. La séduction est leur faiblesse, leur
talon d'Achille.

Lion-Vierge : La synergie amoureuse et sexuelle est forte
entre eux, mais il faut de l'audace à la Vierge pour affronter le
Lion sur son propre terrain. Le Lion hypersexué peut subir la
défaite auprès d'une Vierge sage, mais avec la Vierge folle,
aucun problème. S'ils aiment changer de rôle sexuel, ils se
plairont, mais la jalousie est une ennemie redoutable…

Lion-Balance : Côté sensuel, la Balance est plus douée,
mais la puissance amoureuse et sexuelle du Lion la séduit. En
amour, le Lion dévore. La Balance déguste et aime les préliminaires. Si le Lion est bon joueur et la Balance audacieuse
dans les jeux de l'amour, la relation durera. Le plaisir sexuel
les mène souvent au grand amour, mais ils doivent se méfier
de l'égoïsme.

Lion-Scorpion : Deux grandes puissances psychosexuelles
s'affrontent. Ils font l'amour ensemble pour défier le sort,
mais ils se prennent au jeu. Entêtement, jalousie, tout est en
place pour un drame passionnel. L'attraction fatale implique
parfois ces signes, mais il y a des exceptions. Idéalement, ils se
quittent sans représailles. On se réconcilie souvent entre ces
deux signes.

Lion-Sagittaire : Synastrie amoureuse et sexuelle d'enver-
gure. Pour pimenter leur vie de couple, ils jouent parfois des
rôles interchangeables. Ils font mieux l'amour en voyage,
mais ils sont tous les deux très doués en amour et sexuellement. Il faut de l'humilité pour concéder la suprématie au lit.
Le Sagittaire le fait par amour, le Lion ne descend jamais de
son piédestal.

Lion-Capricorne : C'est le grand jeu. Si la passion est mal
vécue, ils peuvent se blesser moralement et parfois physiquement ; il faut mettre un terme à la relation. La suprématie qu'ils
désirent exercer l'un sur l'autre rend la vie de couple difficile.
Dès que le cœur du Lion parle, le Capricorne se braque. Il faut
un ascendant compatible et des natures d'exception.

Lion-Verseau : Bien que contraires, ces deux natures déterminées se plaisent au premier regard. Coup de foudre. Parfois ça dure, parfois non, mais ils se respectent. Le Lion est aventureux et constant, le Verseau extravagant et frivole. Ils ont tous les deux soif d'amour. Magnanime, le Lion pardonne tout à l'autre. Même séparés, ils s'aiment et demeurent complices.

Lion-Poissons : La suprématie amoureuse et sexuelle que le Lion entend imposer déplaît au Poissons qui aime la diversité et la liberté en amour. Pour ces êtres si différents l'un de l'autre, le sexe n'apporte pas la satisfaction désirée. L'un est dominateur, l'autre dominé. Désastre. Liaison sans conséquence idéalement, et qui ne devrait pas avoir de suites.

Lion-Bélier : Attraction amoureuse et sexuelle immédiate chez ces êtres débordant d'énergie foudroyante. Les étincelles se multiplient, le feu s'allume. En quatre minutes, leur sort est décidé. Si le Lion tempère sa paresse et se donne du mal pour satisfaire son Bélier, ils seront emportés au septième ciel et connaîtront l'extase amoureuse. Le jeu en vaut la chandelle !

Lion-Taureau : Synergie douteuse... Chasseur avide de sensations fortes et victime consentante, telle est la perspective d'une telle conjoncture astrale. La dépendance affective se soigne ; c'est parfois nécessaire quand de telles forces se confrontent. Le Taureau souffre de l'abandon du Lion. Il devrait se réjouir, il est libéré d'un joug. Dire qu'entre eux c'est parfois le bonheur total !

Lion-Gémeaux : Intellectuellement et sentimentalement sur la même longueur d'ondes, ils s'aiment, mais le Lion est lent au lit alors que l'autre est rapide ; ils doivent s'harmoniser. Pareille rencontre relève de la prédestination. Ils sont faits pour s'aimer, ne serait-ce que l'espace d'un moment. Si le moment s'éternise, c'est qu'ils sont adultes, consentants et chanceux.

Lion-Cancer : Le jour et la nuit sont compatibles, mais jusqu'à un certain point. Il faut une nature sensible et généreuse au Lion et beaucoup de patience et de tendresse au

Cancer pour respecter les goûts et désirs qu'ils n'ont pas en commun. S'ils prennent le temps de s'aimer et de se prodiguer des petites attentions, c'est gagné. L'amour opérera encore une fois son miracle.

THÉRAPIES NATURELLES

Besoin d'ions négatifs

Le Lion étant un signe de Feu, il a beaucoup d'avantages à retirer de l'eau, son élément contraire. S'il en manque, il est mal à l'aise et risque de tomber malade. Travailler enfermé entre quatre murs de béton où n'entre pas la lumière du Soleil (son maître) et d'où sont absents ou rarissimes les ions négatifs lui est fortement déconseillé. Ces ions lui sont essentiels.

Carence nocive

La carence d'aliments nutritifs pour le corps et pour l'âme lui est nocive. Il a besoin d'espace, de grand air, d'eau à profusion, de plantes vertes et naturelles, de jardins, d'arbres, de fleurs et d'odeurs luxuriantes. S'il n'a pas de piscine chez lui, aller dans un centre sportif pour nager régulièrement ou faire des exercices compensera. Comme il brûle beaucoup d'énergie, il doit souvent refaire le plein. Les livres à tendance spirituelle, métaphysique ou ésotérique lui sont d'un précieux secours. Il ne saurait s'en passer.

Alcool

Pour équilibrer son état physiologique particulièrement « chaud », le Lion doit s'abstenir de consommer de l'alcool et ne boire que des jus rafraîchis à base de fruits frais si possible. Des vins légers et du champagne à l'occasion ne lui feront pas de mal, mais le foie reste à surveiller. Comme le Lion est porté à connaître des problèmes biliaires, un traitement occasionnel sous forme d'ampoules de radis noir et d'artichaut lui réus-

LES SECRETS DU LION

sira. Fini les cernes autour des yeux, le teint est lumineux, notre Lion est en santé et heureux.

Summum de l'économie

La meilleure thérapie naturelle pour le Lion est tout simplement l'eau. Il doit en boire des tonnes. Comme bas prix, on ne fait pas mieux. Une bonne eau légèrement diurétique (Contrex ou autre) lui procurera un sentiment de bien-être tout en l'aidant à conserver sa ligne et sa jeunesse. À ce prix, il n'a pas les moyens de s'en passer !

FLEURS ET PARFUMS PRÉFÉRÉS DU LION

Odorat développé

Natifs du Lion, vous avez l'odorat développé, le nez fin, comme on dit. Vous aimez ce qui sent le propre et le frais. C'est pourquoi la lavande vous plaît tant. Cela dit, l'odeur pénétrante, aromatique et balsamique vous est également bénéfique et fort agréable. L'héliotrope, le géranium, le laurier, l'oranger, le citronnier, la cannelle, la muscade, l'aubépine et le tournesol figurent parmi vos odeurs préférées.

Lys ou fleurs des champs

Tout ce qui est luxuriant et de couleur jaune sombre plaît au Lion, mais il aimera aussi recevoir des lys blancs, symbole de pureté et de royauté, des orchidées rares ou des camélias blancs. Si vous avez peu de moyens, offrez-lui un bouquet de saison ou de simples fleurs des champs où le jaune et le blanc prédominent. Vous êtes sûr de ne pas rater votre coup.

Parmi les parfums, voici quelques suggestions pour la native du Lion: *Bal à Versailles* et *Joy* de Patou, *Femme* de Rochas, *Trésor* de Lancôme, *Encore* d'Alfred Sung, *Numéro 5* de Chanel et *True Love* d'Elizabeth Arden.

Les natifs du Lion apprécient les dernières eaux de toilette à la mode et s'enveloppent volontiers d'odeurs suaves et personnelles dont ils ont le secret. Les odeurs masculines *C. K. Be* de Calvin Klein, celles de *Hugo Boss* et *Opium* d'Yves Saint-Laurent ont leur préférence. Pour exciter leurs sens, faites appel à *Musk!*

Conseil pratique

N'achetez jamais un parfum bon marché à une native ou à un natif du Lion. Vous serez fustigé du regard. Il ou elle n'appréciera pas et croira que vous cherchez à l'humilier. En un certain sens, c'est pire que pas de cadeau du tout. Vous n'avez pas idée à quel point la susceptibilité du Lion est immense. Il cache bien ce secret!

COULEURS PORTE-BONHEUR DU LION

Jaune doré

La couleur ésotérique la plus favorable pour le Lion est le jaune doré qui le met en contact vibratoire avec lui-même et lui va à ravir. Si vous êtes de ce signe, en cas de déprime, de baisse d'énergie, de troubles physiques, rien ne vous donnera plus satisfaction que ces tons dorés.

Toutes les teintes de jaune vous iront bien et favoriseront votre capacité de concentration au travail. Ainsi, un bureau peint en jaune clair vous sera bénéfique. Vous y travaillerez avec joie et plaisir et quand le soleil sera de la fête, vous aurez des idées géniales. Ne boudez pas ce savoir, il vient de très loin... Pour être détendu, gai et productif, usez du jaune.

Teintes royales

Les teintes dites «royales» sont aussi pour vous. Vous pouvez vous permettre des couleurs voyantes comme le rouge cardinal, le bleu royal, le vert émeraude, le violet sombre et les tons or. Ces couleurs porte-bonheur vous mèneront au poste que vous désirez et attireront dans votre sillage la personne que vous recherchez, que ce soit pour le travail ou pour l'amour. En cas de malaise, entourez-vous de couleurs brillantes, vous guérirez plus vite.

Portez aussi des teintes chatoyantes mais plus douces, comme le marine, le vert feuille, le turquoise, le magenta et le vieux rose. Toutes les teintes de violet ajouteront du sérieux à votre personnage et forceront le respect.

Pas de noir

Ne portez pas de noir avant d'avoir atteint un âge vénérable et avancé, disons pas avant soixante-quinze ans, et encore, avec des touches claires pour agrémenter le teint. Le noir est l'ennemi du Soleil et de la lumière. Vous ne désirez pas altérer votre aura, n'en portez pas !

PIERRES CHANCEUSES DU LION

Le diamant

Le superbe diamant est votre pierre chanceuse. Dur, résistant et pur, il vous va comme un gant. Vous devez en posséder au moins un. Même s'il est de petite taille, il vous protégera des ennemis et des procès. Ne l'enlevez jamais. Il a sur vous une résonance positive extraordinaire. Comme il absorbe toutes les ondes négatives, vous devriez le laver très souvent pour le débarrasser de ses impuretés. Propre et brillant, il éloignera de vous les conflits et ajoutera à votre prestige.

Le cristal

Le cristal vous avantage physiquement et vous réussit très bien. Il vous donne toute sa beauté, sa radiation et sa chaleur. Vous reflétez toutes les couleurs de l'arc-en-ciel quand vous le portez. Ainsi, vous êtes capable de communiquer avec tout le monde. Guérisseurs et humanistes, vous feriez bien d'en porter un !

Le zircon

Pierre minérale, le zircon peut agir comme stabilisateur et équilibreur d'énergie. Cette pierre vous tiendra bien ancré sur terre. Pour le Lion mégalomane, cette pierre est une panacée. Elle diminue aussi la négativité émotive et favorise les attitudes positives. Lors d'un chagrin d'amour, elle s'avère d'un secours précieux.

Le rubis

Le rubis vous rendra service, si vous êtes un Lion doux et passif, en manque d'énergie vitale. Enchâssé sur de l'or jaune de préférence, le rubis calmera votre colère et apportera l'équilibre dans votre cœur. Par contre, si vous êtes bien portant et un tantinet agressif, il réveillera en vous des ardeurs nouvelles que vous devrez contrôler. Pour éviter les risques d'excès dominateurs et sexuels, mieux vaut ne pas en porter. Notez que les risques d'accidents violents sont accrus en cas de combinaison diamant-perle-rubis. Beau, mais combien dangereux de porter pareille parure !

Le saphir

Le saphir d'un beau bleu royal vous aidera à trouver le chemin de l'initiation, de la sagesse, de la recherche ésotérique et philosophique. Toute démarche spirituelle est favorisée par le saphir, pierre universelle dont la beauté n'a d'égal que ses puissantes vertus d'accomplissement. Si vous voulez réaliser un rêve, portez un saphir. Même minuscule, il agira selon votre cœur.

Pays, régions et villes Lion

Il serait normal que les natifs du Lion fassent un séjour en Grande-Bretagne et en France, ces pays étant fortement imprimés par le signe du Lion. L'Autriche, la Bohême, Cuba (par l'ascendant), l'Italie (surtout du nord), la Palestine, le Pérou, la Roumanie, la Sicile, le Soudan et la Thaïlande sont marqués par le Lion. Pour ce qui est des principales villes ou États, on note Baltimore (Maryland), Bombay, Bronx (New York), Calgary (Alberta), Cheyenne (Wyoming), Chicago, Cleveland (Ohio), Dawson (Yukon), Detroit, Dodge City (Kansas), Juneau (Alaska), Pensacola (Floride), Rome, Sacramento (Californie), Salt Lake City (Utah), Saskatoon (Saskatchewan), Toronto (Ontario), Winnipeg (Manitoba), Whitehorse (Yukon) ainsi que les États de New York, Hawaii, Colorado et Missouri.

Au sud : Antigua, les Bermudes, la Bolivie, Bogota, Cali (Bolivie), Caracas (Venezuela), l'Équateur, la Havane, la Jamaïque, Puerto Rico, Saint-Domingue, Santa Marta (Colombie), Tobago, Trinidad sont également du Lion.

LES SECRETS DE VOTRE DATE DE NAISSANCE

LES LION DU 24 JUILLET recevront les hommages et les honneurs dus à leurs talents et à l'emploi judicieux qu'ils en feront. Leur fortune sera aussi grande que leurs amours seront heureuses. Ils seront choyés, mais ils devront partager leur abondance.

LES LION DU 25 JUILLET doivent se méfier de leur agressivité et de celle des autres. Compétitifs et enviés, ils devront surveiller leurs ennemis, mais aussi les calamités et malheurs, conséquences de leur orgueil démesuré. L'humilité leur sera profitable.

LES LION DU 26 JUILLET attirent les embûches, les manigances et la controverse. Leur destinée sera remplie d'événements dérangeants, ce qui ne les empêchera pas de connaître le succès. Leur vie sera plus douce s'ils sont honnêtes.

LES LION DU 27 JUILLET connaîtront la gloire et la renommée. Ils s'élèveront grâce à leur talent et à leurs efforts personnels, mais ils connaîtront des déceptions. Le sort se montrant généreux, la chance ne les abandonnera jamais.

LES LION DU 28 JUILLET s'entoureront de gens importants, mais il leur faudra bien du temps pour trouver leur voie. Ensuite, leur vie s'écoulera avec moins de risques, mais le drame rôdera toujours. L'amour véritable et fidèle les protégera.

LES LION DU 29 JUILLET accompliront aisément leur destin. Les femmes seront plus chanceuses que les hommes, elles se feront moins d'ennemis, ce qui leur épargnera des malheurs. Les deux sexes sont voués à la reconnaissance publique.

LES LION DU 30 JUILLET connaîtront une vie riche et heureuse s'ils suivent leur destin qui est de dominer, de créer, de régner sur leur entourage. Ils auront pour eux la chance et la fortune et n'auront qu'à bien utiliser leurs avantages pour réussir.

LES LION DU 31 JUILLET vivront de grandes passions. Créateurs et artistes, ils atteindront des sommets dans leur art et brilleront tout en détestant la gloire. Ils feront rire tout en étant tristes et seront heureux malgré le brouhaha de leur existence.

LES LION DU 1er AOÛT devront se méfier de leur nature excessive et extravagante qui tend à attirer des ennemis puissants et en position de leur nuire. L'amour et l'amitié leur viendront en aide. Plus sages, ils seront plus heureux.

LES LION DU 2 AOÛT sont portés à se battre contre des moulins à vent. Leur nature rêveuse et encline à la poésie leur causera de nombreux ennuis. Les hommes donneront leur pleine mesure, mais les femmes auront de la difficulté à s'épanouir.

LES LION DU 3 AOÛT accompliront de grandes choses s'ils maîtrisent leur orgueil et leur ambition. Ils devront craindre leurs ennemis et connaîtront des revirements spectaculaires et inattendus. Leur sens de la justice les protégera de tout mal.

LES LION DU 4 AOÛT sont influençables, d'où la nécessité pour eux de bien choisir leurs relations. Mal entourés, ils mettront en péril leur santé, leur vie privée, sociale et professionnelle. Bien entourés, ils réussiront et seront aimés et chaleureux.

LES LION DU 5 AOÛT doivent se méfier de leurs ennemis et des calamités qu'ils pourraient provoquer. Responsables de la tournure des événements qu'ils provoquent, ils ont intérêt à se montrer honnêtes. Cela les protégera de tout mal grave.

LES LION DU 6 AOÛT seront influencés par leur éducation. Leur milieu familial sera source de bonheur ou de malheur. Le plus souvent, ils auront des parents compréhensifs qui sauront les protéger et les guider. Sinon, ils devront apprendre par eux-mêmes.

LES LION DU 7 AOÛT sont tributaires de l'éducation qu'ils ont reçue ou des études qu'ils ont entreprises par leurs propres moyens. Passant à l'action, ils seront sans pitié mais ils réussiront. S'ils sont paresseux, rien ne leur arrivera d'heureux.

LES LION DU 8 AOÛT devront se méfier de leurs ennemis et des catastrophes qu'ils auront plus ou moins provoquées. Pacifistes et réceptifs, ils seront plus heureux en amour qu'en affaires, mais leur sort sera enviable. Bagarreurs, ils auront des ennuis.

LES LION DU 9 AOÛT sublimeront leur ambition au profit d'autrui. Leurs mérites seront reconnus et leur renommée dépassera les frontières. Inspirés, ils seront capables de grandes réalisations, mais ils devront apprendre à respecter leurs limites.

LES LION DU 10 AOÛT devront éviter de se faire des ennemis. Ils y parviendront en usant de diplomatie dans leurs rapports avec les autres. L'humilité leur réussira mieux que l'orgueil. Ils gagneront à aimer plutôt qu'à détester.

LES LION DU 11 AOÛT connaîtront les honneurs et la gloire. Une chance peu commune leur permettra de s'élever et de dominer dans le domaine qu'ils ont choisi. Ils s'enrichiront et feront la fortune et le bonheur de ceux qui les entourent.

LES LION DU 12 AOÛT seront plus heureux en tant que femme, mais les deux sexes seront plus heureux s'ils font preuve de tolérance et de réceptivité. Leurs ennemis seront l'orgueil et la domination. S'ils se contrôlent, ils obtiendront le succès mérité.

LES LION DU 13 AOÛT sont fortement influencés par leur entourage et leur éducation. Bien encadrés, ils seront un atout pour la société. Sinon, ils seront rebelles et s'exposeront à des dangers.

LES LION DU 14 AOÛT doivent se méfier de leurs ennemis, même s'ils ne s'attirent pas volontairement leurs foudres. Leurs actes inconsidérés leur vaudront bien des ennuis. S'ils résistent à la tentation et à la perversion, ils seront chanceux.

LES LION DU 15 AOÛT réussiront brillamment à condition de résister à la tentation de l'orgueil et de la domination. Ils connaîtront des désagréments au sujet de leurs parents ou de leurs enfants. Plus ils seront généreux, plus grande sera leur chance.

LES LION DU 16 AOÛT sont portés aux excès. Ils auraient avantage à se méfier de leur nature passionnée. S'ils contrôlent leur ambition, ils auront du succès en amour et dans leur vie professionnelle. S'ils ont trop d'appétit, ils s'en repentiront.

LES LION DU 17 AOÛT sont actifs et entreprenants. Avec un peu de sagesse, ils trouveront la route du bonheur dans la satisfaction du travail bien fait et dans l'amour. La destruction les forcera à rebâtir mieux et plus humainement; c'est le prix de la réussite.

LES LION DU 18 AOÛT sont intelligents et inquiétants à la fois. Ils ont parfois des visions prophétiques et aiment se lancer dans des affaires téméraires. Portés à la mégalomanie, ils devront contrôler leurs tendances extrémistes pour être équilibrés et heureux.

LES LION DU 19 AOÛT ont une nature ardente et créatrice, du talent et un orgueil à la hauteur de leurs ambitions. Vindicatifs et autoritaires, ils se feront des ennemis. Leur destinée dépendra en grande partie de leurs amitiés et de leurs amours.

LES LION DU 20 AOÛT connaîtront mille aventures au cours de leur vie. Passant de la pauvreté à la richesse et de l'anonymat à la renommée, leur destin sera excitant et envié. Ils ne trouveront le bonheur que dans l'amour et dans le don de soi.

LES LION DU 21 AOÛT jouissent d'une bonne santé et connaissent la prospérité. Ils devront travailler dur pour arriver; cela les empêchera d'être vaniteux et extravagants. Malgré une vie fastueuse et opulente, ils seront simples et courtois toute leur vie.

LES LION DU 22 AOÛT seront beaux, en santé et épanouis. Leur vie conjugale, familiale et sociale sera heureuse, leurs affaires prospéreront. Ils auront tout pour être heureux mais seront tentés par des projets insensés. Ils devront se méfier des déséquilibrés.

LES LION OU VIERGE DU 23 AOÛT (selon l'année et l'heure de naissance) sont fortunés, mais ils sont sujets aux accidents. S'ils parviennent à s'apprécier eux-mêmes, ils aimeront les autres et cet amour rayonnera. Leurs talents naturels feront leur fortune.

JOUR CHANCEUX

Le dimanche est, bien sûr, le jour du Soleil, jour qui convient le mieux aux natifs du Lion. Même les ascendants Lion bénéficient de faveurs spéciales en ce jour. Officiellement jour de repos, le dimanche sera utile à qui désire élaborer des plans et des projets importants pour son avenir. Sentimentalement et matériellement, ce jour est le jour porte-bonheur du Lion. Décider de se marier et faire sa demande un dimanche sera favorable au Lion. Il sera sûr d'obtenir la réponse qu'il espère: le grand oui!

La magie des Étoiles est en action, le Lion joue gagnant.

Les secrets de la Vierge

24 AOÛT AU 23 SEPTEMBRE

Alice au pays des merveilles

Dans le monde de la littérature, la Vierge est remarquablement illustrée par Lewis Carroll dans son magnifique ouvrage *Alice au pays des merveilles.* Comme tout natif de la Vierge, Alice est profondément ennuyée lorsqu'elle oublie ses poèmes. Elle est précise, ordonnée et possède un souci du détail peu commun. Son sens critique et analytique domine toute autre considération. Sa curiosité intelligente la rend indispensable.

Amant de la nouveauté

Le natif de la Vierge est un amant de la nouveauté. Ses idées nouvelles englobent tout, de la politique à la musique, des régimes alimentaires au monde du spectacle. Tout doit avoir une allure nouvelle pour l'intéresser, sinon, il s'ennuie facilement, s'en va, se défile et parfois se réfugie dans la maladie ou dans l'anonymat. La grande Greta Garbo, native du signe, refusa de se voir vieillir à l'écran et se retira tout simplement du milieu du cinéma, milieu qui pourtant l'adorait. Allez donc comprendre la Vierge !

Santé et travail prioritaires

Pour les natifs de la Vierge, santé et travail sont aussi essentiels que l'air qu'ils respirent et que la terre qu'ils ont besoin de toucher pour être équilibrés. Sans la santé, pas de travail, et sans le travail, pas de santé. Le chaos s'installe, l'existence devient invivable. La santé et le travail doivent être prioritaires dans la vie de toute Vierge qui se respecte.

PLANS PHYSIQUE, MENTAL ET INTELLECTUEL

Plan physique

Sur le plan physique, la Vierge est assez difficile à décrire. Deux personnalités se dessinent : d'un côté, la Vierge typique grande et mince, propre, timide et sobre d'allure ; à l'opposé, la Vierge ronde et de taille indéfinissable, d'allure détendue et parfois bohème.

Le visage est angulaire, les yeux vifs, l'espace entre le nez et la bouche souvent plus large que la normale. L'homme du signe porte souvent une moustache. Le sourire illumine le visage et lui donne du piquant.

Prédispositions pathologiques

Les troubles et les déséquilibres pathologiques sont d'origine neurovégétative : troubles affectant les muqueuses, sclérose, entérite, appendicite, lymphangite, intoxications alimentaires ou auto-intoxications. Hypersensibilité et douleurs osseuses, fragilité des jambes et des pieds.

Les intestins, le bas-ventre et le système nerveux sont les points faibles de la Vierge. Je lui conseille une discipline de vie assez rigide, des repas à heures fixes, des aliments naturels si possible, mais pas des changements alimentaires draconiens qui risqueraient d'agresser le système gastro-intestinal.

Le natif a, en général, une bonne santé, mais il doit se méfier des troubles mentaux, de l'hyperactivité à l'école, du surmenage pendant ses études, du *burnout* au travail, des maladies nerveuses et des accidents.

S'il choisit un métier sans trop de risques et adopte un train de vie raisonnable, il vivra vieux et fera la joie de ses enfants et petits-enfants.

Plan mental

Sur le plan mental, le natif de la Vierge est constamment en mouvement, à la recherche de sensations et de connaissances nouvelles. Il aime être au courant de la vie sociale, politique et économique de l'endroit où il vit et il s'intéresse à ce qui se passe ailleurs. Rares sont les natifs peu concernés par le monde extérieur. Si tel est le cas, c'est purement accidentel.

Esprit positif et utilitaire, le natif aime le concret, les sciences, et il fait preuve d'aptitudes commerciales. L'ingéniosité, le rationalisme, la précision et la méthode font partie de son état vibratoire mental. Ses principales qualités sont le discernement, la curiosité, l'intelligence, le pragmatisme et le sens pratique. S'il déroge à ses principes de base, il peut devenir hypocondriaque, paranoïaque, agoraphobe et ne jamais sortir de son antre de peur d'être blessé.

Les névroses et les psychoses maniacodépressives sont assez fréquentes chez les natifs et les natives, mais on peut traiter et guérir ces maladies. On trouve souvent dans la vie de la Vierge un psychologue, un psychiatre ou un psychanalyste. Il le consulte pendant un temps, puis abandonne pour y revenir, encore et encore. Un support lui est nécessaire pour mettre de l'ordre dans ses idées et contrôler le trop-plein d'émotions qui arrivent par vagues…

Le natif de la Vierge est un chercheur curieux et analytique. La vérité, c'est qu'il aime par-dessus tout démonter et remonter les systèmes, ne serait-ce que pour le plaisir de voir ce que cela donnera. Dès sa plus tendre enfance, les nombreuses questions qu'il pose sans cesse à ses parents ou éducateurs sont du genre de celles-ci : Comment est-ce fait ? Comment peut-on l'améliorer ? Ne puis-je pas faire mieux ?

La crainte de tout briser à jamais ne semble jamais l'effleurer. C'est sans doute pour cette raison qu'il réussit toujours à atteindre le but visé…

Plan intellectuel

Intelligent et rapide d'esprit, le natif de la Vierge tend à utiliser ses facultés intellectuelles dans un but strictement pratique. S'il n'obtient pas de résultats immédiats, il se décourage et cherche ailleurs à quoi s'intéresser. Habile de corps et d'esprit, il comprend vite ce qu'on attend de lui et fait bien son travail.

Distrait comme lui, il s'en fait peu. Il fixe rarement son attention sur un sujet plus de quatre minutes. Constamment sollicité, son intellect se lasse rapidement et ne retient pas toutes les informations pertinentes. Il tend à oublier ce qui ne le passionne pas. Sa mémoire sélective dépasse tout entendement.

Son goût des archives et des catalogues, sa tendance à collectionner les informations et objets, son intérêt pour les documents anciens et historiques, son habileté manuelle, mentale et intellectuelle et ses innombrables idées font qu'on oublie parfois son esprit trop critique. On lui pardonne son inclination funeste au « scepticisme chronique » qui limite l'imagination et empêche la croissance intellectuelle et spirituelle.

Un secret à partager : le natif de la Vierge est un intellectuel du ventre. Il est toujours plus attentif quand il n'a ni chaud, ni froid, ni faim, ni soif. Si vous avez une faveur à lui demander, un problème important à lui exposer, faites-le après un bon repas. Autrement, il sera nerveux et grognon. Vous ne capterez pas son attention bien longtemps.

Signe négatif, double et de Terre

Signe négatif

De pôle négatif ou féminin, le natif de la Vierge est de nature introvertie. Bien qu'il parle beaucoup, il livre peu d'informations sur sa vie intime et personnelle, préférant laisser croire ce qu'on voudra et ne pas avoir à parler de ses motivations profondes.

Studieux et livresque, il tend naturellement à garder son énergie. C'est pourquoi on le dit parfois avare, ce qui est vrai ou faux selon l'optique dans laquelle on se place. Réceptivité et intériorité se disputent la suprématie de son être. S'il agit de manière démonstrative, un ascendant positif et fort contrebalance cette tendance et lui assure une personnalité plus chaleureuse.

Signe de Terre

Signe de Terre, le natif a le sens des affaires. Matérialiste-né, ce qui n'est pas palpable ne l'intéresse pas, d'où son rejet des sciences dites « occultes » comme l'astrologie. Il dit ne pas y croire, mais il lit son horoscope dans le journal tous les matins. Simple curiosité, prétend-il. Simple scepticisme, dirai-je à mon tour, en toute amitié.

Signe double

Fait peu connu, je le remarque constamment, le signe de la Vierge est un signe double ou mutable. On trouve deux tendances très distinctes : la Vierge sage et la Vierge folle. Idéalement, avec de bons aspects, la personne devrait connaître des périodes de grande sagesse suivies de périodes de folie contrôlée. Ainsi, son équilibre mental et psychique ne sera jamais menacé.

L'idéal étant difficilement réalisable, on rencontre soit une Vierge sage un peu lourde et ennuyante ou, inversement, une Vierge folle recherchant sans cesse l'aventure jusque dans la pratique sexuelle où elle transgresse tous les tabous. Mais c'est l'exception, car, le plus souvent, le natif est équilibré, travailleur et ambitieux. Cela le force à se ranger du côté de la raison plus que de la passion.

Désir de perfection

La Vierge aimerait bien tout connaître, avoir toutes les qualités, en un mot « être parfaite ». Hélas, son idéal de perfection n'est pas aisé à atteindre. Difficile de toucher les Étoiles ! La Vierge aimerait bien y arriver, mais, pour cela, il lui faudrait faire abstraction de ses préjugés et ouvrir la porte. Ce n'est pas donné à tous les natifs, mais, compte tenu de leurs dons de médium, ils feraient bien de se renseigner sur l'invisible. Autrement, ils risquent de mal employer leur énergie, de se faire du mal et d'en faire aux autres.

Défauts

Il arrive au natif du signe de se montrer arriviste et égoïste, sa plus grande erreur étant de croire qu'il est le seul à être intelligent. À cause de cette attitude suffisante, il s'aliène des amitiés qui, autrement, feraient sa fortune. S'il réussit à dompter son orgueil exagéré, sa suprématie triomphera et il sera accepté, craint, sinon aimé, dans son milieu de travail et d'action.

Jamais content de lui ni des autres, c'est fatalement un éternel insatisfait. Cette tendance à l'insatisfaction est l'une de ses marques de commerce, mais il s'en moque éperdument. Comme de sa première chemise qu'il a mise en pièces pour voir s'il ne pourrait pas la refaire à sa convenance !

Le pire danger

Le pire danger pour le natif de ce signe consiste à s'autocritiquer jusqu'à détruire toute envie d'agir. Il peut même aller jusqu'à s'exclure du monde extérieur et à devenir complètement improductif. Dans ces cas exceptionnels, le natif de la Vierge tombe malade et devient parfois maniaque. Il doit apprendre à s'aimer et à se respecter. À partir de là, tout lui est possible.

Beau signe

La Vierge est un beau signe, méconnu et vilipendé à tort. Les natifs de ce signe ont des tas de connaissances, ils sont sociables, soucieux de s'attirer des compliments, amusants en raison de leur esprit critique, parfois méchants il faut l'avouer, mais toujours comiques. Ils se rachètent par leur sens de l'humour. S'ils n'en ont pas, c'est moins drôle. D'après mon expérience d'astrologue, la chose est rare.

Le meilleur conseil à donner à la Vierge est le suivant: « Connais-toi toi-même. » C'est son seul secret de bonheur.

GOUVERNÉ PAR MERCURE

Mercure la vive

Le signe de la Vierge est gouverné par la planète Mercure. Il s'agit ici d'un Mercure de Terre, bien différent du Gémeaux qui est Mercure d'Air. Sa vivacité n'est pas aussi grande que celle du Gémeaux, mais le natif de ce signe bénéficie de réflexes rapides et d'un intellect souvent au-dessus de la moyenne. Mercure la vive lui accorde une grande facilité d'expression et des talents d'orateur. Les communications sont importantes et il est un collaborateur d'autant plus précieux qu'il sait admirablement « disséquer » une affaire.

Don de parole

Mercurien, vous avez le don de la parole et vous pouvez rapidement vous faire une opinion ou opter pour une ligne de conduite, en faisant appel à votre raisonnement et à votre logique. Plus que d'autres, vous avez besoin de reposer votre système nerveux et votre esprit entre les périodes d'étude ou de travail. Si vous le faites, vous êtes sûr de conserver longtemps vos facultés intellectuelles. Vous vieillirez sans traumatisme nerveux, mental ou intellectuel et serez toujours aussi vert.

Dieu androgyne

Dieu androgyne, Mercure donne au natif de la Vierge une grande curiosité sexuelle, parfois bisexuelle. Les expériences connues dans la jeunesse favorisent la compréhension de leur être et de leur identité sexuelle.

Homme ou femme, nul n'échappe à l'attrait pour le fruit défendu. Tous y succombent un jour ou l'autre, mais la plupart d'entre eux rentrent dans le rang, de gré ou de force. L'ambition et les considérations monétaires sont souvent plus fortes que les tendances naturelles. Ce n'est pas toujours un mal...

Relations affectives

Mixtes et complexes

L'association de la Vierge avec la chasteté est tellement évidente qu'elle n'a pas besoin d'explication. Cela complique assez sérieusement les relations affectives et amoureuses des natifs de ce signe. Tout dépend de la position de Vénus, planète des amours, dans le thème natal individuel. La vie sentimentale et affective de la Vierge est donc aléatoire et incertaine. Ses relations sont à l'image de cette insécurité et de cette association d'idées, mixtes et complexes.

Extérioriser ses émotions

Pour extérioriser ses émotions, le natif de la Vierge a besoin d'être poussé par une force quasi surhumaine. Il doit aussi être sûr de lui. S'il se sent inadéquat, il le sera. Le rejet et lui sont ennemis. Sa sensualité est de type purement physique, sans aucune touche de rêve. Plus rationnel qu'émotif, il vit des sensations fortes mais des émotions tièdes. On réussit à lui faire sortir ses émotions par le ventre et la sexualité. Il ne lui est pas facile d'exprimer ce qu'il ressent. Souvent, il n'éprouve rien. Il faut connaître ce secret quand on a affaire à lui ou à elle.

Raison contre passion

On comprend aisément que raisonnement logique et amour ne font pas bon ménage. Sans être des planètes ennemies, Mercure, planète maîtresse de la Vierge, et Vénus travaillent dans des directions différentes : Mercure dans le sens de la raison, Vénus dans le sens de la passion. Elles ne peuvent rien l'une pour l'autre.

Discernement

Il faut au natif de ce signe beaucoup de discernement et de mesure pour ne pas s'aliéner l'affection d'autrui. Cela va des membres de sa propre famille aux amis et aux relations sociales et professionnelles. Cesser de contredire et de critiquer serait un avantage. S'il se montre agréable et courtois, tous l'aimeront et le rechercheront. Ses amitiés et ses amours s'en porteront mieux.

L'ARGENT ET LES AFFAIRES

Un as, une perle

Le natif de la Vierge réussit grâce à son travail minutieux et pertinent. Aimant la routine sécurisante, il préfère travailler en milieu clos, hautement spécialisé, où il joue un rôle de subordonné mais de grande importance. Dans le genre assistance et service, collaboration et secrétariat, infirmerie et information, c'est le meilleur signe dont on puisse rêver. Si vous avez la chance d'avoir un médecin, un spécialiste, un chirurgien, un mécanicien, un plombier ou un journaliste Vierge, ne le laissez jamais partir, c'est un as, une perle !

Souvent riche

Dans le domaine des gains et profits, de l'argent et des placements, la Vierge est douée et particulièrement chanceuse. Pendant que d'autres bûchent pour se faire une place au soleil, elle profite souvent de bonnes occasions qui l'aident à réussir et la placent dans un milieu privilégié. Entrent en ligne de compte la fortune familiale, l'instruction et l'éducation reçues, ou encore l'entourage qui fait éclore ses talents naturels.

La Vierge manque rarement d'argent. Travaillant sérieusement, elle se fait une niche confortable et devient souvent riche. De plus, la Chance Pure la précède et la suit. C'est un atout dont elle est consciente et fière, bien qu'elle y fasse rarement allusion !

Jamais assez

Le natif de la Vierge sait d'instinct qu'il doit obéir aux lois de la nature. Son amour pour elle est rentable physiquement mais aussi matériellement. Il est écrit que la Vierge née le soir ou la nuit aura, plus que d'autres, besoin de sécurité matérielle. Elle n'a jamais assez d'argent, jamais assez de provisions. Même riche, elle souffre d'inquiétude financière. Épargnant le moindre sou, elle va jusqu'à se priver de luxe raisonnable pour s'assurer de ne manquer de rien.

Secret à partager

Secret à partager : la Vierge doit changer ses habitudes économes, car, dans le troisième millénaire, ces considérations n'auront plus cours. Lui dire qu'en 2011 au plus tard l'argent liquide sera devenu désuet, bon pour collectionneurs seulement, la renverserait, mais elle doit s'y faire, car cette prévision se réalisera.

Métiers et professions

Vous pouvez vous intéresser à des domaines divers. Cependant, votre propension à l'analyse rend difficile toute décision impliquant un choix entre divers moyens ou possibilités. Choisir un métier ou une carrière n'est pas aisé. Vous en menez souvent deux de front et, au cours de votre existence, vous occupez différents postes dans plusieurs domaines.

Vous réussissez en médecine et dans les sciences paramédicales, en pharmacie, en chimie et dans le travail de laboratoire. La littérature, la critique artistique, le journalisme et les différentes branches d'ingénierie sont d'autres ouvertures.

Dans un autre ordre d'idées, vous êtes un excellent « metteur au point » en mécanique de précision. Les postes subalternes vous conviennent. Comme aide-ménager et cuisinier, vous n'avez pas votre pareil. Propreté garantie, en plus ! Vous avez des aptitudes pour le commerce de détail et l'agriculture. Partout où la terre est présente, vos efforts sont couronnés de succès.

La construction de maisons et de bâtiments, la plomberie et tous les travaux de réparation et de rénovation sont de votre domaine. L'édification d'un projet concret est rentable et valorisante. Vous en mènerez au moins deux à terme dont vous serez très fier. Bricoleur, peintre en bâtiment, tricoteuse ou couturière, vous pouvez faire de votre passe-temps favori une deuxième source de revenus. Vous êtes indispensable dans la maison. Vos petits plats et vos confitures sont les meilleurs !

LES AMOURS DE LA VIERGE

Difficiles à détecter

Les natifs de la Vierge ont du cœur, mais leurs sentiments s'expriment gauchement. Les signaux qu'ils émettent sont difficiles à détecter. Timides, les Vierge se montrent fantasques pour détourner l'attention de leur but principal qui est de séduire. Leur attitude vis-à-vis de l'amour est difficile à comprendre. D'un côté, ils ont besoin de sécurité affective et de fidélité conjugale, d'un autre côté, ils préfèrent rester disponibles, au cas où une « occasion unique » se présenterait. Dans leur cas, Cupidon doit faire des miracles pour réussir à leur faire remarquer la personne qui les rendra heureux. Ils ne voient rien !

L'Amour avec un grand A

L'Amour avec un grand A n'est pas pour eux affaire facile. Peu de natifs de ce signe le connaissent, sauf les personnes dévouées corps et âme à l'autre et qui se consacrent entièrement à leur bonheur. C'est quand même plus fréquent qu'on ne l'imagine… La libertine et le libertin sont Vierge. La sainte et le saint aussi, c'est tout dire !

Les statistiques

Les statistiques disent que les Vierge ont plus de tête que de cœur. Chez eux, la raison domine le sentiment. C'est vérifiable. Vous n'avez qu'à les regarder mener leurs amours pour en être convaincu. Leurs sentiments sont plus ou moins intéressés, mais cela n'empêche pas la passion et la jalousie. Ils craignent de perdre la personne aimée. Ils se trouvent incompétents et entretiennent des complexes d'infériorité. Rien pour arranger les choses !

Les enfants partiront jeunes de la maison, non par manque d'amour du parent Vierge, mais par besoin de liberté ou par ennui, tout simplement.

Jalousie à surveiller

La possessivité maladive et la jalousie pure peuvent nuire aux relations conjugales. C'est à surveiller dans la vie de couple, qu'il soit hétérosexuel ou homosexuel. Néanmoins, l'ambiguïté de la Vierge est plus évidente dans le cas de relation d'amant ou maîtresse. Partira ou ne partira pas, se mariera ou ne se mariera pas, trompera ou ne trompera pas, qui sait ? La situation est complexe. Un seul amour à la fois, c'est parfois lassant… Par contre, si la Vierge reste, c'est pour toujours.

Petit secret utile à connaître: pour la Vierge, l'important, c'est d'être aimé. Se sentant aimé, le natif est libre d'aimer à son tour. C'est ainsi qu'il tombe amoureux, jamais de son plein gré…

APHRODISIAQUES ET SEXUALITÉ

Sensuel intello

La Vierge est avant tout un sensuel. Intellectuel aussi à cause de Mercure. Disons pour simplifier que c'est un sensuel intello.

Chez lui, les cinq sens sont très affinés. Normal que l'amour et les plaisirs de la chair l'attirent beaucoup. Mais le natif de ce signe a une étape importante à franchir avant d'atteindre au paroxysme amoureux. Il doit connaître à fond les rouages du corps humain et le fonctionnement des organes sexuels avant de s'engager dans une relation réussie. Il doit apprendre l'amour dans les livres et les films pour ensuite transposer ses connaissances dans l'acte d'amour. Sinon, il sera gauche et en concevra un grand malaise.

Expériences de jeunesse

Ses expériences de jeunesse sont nombreuses et le marquent pour la vie. Il tend à vivre ses fantasmes et à les incarner. Dans la plupart des cas, c'est positif. Reste à savoir qui de la Vierge sage ou de la Vierge folle prédominera sur la destinée du natif de ce signe. Dans le premier cas, il vivra bien sa sexualité, mais il s'épanouira et connaîtra les joies du plaisir partagé tard dans la vie. Dans le second cas, rien ne l'arrêtera. Prêt à tous les essais romantico-sexuels, il vivra des aventures rocambolesques qui l'amuseront au plus haut point. Pourvu qu'il ne tombe pas malade…

Sexualité et longévité

Le nom du signe révèle votre nature profonde. Il est évident que vous n'aimez que ce qui est naturel et pur. Les aphrodisiaques artificiels et les produits chimiques vous répugnent. Si vous êtes en bonne santé, votre libido ne devrait pas flancher avant d'avoir atteint un âge avancé. On voit des vieillards de ce signe vivre une sexualité active et s'en trouver très bien. Sexualité et longévité sont, chez vous, intimement liées. La sexualité fait partie de votre hygiène quotidienne.

Aphrodisiaque naturel

Comme aphrodisiaque naturel, je conseille à la Vierge les produits sains de la terre. Côté viande, sont bénéfiques les animaux

sauvages et les oiseaux que le natif de ce signe tue lui-même –
c'est un chasseur averti. Côté poisson, ceux qu'il pêche sont
pour lui une source d'énergie pure. Pas facile d'en consommer tous les jours, me direz-vous, mais on trouve des viandes
sauvages et des poissons frais dans les grandes surfaces. De
l'autruche, du steak d'orignal, du chevreuil, du chocolat et un
café fort, et la Vierge est en amour. Sa passion s'exprime
adroitement et elle peut durer des heures.

Quelques secrets

Quelques secrets : ne faites jamais l'amour à jeun, si vous avez
faim ou soif. Ce serait raté complètement. Vous êtes toujours
plus en forme au digestif.

Pour que la Vierge donne le meilleur d'elle-même au lit,
rien ne vaut un film érotique, de la belle musique, des draps
de satin qui sentent la lavande. Essayez, vous m'en donnerez
des nouvelles !

COMMENT SÉDUIRE LA VIERGE

Être conservateur

Pour attirer l'attention d'un natif ou d'une native de la Vierge,
il faut se montrer conservateur et agir discrètement. Peu
importe que le natif de ce signe soit lui-même bohème ou
super élégant, il désirera que la personne qui l'accompagne
soit parfaite. C'est tout un programme ! Si vous n'avez pas
d'aptitudes pour le sublime, n'essayez même pas !

Velours, soie, fourrure

Si vous portez des tissus doux au toucher, comme le velours,
la soie, la fourrure, ou des fibres naturelles, comme le lin et le
coton, vous lui serez sympathique. Si vous avez la peau douce
et si vous êtes soignée, il vous remarquera. Faites-lui des
avances subtiles et discrètes. Dites-lui des mots agréables et

amusants, faites-lui les yeux doux et complimentez-le. Votre séduction lui plaira.

S'il est relativement facile d'attirer l'attention de la Vierge, il est extrêmement difficile de la conserver plus de quatre minutes. Si vous y arrivez, c'est bon signe.

Bon amant, bonne maîtresse

La Vierge, mouvante et imprévisible, possède un caractère particulier. Il faut vous y faire ou reculer pendant qu'il est encore temps. Surtout, n'essayez pas de la changer, vos chances sont nulles !

En amour, le natif est un bon amant, une bonne maîtresse aux besoins sensuels et sexuels importants. Si vous n'aimez pas le sexe, éloignez-vous. Craignez sa possessivité et sa jalousie. Si vous êtes du genre infidèle, cachez-lui entièrement votre double vie pour éviter les drames.

L'homme du signe va où bon lui semble, sans aucune gêne. Attendez-vous à du flirt de sa part, mais sans conséquence. Il reviendra au bercail. Dernier conseil: évitez les scènes, il déteste cela. Il est le genre de personne qui part chercher du pain et qui ne revient jamais.

Secret important: ne vous fiez pas aux apparences. Sous la glace couve un volcan qu'il révèle dans l'intimité. À vous d'en expérimenter les charmes et d'en prendre du plaisir. La patience vous sera nécessaire, car il est possible que vous deviez tout lui apprendre de l'amour, tout lui enseigner. Par chance, c'est un bon élève !

COMPATIBILITÉ AMOUREUSE ET SEXUELLE (SYNASTRIE) DE LA VIERGE

Vierge-Vierge: Union fantaisiste, romanesque et sexuelle. S'il n'est pas débrouillard, l'autre restera sur sa faim en amour et sexuellement. La sexualité pose parfois problème. Le désir étant narcissique, on se retrouve devant son miroir. Si l'accord intellectuel est parfait, on peut s'arranger d'une libido spasmodique ou inexistante, mais ça demande beaucoup d'amour.

Vierge-Balance: Deux tempéraments nerveux et rapides pour qui faire l'amour n'est pas gage d'amour éternel. Leur relation est à fréquence modulée. La Vierge se veut une maîtresse idéale, mais la Balance frivole la rend jalouse. Cette synergie est meilleure en amitié qu'en amour. Ils rigolent bien ensemble. Ce sont des copains, des complices, des amants de la liberté.

Vierge-Scorpion: Il faut à la Vierge de l'inconscience pour affronter le Scorpion sur son propre terrain, le sexe, mais ça peut avoir des avantages. Le Scorpion est passé maître dans les ébats sexuels, mais il se révèle possessif et jaloux. La Vierge adore flirter. Si elle le choisit, elle sera fidèle, sinon gare! À son actif, ajoutons que la Vierge sait mettre du piquant et qu'elle apprend vite…

Vierge-Sagittaire: Ils sont deux au lit et on dirait plusieurs. Le Sagittaire pense imposer sa loi, mais il laisse la Vierge suivre sa fantaisie. S'il fait trop de concessions, il le regrettera. La Vierge fera de lui ou d'elle son jouet sexuel. Simplifions les caresses, sinon tout le *Kama Sutra* y passera. On s'use prématurément dans cette synergie, mieux vaut s'éloigner sagement.

Vierge-Capricorne: Deux êtres sensuels et fortement sexués. La synastrie a du potentiel et satisfait les amants. S'ils vont voir ailleurs, c'est par vice ou curiosité. Le plus souvent, ils se suffisent. Quand le désir sexuel s'éteint, ils restent amis. Ils regrettent rarement de s'être aimés. La passion parle plus fort que la raison chez le Capricorne, mais la Vierge raisonne pour deux.

Vierge-Verseau: La synergie entre eux est favorable, l'attrait immédiat. Experte en amour et ayant tout lu sur le sexe, la Vierge peut séduire le Verseau et le faire marcher à la baguette. C'est une rareté, un délice. Ils adorent se faire plaisir, mais la nouveauté s'use. Il faut trouver d'autres trucs; voyager, c'est épuisant! Le sentiment aidant, la relation est durable.

Vierge-Poissons: Quand il se produit, l'attrait amoureux et sexuel est motivé par des considérations d'ordre matériel pour la Vierge, ou pratique pour le Poissons. Ça les arrange d'être amoureux. Ça pourrait bien aller, mais qui prendra les commandes, qui fera les avances, qui jouera le grand jeu? À moins d'un miracle, mieux vaut ne pas insister.

Vierge-Bélier: Synergie offrant de grandes possibilités. La Vierge séduit le Bélier à son insu. Elle a toutes les audaces. Il ne résiste pas à son humour décapant; de ce fait, il est cuit. Sans problème d'éjaculation précoce d'un côté ni de nymphomanie de l'autre, c'est réussi. Ils font l'amour et du sport, voyagent et travaillent bien ensemble. Cela sert de lien supplémentaire.

Vierge-Taureau: Attrait sexuel immédiat. La Vierge ne fait qu'une bouchée du Taureau et le met à sa main. S'imaginant être le plus fort, il est heureux. Quand il s'ennuie, elle trouve de quoi l'allumer. Ses trouvailles charment le sensuel Taureau. Ce qu'ils font ensemble dépasse l'imagination, mais le rendre jaloux est risqué; mieux vaut s'en abstenir.

Vierge-Gémeaux: Deux signes doubles faisant l'amour, c'est excitant. À deux, ils sont plusieurs. Les voir tomber en amour est plus rare, c'est presque toujours décevant. Poussés par la curiosité, ils vivent différentes expériences sexuelles. Pour la plupart, la fidélité n'est pas leur thème préféré. Comme ils sont jaloux tous les deux, mieux vaut qu'ils se voient en amis.

Vierge-Cancer: Timides, ils s'attirent sexuellement. S'ils répondent à leurs pulsions affectives, ils s'aimeront pour de bon. Fragiles en apparence, ils ont de la résistance et peuvent recommencer l'acte manqué. C'est un plus... Ils se font plaisir mutuellement, mais dès qu'ils sont à la verticale, on croirait que rien ne se passe entre eux. Étrange synergie que la leur...

Vierge-Lion: La Vierge est attirée par la puissance affective et sexuelle du Lion. Celui-ci, conscient de l'emprise qu'il a sur la Vierge, en prend avantage. L'un est plus âgé et exerce son pouvoir sur l'autre. La Vierge peut sembler perdante, mais c'est souvent le Lion qui peine pour garder sa Vierge satisfaite. S'il a envie de chasser plus gros gibier, ça peut craquer.

THÉRAPIES NATURELLES

Repas à heures fixes

Garder son système gastro-intestinal propre est la meilleure thérapie naturelle pour le natif de la Vierge. Signe de Terre, il tend à se « salir » et à congestionner son système d'élimination. Ne riez pas, la Vierge possède en effet un appareil gastro-intestinal délicat et doit garder ses intestins libres de toute congestion. Il lui faut une alimentation saine, des repas pris à heures fixes dans le calme, de l'exercice physique et surtout beaucoup d'eau et des jus de fruits rafraîchis sans être glacés. Sans cela, le natif de ce signe sera maussade, distrait, n'apprendra rien à l'école et ne travaillera pas bien.

Tempérament nerveux

De tempérament nerveux, le natif de la Vierge est doté d'une sensibilité extrême, bien que peu apparente. Le nez, la bouche, les yeux, les oreilles et le toucher sont chez lui source de plaisir ou de désagrément, selon qu'il est en forme ou non. La névrose et l'hypocondrie pouvant aisément s'installer à demeure, il ou elle a besoin d'un cadre assez rigide, d'une discipline de vie rigoureuse, de faire du sport et de l'exercice régulièrement. Sinon, la maladie réelle ou psychosomatique le guette.

S'aérer tous les jours

La terre lui est bénéfique. Bains de boue, sandales en cuir véritable ou mocassins, massages, centres de thalassothérapie, animaux de compagnie, tout cela est pour lui. L'air, élément léger, lui est aussi indispensable. S'aérer tous les jours et aller le plus souvent possible en montagne le gardera en forme. L'eau ayant des effets diurétiques et purificateurs, il fera bien d'en boire des quantités. Quant au feu, il réchauffera ses pieds froids et le protégera des rhumes, des sinusites et des maladies de l'ossature.

Summum de l'économie : les quatre éléments (feu, terre, air et eau) en parts égales constituent pour le natif de la Vierge les meilleures thérapies naturelles. De plus, elles ne coûtent pas cher. Il en sera ravi !

Fleurs et parfums préférés de la Vierge

Pas capricieuse, mais...

La Vierge n'est pas capricieuse, mais elle n'aime pas n'importe quoi. Si vous lui offrez quelques jacinthes, du myosotis, du jasmin, de la lavande ou un parfum à base de ces fleurs, vous êtes sûr de marquer des points. Ce ne sont pas les seules odeurs préférées des natifs de la Vierge. Hommes et femmes du signe raffolent, par exemple, de celle du café. Qu'on les retrouve souvent dans des cafés est tout naturel, c'est leur endroit de prédilection. Par ailleurs, leur plante talisman est la menthe verte, qui stimule leur système digestif fragile et qui aseptise.

La présentation

Si vous désirez offrir des fleurs, des parfums ou d'autres présents aux natifs de la Vierge, soignez le moindre détail. La présentation revêt pour eux une importance capitale. Un petit rien emballé comme un trésor leur fera plus plaisir qu'un gros cadeau mal présenté. Pour leur plaire, il faut investir autant d'attention, sinon plus, que d'argent. La phrase de Musset « Qu'importe le flacon pourvu qu'on ait l'ivresse » ne convient guère à la Vierge !

Odeurs compatibles

Parmi les odeurs compatibles et qui plaisent au nez des Vierge, citons la citronnelle, l'amande, la camomille, l'oranger et toutes les odeurs de fruits et d'agrumes. La framboise pourrait avoir leur préférence, mais mieux vaut leur demander leur avis avant de choisir quoi que ce soit. Avec eux, on ne sait jamais. Leurs humeurs changent vite, leurs goûts varient selon la saison et la personne qu'ils aiment. Pourvu que ça plaise à l'être aimé, ils sont contents.

Parmi les parfums vendus dans le commerce, les femmes de la Vierge ont un faible pour *Pure* d'Alfred Sung, *Os* d'Oscar de la Renta, *Fleur d'Interdit* de Givenchy et *Miss Dior* de Christian Dior. *Sunflowers* et *True Love* d'Elizabeth Arden plairont aux plus jeunes.

Plus encore que les femmes du signe, les hommes ont des goûts qui varient selon leurs humeurs, ce qui ne nous facilite pas la tâche. Il est sûr que la dernière fragrance à la mode les ravira. Même s'ils ne la portent pas, ils seront contents de la posséder et vous le laisseront savoir en vous récompensant. Ça vaut le coup d'essayer, ne croyez-vous pas ?

COULEURS PORTE-BONHEUR DE LA VIERGE

Le vert pré

Le vert pré est votre couleur porte-bonheur. Toutes les teintes de vert vous conviennent, et vous les aimez instinctivement. Pour trouver un travail, demander une augmentation de salaire ou des avantages sociaux, pour obtenir un poste supérieur ou vous faire remarquer, portez du vert pré. Pour un succès flamboyant, ajoutez du jaune en accessoire. Votre bonne humeur rayonnante vous fera gagner l'estime et la confiance de ceux que vous désirez impressionner. On vous engagera sur-le-champ !

Les tons neutres

Les tons neutres vous vont bien. Ils sont pratiques, car ils s'adaptent à toutes les situations. En harmonie avec votre nature, les tons de terre ont un effet bénéfique. Les beiges, grèges, taupes et bruns très doux vous tireront d'embarras en cas d'hésitation dans le choix d'une tenue ordinaire ou même de cérémonie. Ces tons mettent votre charme en évidence sans attirer l'attention sur ce que vous jugez des défauts physiques, alors que ce sont probablement des atouts...

Marine et blanc

Vous aurez une allure fabuleuse dans un tailleur ou un costume marine et blanc. Monsieur, en veste et cravate marine et blanc ou gris perle, aura belle apparence. Ainsi vêtu, vous êtes sûr de faire l'effet désiré. À la fois classique et superbe, cette combinaison vous réussit. Pour un peu plus de fantaisie, ajoutez à votre tenue des accessoires ou un chemisier vert limette, vous ferez sensation.

Les tenues les plus pratiques pour vous sont les interchangeables de toutes les couleurs et bariolés. Vous y êtes à l'aise à la maison dans votre rôle de bohémien et de bohémienne. Les vêtements aux teintes indéfinissables, comme vous, doivent faire partie de votre garde-robe. Vous les utiliserez un jour ou l'autre à profit.

PIERRES CHANCEUSES DE LA VIERGE

La chrysoprase

Vous devriez absolument posséder cette pierre semi-précieuse, de la famille des calcédoines, qu'est la chrysoprase. Absolument ravissante, elle émet des rayons bénéfiques pour les natifs de la Vierge ou de cet ascendant et elle préserve de la tristesse et des maladies contagieuses auxquelles vous êtes exposé.

C'est une pierre de stabilité à porter pour calmer les craintes et les inquiétudes et pour neutraliser les sentiments de culpabilité et d'infériorité. Elle éloignera de vous les gens susceptibles de vous nuire. Tant que vous la porterez, ils ne pourront pas s'approcher.

Le jaspe et le jade

Portez aussi le jaspe vert ou arc-en-ciel pour vous relaxer et refaire votre énergie, tout en apaisant les émotions qui vous tourmentent et vous compliquent la vie. Pour la simplicité, le jaspe vert et le jade sont garantis !

L'alexandrite

L'alexandrite ne cessera de vous émerveiller. D'un superbe bleu-vert le jour, elle passe du mauve au violet et au rouge ardent le soir, sous un éclairage artificiel. Portez cette pierre montée sur du métal blanc. Elle vous réjouira et fera votre bonheur le jour et vous rendra plus sensuelle, amoureuse et habile à témoigner votre affection le soir. C'est un trésor !

Le diamant

Vous pouvez porter un diamant pourvu qu'il soit enchâssé sur du métal blanc. Il vous sera particulièrement utile si vous désirez un poste de premier plan et si vous recherchez la gloire et la renommée. Le diamant aide à gagner de l'argent et à se procurer des biens matériels. Il protège aussi des ennemis, accroît la force et la volonté et délivre des dépendances affectives auxquelles vous êtes soumis par intervalles. C'est un allié précieux et efficace.

Les perles

Classiques et racées, les perles vous vont bien. Vous pourrez les porter pendant longtemps sans avoir envie d'en changer, et ce sera bien ainsi. Si vous les perdez, c'est qu'elles ne vous sont plus utiles mais nocives – c'est le cas de n'importe quelle pierre. N'en rachetez pas d'autres pour le moment. Attendez quelques années. Si l'attrait persiste, les circonstances feront que vous vous en procurerez.

Ne laissez jamais personne vous les offrir en cadeau, elles vous feront pleurer jusqu'à ce que vous vous en défaisiez. Si vous en héritez, placez-les deux semaines dans du sel de mer pour nettoyer les «influences maléfiques» amassées en d'autres lieux et en d'autres temps. Rien de plus sensible que la perle. Vous saurez à son seul contact sur votre peau si c'est bien d'en porter ou non pour une occasion spéciale. Suivez votre instinct «animal», vous ne vous tromperez pas.

Petit secret minéral: le jaspe rouge, le corail rouge, le grenat, le rubis et la sanguine vous sont contraires. Ne les portez pas, ils attireront sur vous l'agressivité d'autrui.

Pays, régions et villes Vierge

La Vierge aime voyager, elle est curieuse et aventureuse. Partir en pays lointains et peu connus fait partie de sa nature. Elle le fait souvent jeune et continue plus tard son périple aux quatre coins du monde parmi diverses civilisations.

Certains pays et villes sont sous l'influence directe de la Vierge. Paris est très Vierge, ne serait-ce que par le côté critique qu'adoptent les Parisiens d'emblée.

Le Québec a aussi sa part de Vierge. Qu'on pense à Ville-Marie, nom ancien de Montréal, au drapeau fleurdelisé bleu et blanc du Québec aux couleurs de la Vierge, au blé et à l'orge qui poussent en abondance au Québec et à bien des attachements ou dévotions à la Vierge. Natifs du Québec et de la Vierge, vous êtes doublement chez vous. Personne ne vous délogera!

Au Canada, l'Alberta et la Saskatchewan, provinces surnommées les «greniers du monde», sont Vierge, on aurait pu s'en douter. Hamilton en Ontario et Winnipeg au Manitoba sont aussi du signe.

Le Mexique est un pays Vierge comme le sont le Brésil, le Chili, la Grèce et ses îles, la Guyenne, le Japon, la Suisse, la Turquie et l'Uruguay. Avec l'Alsace, Berlin, la Crète, Lyon, Nice, la Provence, Strasbourg et Toulouse, vous avez l'embarras du choix.

Pour les vacances, choisissez Belize, le Costa Rica, le Salvador, le Guatemala, le Honduras et le Nicaragua, Panama City, Trinidad et Tobago. Si vous êtes Vierge, vous y serez heureux et en sécurité.

La Constitution des États-Unis, signée un 17 septembre, est Vierge. L'État de la Californie et la ville de Los Angeles sont du signe, comme le sont les villes d'Amarillo (Texas), Boston (Massachusetts), Buffalo (New York), Cheyenne (Wyoming), Concord (New Hampshire), Fairbanks (Alaska), Houston (Texas), Idaho Falls (Idaho), Jersey City (New Jersey), Manchester (New Hampshire), Saint Augustine (Floride) et Salem (New Hampshire). Vous aimerez y séjourner.

LES SECRETS DE VOTRE DATE DE NAISSANCE

LES VIERGE DU 24 AOÛT sont pleins de tact et de diplomatie. Ils réussiront en politique, en médecine et en musique, mais leurs aptitudes feront des envieux et ils auront des ennemis. Ils connaîtront des malheurs, mais s'en sortiront grâce à leur aptitude au bonheur.

LES VIERGE DU 25 AOÛT profiteront d'une grande part de chance dans leur carrière, mais leur vie privée sera compliquée et parfois malheureuse. Ils accéderont à un poste honorifique, mais leurs sentiments seront contrariés. Indécision et instabilité seront leurs ennemis.

LES VIERGE DU 26 AOÛT connaîtront la fortune. Ils seront connus et respectés de l'entourage et du public. Actifs et productifs, ils auront du talent pour la musique, le théâtre, la poésie. Tout peut s'écrouler, ils se referont toujours une vie, un poste, une fortune.

LES VIERGE DU 27 AOÛT atteindront leur but et seront aimés. Certains se détacheront des biens matériels, d'autres y consacreront bien de l'énergie et leur réussite sera brillante. La vie et la mort exerceront sur eux une fascination qu'ils tenteront d'expliquer.

LES VIERGE DU 28 AOÛT connaîtront une vie pleine de revirements et de rebondissements parfois dramatiques. Argent et succès leur sont promis, mais l'amour pourra leur manquer gravement. S'ils sont affectueux, ils seront mieux aimés et plus heureux.

LES VIERGE DU 29 AOÛT auront beaucoup de succès s'ils le désirent et s'ils y travaillent. Ils seront appréciés pour leur façon originale d'envisager la vie et ne se laisseront influencer par personne. Ils seront chefs d'entreprise, politiciens, travailleurs autonomes.

LES VIERGE DU 30 AOÛT auront une vie relativement heureuse, remplie de travail intéressant et de beaux voyages. Nombreux sont ceux qui partiront vivre ailleurs ; ils en seront contents, leur vie sera plus excitante. Sans compter qu'ils pourraient y trouver l'amour.

LES VIERGE DU 31 AOÛT sont protégés. Leur vie sera riche et couronnée de succès, mais ils devront travailler fort. Leur vive intelligence et leurs brillantes idées les mèneront au succès, voire à la fortune. Œuvrant souvent seuls, ils seront agréables en société.

LES VIERGE DU 1er SEPTEMBRE auront une destinée heureuse s'ils ne provoquent pas la colère et n'envient pas le sort des autres. Les frères seront à l'honneur, ils devront reconnaître leur succès et s'en réjouir. Polis et aimables, ils auront de nombreux amis.

LES VIERGE DU 2 SEPTEMBRE sont actifs, mais sujets à des hésitations bizarres. S'ils choisissent bien leurs amis et relations, ils mèneront un grand train de vie et seront mis à l'honneur dans diverses sociétés et environnements. Sinon, ils peineront pour joindre les deux bouts.

LES VIERGE DU 3 SEPTEMBRE auront une destinée faste. La chance présidera à leurs entreprises et leur accordera une vie aisée, mais leur vie affective et amoureuse sera complexe. Deux amours menées de front les mèneront au drame de jalousie; ils devront être fidèles.

LES VIERGE DU 4 SEPTEMBRE trouveront la chance et la fortune. Sensibles et impulsifs, ils s'intéresseront à des sujets sérieux et cultiveront leur goût pour les sciences et les mathématiques. Ils auront des difficultés en amour à cause de leurs tendances volages.

LES VIERGE DU 5 SEPTEMBRE auront un destin fabuleux mais dramatique. Orgueilleux et suffisants, ils éprouveront des peines de cœur qui obscurciront leur jugement. Ils finiront par trouver l'amour, quoique tardivement, et seront heureux en fin de vie.

LES VIERGE DU 6 SEPTEMBRE sont du genre heureux. Ils ont des idées nobles, de bonnes intuitions et parfois du génie. Leur bonne nature les rendra populaires et peut-être célèbres. S'ils se montrent jaloux et envieux, leur sort sera moins drôle et ils souffriront.

LES VIERGE DU 7 SEPTEMBRE recherchent les sensations fortes. Ils assumeront leurs responsabilités familiales et seront aimés de leur entourage. Ils feront fortune s'ils attendent le moment opportun pour agir et utilisent leur intuition, leur instinct et leurs pressentiments.

LES VIERGE DU 8 SEPTEMBRE sont aimables et talentueux. Leur vie est à la fois simple et compliquée; peu de gens les comprennent. Ils n'ont qu'à tendre la main pour que la chance se manifeste. Ceux qui le feront seront heureux et connaîtront le succès.

LES VIERGE DU 9 SEPTEMBRE s'épanouiront à cause de leur flexibilité. Ils choisissent leurs amis et leurs associés avec soin, mais non sans quelques difficultés. Ils considèrent leur profession comme une vocation et l'amour comme un devoir.

LES VIERGE DU 10 SEPTEMBRE sont en grande partie influencés par le milieu familial et par les amitiés nouées au cours de la jeunesse. Ils devront se montrer sélectifs dans le choix de leur entourage, certains cherchant à leur nuire plus qu'à les aider.

LES VIERGE DU 11 SEPTEMBRE sont hypersensibles, influençables et vulnérables. Si leurs parents se montrent généreux, leur destinée sera aisée et heureuse. Sinon, ils devront apprendre à s'aider eux-mêmes. Ils n'ont qu'à faire un effort pour que leurs désirs se réalisent.

LES VIERGE DU 12 SEPTEMBRE s'élèveront, domineront et s'enrichiront, mais jamais aux dépens des autres. Leurs possibilités de bonheur et d'accomplissement personnel semblent illimitées. S'ils mettent leurs talents à profit, leur réussite sera éclatante.

LES VIERGE DU 13 SEPTEMBRE ont des aptitudes pour le commerce et la technique. Leur intuition les aidera à prévoir l'avenir et à réussir, mais leurs amours et amitiés les feront souffrir. Leurs dons occultes les protégeront des dangers, mais ils devront les écouter et obéir.

LES VIERGE DU 14 SEPTEMBRE devront se méfier de leurs ennemis et même de leurs amis qui tendront à les entraîner dans des aventures rocambolesques et risquées en affaires. Ils seront chanceux en amour, mais leurs amitiés seront controversées.

LES VIERGE DU 15 SEPTEMBRE ont un équilibre physique et mental remarquable. Se montrant simples même lorsqu'ils sont riches, bons ou moins bons selon l'influence familiale qu'ils ont reçue, ils auront une vie longue, productive et heureuse.

LES VIERGE DU 16 SEPTEMBRE suivent leur première impulsion, la réflexion leur venant après l'action, comme une pensée encombrante. Ils n'aiment pas la compagnie des autres, mais s'en accommodent. Tout peut craquer, ils demeureront solides au poste.

LES VIERGE DU 17 SEPTEMBRE sont adroits et manipulateurs. Ils ont la possibilité de se guérir eux-mêmes et de guérir les autres. Les amis joueront un rôle primordial dans leur évolution personnelle, sociale et professionnelle. Ils doivent bien les choisir.

LES VIERGE DU 18 SEPTEMBRE devront beaucoup à leur famille et à leur éducation. Sensuels et raffinés, ils sont spirituellement inspirés. L'argent ne fera pas leur bonheur, il leur faut l'amour. Difficile à trouver parce qu'ils doutent d'eux-mêmes et de l'autre.

LES VIERGE DU 19 SEPTEMBRE mèneront leur barque avec brio, mais ils tendront à manipuler les autres. Grâce à leur orgueil et à leur ambition, ils s'élèveront et auront du mérite. Pour trouver l'amour, ils devront réduire leurs exigences, personne ne répondant à leurs critères de perfection.

LES VIERGE DU 20 SEPTEMBRE sont dotés d'une intelligence supérieure. De grands moyens seront mis à leur disposition pour réussir. Ils connaîtront le succès, mais aussi des problèmes d'argent et de cœur. Ils trouveront souvent les deux dans la même personne.

LES VIERGE DU 21 SEPTEMBRE connaissent au cours de l'existence le pire et le meilleur. Alternant entre ces deux pôles, ils doivent se méfier de leurs ennemis et cultiver l'amitié de personnes fiables et sincères. L'amour du cœur leur assure chance et protection.

LES VIERGE DU 22 SEPTEMBRE sont influençables et vulnérables. Leurs manières sont courtoises mais craintives. S'ils agissent impulsivement, leurs ennemis menaceront leur équilibre. C'est l'amour qui les sauvera; souhaitons qu'ils s'attachent tôt.

LES VIERGE OU BALANCE DU 23 SEPTEMBRE (selon l'année et l'heure de naissance) ont des dons occultes mais ils doivent se méfier des calamités. Des difficultés sont prévisibles dans leur vie conjugale ou professionnelle. La vie n'est pas toujours rose, mais il y a des exceptions.

JOUR CHANCEUX

Le jour chanceux par excellence de la Vierge est le jour de Mercure, soit le mercredi. Chaque mercredi apporte de bonnes nouvelles, des changements et des déménagements heureux, de la nouveauté dans votre vie personnelle, sociale, amoureuse et sentimentale. Un flirt rencontré le mercredi durera, des sorties en célibataire cette journée-là combleront vos besoins de liberté alors que les études et les affaires auront doublement la chance de réussir.

La magie des Étoiles est en action, la Vierge joue pour gagner et remporte son pari !

Les secrets de la Balance

24 SEPTEMBRE AU 23 OCTOBRE

MADAME BOVARY

Les mauvais côtés de l'héroïne

En écrivant *Madame Bovary,* Gustave Flaubert a révélé presque uniquement les mauvais côtés de l'héroïne Balance. Madame Bovary aurait été bien plus heureuse si l'auteur avait daigné la doter des qualités du signe. Pour un meilleur effet dramatique, il a préféré lui laisser la grâce et la beauté qu'insuffle Vénus, et il l'a dépeinte frivole, naïve et mécontente. Toutefois, la douceur dont il la dote atténue le côté négatif de son caractère, ce qui donne plus d'exactitude astrologique à la personnalité Balance.

Tout pour faire rire

Que dire de mauvais d'un ou d'une Balance ? Peu de chose en vérité, sinon qu'il parle souvent sans réfléchir et fait de l'humour aux dépens des autres, blessant sans le vouloir des gens sensibles et susceptibles qui ont la mémoire longue et qui deviennent des ennemis. Pourtant, le natif de ce signe est absolument sans malice. Ceux qui le connaissent le savent. « Tout pour faire rire » est sa motivation. Si vous êtes né sous un bon Soleil en Balance, vous êtes presque parfait. Dans le cas contraire, c'est une autre histoire…

Votre intelligence critique risque de vous attirer plus d'ennuis que de profits. Parfois, l'occasion est trop belle, vous ne pouvez vous empêcher de dire ce que vous pensez. Si ça vaut vraiment la peine, d'accord, mais essayez de choisir le moment opportun pour faire un jeu de mots. Vous serez plus riche, c'est certain.

Plans physique, mental et intellectuel

Plan physique

Gracieuse et bien proportionnée, la Balance type est belle. Visage ovale et attrayant, traits petits et réguliers, beaux cheveux souvent foncés et ondulés, teint blanc et lèvres sensuelles la caractérisent. Sa spécificité est de sourire même quand ce n'est pas nécessaire. Elle désarme ainsi l'ennemi et séduit sans effort. Petites mains soignées, jambes bien faites et bouche en cœur complètent le portrait. Quelle que soit sa taille, son corps est joli et bien fait, ses membres proportionnés, ses mouvements souples et légers. Ses courbes pouvant s'épaissir avec le temps, elle doit s'alimenter sainement et dominer sa gourmandise. Si elle prend soin d'elle, elle sera belle jusqu'à la fin.

Au masculin, l'allure est un peu efféminée mais attention, cela ne signifie aucunement que le natif de ce signe est homosexuel. L'homme peut être très gros ou très mince, mais il est toujours élégant. Il est soigné et charmant. Il le sait et en abuse, mais c'est innocent. On ne saurait lui en tenir rigueur, être beau a des côtés plaisants !

Prédispositions pathologiques

Le signe de la Balance correspond aux reins, aux glandes endocrines et aux fonctions hormonales. Surveillez les affections des reins, de l'appareil urinaire et de la vessie. Le cœur et le système veineux, les artères et les glandes surrénales sont également fragiles. La Balance a souvent des troubles de la thyroïde, de la glycémie, des maladies de la peau, notamment de l'acné au cours de sa jeunesse, des problèmes d'assimilation et de métabolisme liés à la digestion. Elle souffre parfois de boulimie ou d'anorexie.

Secret important

La Balance ne possède pas une très forte vitalité. On ne peut exiger de lui ou d'elle ce qu'on demanderait à un Bélier ou à un Lion, c'est l'évidence même. Pourtant, bien des gens l'ignorent. La Balance a de la difficulté à se dévouer corps et âme au travail, pour ensuite sortir et s'amuser avec des amis ou faire l'amour toute la nuit. Le Soleil est dit «en chute» dans ce signe, ce qui explique la fragilité des Balance côté santé.

Apprendre à dire non

Le natif de la Balance cache son manque de résistance physique, parce qu'il est fier et orgueilleux. Pourquoi ne se servirait-il pas d'une excuse toute prête, comme: «Je suis occupé ailleurs, excusez-moi»? Cela lui éviterait de s'épuiser pour prouver qu'il est en forme et freinerait son désir de venir en aide à tous ceux qui le demandent. Apprendre à dire non pour préserver son énergie physique, mentale et psychique est essentiel à sa bonne santé.

Fatigue pernicieuse

Les grandes fatigues sont pernicieuses, mais la vie trop sédentaire et le manque d'exercice sont également néfastes pour votre santé. Vous souffrirez facilement de courbatures, surtout dans le dos, et de lumbagos. À l'occasion, ayez recours à un bon chiropraticien ou à un masseur professionnel. Vous en retirerez de grands bienfaits.

Quand on est Balance, signe solaire, ascendant ou même lunaire, il y a lieu d'être responsable et sérieux en matière de santé. Cela dit, ne dramatisez pas, la plupart des Balance vivent vieux grâce à l'amour qui est leur source profonde d'énergie.

Plan mental

Le natif de ce signe est un esprit hyperactif. Il manifeste un profond intérêt pour l'art et l'esthétique, notamment pour la musique, le théâtre, la peinture et la littérature. Il en retire des plaisirs raffinés.

En tout temps, la Balance cherche l'harmonie, l'équilibre, la justice et la paix si chère à son cœur. Le natif de ce signe est attiré par tout ce qui est beau et ce qui flatte les sens, d'où son amour pour les beaux objets et les produits de qualité.

Le natif et la native de la Balance ont une bonne mémoire et ont le sens de la répartie. Celui qui s'en prend à la Balance sans être à son niveau fait un très mauvais calcul. Elle ne recherche pas l'affrontement ni la supériorité mentale, mais l'équité. Son amour de la justice prévaut en tout temps. Elle préfère perdre contre un ennemi ou un compétiteur honnête que de gagner contre une nullité. Sa force mentale est telle que la Balance travaille jusqu'à un âge avancé, ne confiant sa mission à personne d'autre, à moins d'y être contrainte.

Mentalement, la Balance est avantagée. Cela compense pour sa moins forte vitalité physique.

Plan intellectuel

L'état intellectuel de la Balance est analogue à la nature en période automnale. L'esprit recherche l'équilibre en tout et se fixe principalement sur les sphères intellectuelles. Pendant que le corps se repose (la nature), l'esprit travaille (l'intellect).

L'intellect de la Balance fonctionne à la vitesse de l'éclair. Conscient très jeune de sa capacité de raisonner et d'apprendre, le natif de ce signe peut remplir toutes les fonctions qui demandent des connaissances spécifiques et approfondies. Il a un jugement sain, il est capable d'envisager les choses avec pondération et il pèse toujours le pour et le contre. Logique, perspicacité et efficacité sont ses mots d'ordre. Sa force intellectuelle remarquable le laisse libre de choisir son métier ou sa profession.

Il a un goût marqué pour la recherche scientifique, le calcul, l'étude des statistiques et des probabilités, mais il montre aussi des tendances artistiques, le sens du raffinement, des idées souvent géniales qu'il ne met pas toujours en pratique par manque de temps ou par inconstance. Il fait parfois preuve de dilettantisme intellectuel.

Conjoint et association

En réalité, chère Balance, vous êtes un charmeur spirituel et amusant à qui personne ne résiste. Vous avez le coup d'œil et êtes expert en matière de beauté, d'art et d'esthétique et vous aimez évoluer dans les milieux cultivés. Vous choisissez un conjoint beau, riche et intelligent avec qui vous formez équipe.

L'association est pour vous un rythme de vie, un *must*. Seul, vous devenez moins brillant. Le fait d'en être conscient vous incitera, j'espère, à conserver des relations avec les quelques personnes que vous jugez à votre hauteur et qui vous stimulent intellectuellement. C'est toujours bon de se réjouir en agréable compagnie. Ne perdez jamais cela de vue, même si vous avez du génie. En haut de l'échelle, on est souvent bien seul...

SIGNE MASCULIN, CARDINAL ET D'AIR

Signe positif ou masculin

La Balance est un signe de pôle positif ou masculin, ce qui signifie que le natif de ce signe bâtit son propre destin et qu'il doit à lui-même ses principales réussites. S'il se laisse aller à la paresse et à l'inertie, ses belles qualités ne lui sont guère utiles. Il végète et attend que les autres lui apportent sa pitance. Cela est rare, car il est indépendant et déteste vivre au crochet des autres.

Signe cardinal

Signe cardinal (et non double comme bien des gens le croient à cause des deux plateaux qui le singularisent), il est dominé par la volonté. Chez lui, action et réaction sont immédiates.

Continuellement en mouvement, il est actif de corps ou d'esprit et souvent des deux. Sans repos, il est à la recherche de projets et d'aventures. Ayant le goût du risque, il aime provoquer le sort et tente de le faire tourner en sa faveur, même si ses chances semblent minces ou même inexistantes. On trouve, chez ce signe, les pionniers, les innovateurs, les hommes et les femmes qui vont de l'avant, qui aiment occuper des postes de premier plan et exercer leur autorité sur autrui.

L'homme fort, la femme forte des années 2000

Voici les traits qui font de la Balance l'homme fort et la femme forte des années 2000: sociabilité, honnêteté, affabilité, hospitalité, générosité, vivacité d'esprit, impétuosité, impulsivité, tendance à la légèreté, recherche de la vie gaie et facile; le natif de ce signe ramène tout à l'amour mais résiste à la bassesse et à la corruption.

Comme défauts, signalons: indécision, difficulté de se concentrer sur un sujet, paresse, amour outré du luxe, de la volupté, du plaisir, de la sensualité et de la sexualité (sybaritisme). Parfois, le natif a des revenus discutables, l'amour devenant une monnaie d'échange pour des services sexuels, rendus avec classe, il faut le reconnaître. Empressons-nous de souligner que c'est une exception. Un grand nombre d'hommes forts et de femmes fortes des années 2000 seront Balance, vous le remarquerez.

Signe d'Air

La Balance est un signe d'Air, ce qui signifie que l'adaptabilité est l'une de ses grandes qualités. Intellectuel, ingénieux, tolérant pour les fautes et les faiblesses d'autrui, le natif de ce signe attend malgré tout beaucoup des autres. C'est un être sanguin, un impulsif. Il est encore plus rapide que le Gémeaux à qui l'on attribue une grande rapidité physique et mentale. C'est tout dire.

Son seul problème: il change souvent d'idée. À la moindre contrariété, tout vole dans les airs, y compris les plats! Son caractère soupe au lait est remarquable. Avec l'âge et le temps, il s'assagit, mais il demeure toujours un être aux réactions vives et au tempérament chaud. L'homme du signe s'avère parfois volage, mais les cas sont rares. La fidélité s'apprend et lui convient beaucoup mieux.

Signe violent

Un mot entre nous, chère Balance : bien des gens déplorent votre trop grande sincérité et se plaignent en haut lieu. Ils veulent vous bâillonner et vous nuire, par jalousie le plus souvent. Vous avez heureusement des amis haut placés et généreux, mais aussi des ennemis coriaces. Comme vous êtes d'un signe dit « violent », attiser la convoitise et l'agressivité d'autrui vous est interdit. En effet, vous risquez d'aggraver votre situation et vous pouvez vous mettre en danger par insouciance ou par défiance. Ne tentez pas le sort à ce point, il pourrait être mauvais.

Sport et exercice

Pour exorciser votre colère, votre agressivité et, dans certains cas, votre violence, voici deux excellents remèdes : le sport et l'exercice. Comme vous êtes un peu paresseux physiquement, forcez-vous à faire régulièrement du sport ou un exercice léger. La danse, l'expression corporelle, la marche, le yoga et la méditation transcendantale sont efficaces et ne demandent pas trop d'énergie.

Choisissez de préférence un sport qui ne soit ni trop compétitif ni trop exténuant comme la bicyclette, la voile, la natation, la plongée, le taï chi, le ski nautique, le ski de fond, les quilles, le golf – si vous ne prenez pas la mouche quand vous perdez votre balle –, le *kick-boxing*.

Un petit secret en passant : faites vos exercices ou du sport à deux ou à plusieurs. Vous êtes toujours meilleur en équipe.

Jeunes Balance

Jeunes Balance, méfiez-vous de la sournoiserie d'une attaque non motivée que vous avez vu venir, mais que vous n'avez pas pu ou voulu éviter. Cela pourrait avoir des conséquences catastrophiques pour vous ou pour une autre personne. Les Étoiles ne badinent pas quand il est question de ces choses, pas plus qu'on ne doit badiner avec l'amour quand on est Balance.

Dans votre cas en particulier, la jalousie est mauvaise conseillère; l'amour à sens unique, dangereux. Évitez toute attraction fatale, que ce soit en tant que victime ou participant. Prenez-en note et n'oubliez jamais cette vérité : vous êtes d'un signe « violent » et vous devez maîtriser votre propre violence pour ne pas succomber à celle des autres.

GOUVERNÉ PAR VÉNUS

Vénus, planète d'amour

Savoir que la planète dominante de la Balance est Vénus, planète « féminine », vous aidera à comprendre le natif de ce signe. Dans le dessin représentant la Balance, le cercle signifie la continuité et la croix sous le cercle, la fécondité.

Avoir comme planète maîtresse la belle planète d'amour Vénus est un riche héritage. Les Vénusiens sont d'une race spéciale. On les reconnaît à leur charme et à leur regard expressif, à leur sourire moqueur et à l'intérêt qu'ils portent aux autres. Sachant reconnaître les gens pour ce qu'ils sont, ils se trompent rarement dans leur évaluation. Ce sixième sens leur évite des déceptions, mais pas toujours, car ils tendent à douter d'eux-mêmes et de leurs dons extrasensoriels. Ils tombent alors directement dans le piège.

Qualités parapsychiques

En ces années 2000, les qualités parapsychiques des natifs de la Balance s'expriment avec acuité et justesse. Intuition, pressentiment et clairvoyance sont accentués. De ce fait, rien ne leur échappe. Ils feraient bien d'être à l'écoute de leur voie intérieure et de faire moins de bruit. N'oubliez pas, chère Balance, que le bruit chasse le génie.

Les ondes vénusiennes se mêlant aux ondes uraniennes, neptuniennes et plutoniennes, vous pourriez utiliser vos connaissances pour vous-même ou encore faire carrière dans le domaine ésotérique, l'astrologie étant la science maîtresse. Pourquoi pas ? Je ne dévoilerai ce secret à personne d'autre que vous, rassurez-vous.

SATURNE

Un grand rôle

Saturne joue un grand rôle dans la destinée de la Balance. En effet, cette planète dite « en exaltation » dans ce signe lui donne une dimension sérieuse et responsable et ajoute une part de prédétermination ou de prédestination. On pourrait même aller jusqu'à dire une part de fatalité. Mais ce que l'on a reçu en héritage à la naissance ne détermine pas toutes les décisions prises par la suite. Chacun est à la fois libre et responsable de sa destinée. La vie du natif de la Balance suivra son cours et, si le karma est trop fort, il apprendra à s'en libérer par de bonnes actions qui mettront son âme et son esprit en paix.

Secret à partager

La Balance a des tendances à la solitude et à l'isolement, parfois à la tristesse et à la mélancolie, mais elle peut combattre ces prédispositions par le travail et par l'amour des autres menant au bénévolat et au dévouement sans attente de récompense. Ainsi, la Balance recouvrera une plus grande part de liberté. Grâce à une vision plus spirituelle de la vie terrestre, elle sera plus équilibrée et, par conséquent, plus heureuse. C'est un secret à partager…

Relations affectives

Faits pour l'amour

Dans le thème natal de la Balance, Vénus domine la tendance saturnienne, et c'est heureux. Cette planète symbolise l'affectivité, la sentimentalité, l'émotivité et la sensibilité. Les relations affectives sont primordiales chez les natifs de la Balance. Rien de mieux que les émotions pour les maintenir en vie et actifs. À défaut d'émotions spontanées, ils provoqueront le sort pour en extirper la saveur ou l'amertume. S'ils ne ressentent plus rien, c'est la fin, la mort en quelque sorte. «Mieux vaut souffrir d'aimer que ne pas aimer du tout.» Pour eux, tout est là.

Heureux ceux qui savent

Normal que les natifs de la Balance recherchent l'approbation et l'amour de tous, ils sont faits pour l'amour. C'est leur force et leur faiblesse, leur chance et leur pierre d'achoppement. Cette forte tendance à l'affectivité est omniprésente tout au long de leur vie. Jusqu'à leur mort, ils seront tendres, romantiques, vulnérables malgré leurs efforts pour s'endurcir. C'est un secret qu'ils ne dévoilent jamais de leur plein gré. Heureux ceux qui savent!

L'argent et les affaires

Chance peu commune

Côté finances, on note de l'habileté à amasser des fortunes et à faire gagner de l'argent aux autres. Le natif de la Balance a une chance peu commune dans les affaires d'argent, il récolte splendeur et renommée. À défaut d'une grande richesse, il se contentera d'une vie confortable et luxueuse, rangée, honnête et fructueuse. S'il échoue, ce qui lui arrive parfois vers la quarantaine, il repartira de zéro. Rien ne l'arrête. S'il est en marche, ne lui barrez pas la route, car il deviendra méchant. C'est bien d'être prévenu.

Vivre au maximum

Prendre des risques et vivre sur la corde raide, voilà ce qu'il préfère et le domaine où il excelle. Pour lui, il faut «vivre au maximum», sinon, cela ne vaut pas la peine. En principe, sa réussite sociale et professionnelle ne fait pas de doute. Fortuné ou moins, le natif n'a rien à envier à personne. Matériellement, il est et sera toujours à l'aise.

Métiers et professions

Les métiers et les professions qui lui réussissent le mieux sont les suivants: juge, avocat, notaire, huissier, greffier, liquidateur, entrepreneur, architecte, homme (ou femme) d'affaires, diplomate, député, sénateur, haut fonctionnaire, législateur, conseiller juridique et fiscal, politicien, sociologue, économiste, banquier, agent de change, percepteur et contrôleur d'impôts. Il peut aussi être géomètre, ingénieur, mathématicien, professeur de mathématiques, scientifique et savant.

S'il est danseur, acteur, peintre, modiste, couturier, coiffeur, amateur d'art, collectionneur d'objets d'art, il est encore dans son élément. À la rigueur, il peut être hôte ou hôtesse d'accueil, hôtesse de l'air, commissaire de bord, animateur.

Plus dangereux

Péripatéticien ou péripatéticienne, le natif risque de souffrir, et c'est nettement plus dangereux pour sa santé. Si c'est son destin, il ne pourra sans doute l'éviter, mais, tôt ou tard, il s'en sortira. Le plus souvent, «l'aventure de jeunesse» se terminera comme dans les contes de fées: il finira au sommet, riche et envié. Comme quoi tous les chemins mènent à Rome!

LES AMOURS DE LA BALANCE

Passionnante et confortable

La vie amoureuse de la Balance doit être à la fois passionnante et confortable, sinon le déséquilibre s'installe et se fait lourdement sentir sur le plan de la santé. Une vie amoureuse et sexuelle harmonieuse est essentielle à son équilibre vital et fonctionnel. Sans amour et sans sexe, le natif de ce signe se détériore et flétrit comme la rose, sa fleur préférée.

Aucun complexe

Le plus souvent, la Balance vit sa sexualité naturellement, sans se faire de soucis pour les qu'en-dira-t-on. Les Balance savent très jeunes ce qui les intéresse, ils ne font aucun compromis et affichent leurs préférences avec un sans-gêne surprenant, vu qu'ils sont plutôt timides. Pour l'amour et le sexe, aucun complexe, ils sont à l'aise et ils maîtrisent la situation. Doués, ils ne se vantent pas de leur propre vie sexuelle ni ne font des gorges chaudes de celle d'autrui.

L'amour est leur point fort. Ils le savent et ils en profitent. Parfois trop, ce qui peut les conduire à l'hôpital par « maladie d'amour » ou de sang. On ne le leur souhaite pas !

L'amour est enfant de bohème

En tant que Balance, vous connaissez votre vulnérabilité devant un joli minois et un beau corps, doté, en plus, d'un esprit vif et amusant. Quand l'occasion se présente, vous y allez. Un conseil : fuyez la tentation si vous ne voulez pas faire de vagues et détruire votre couple. L'autre est jaloux et se méfie de votre trop grand pouvoir d'attraction. L'amour est enfant de bohème. Si vous désirez que votre couple dure, méfiez-vous de l'infidélité, cela pourrait vous coûter cher...

Un seul grand amour

Un secret pour vous seul : il est possible que, dans votre jeune âge, vous connaissiez une peine de cœur douloureuse et pénible. La vie vous fait passer un test, vous devez surmonter cet obstacle pour atteindre la maturité. C'est quasi infaillible, ne vous moquez pas. Une fois passé le cap, vous connaîtrez d'autres amours, mais un seul grand amour marquera votre vie, et ce sera au fer rouge. Vous ne l'oublierez jamais vraiment.

Aphrodisiaques et sexualité

Arme secrète

Balance, vous n'avez sans doute pas besoin d'aide extérieure pour bien faire l'amour. Toutefois, les aphrodisiaques naturels suivants pourraient vous stimuler en cas de besoin. Utilisez ces conseils comme arme secrète. Même si elle paraît simplette, elle n'est pas sans effets bénéfiques pour la libido, croyez-en les Étoiles !

Ne consommez pas de viande rouge le jour J. Mangez plutôt des langoustines à l'ail (mais oui, au diable l'haleine !), des crevettes au Pernod ou des cailles en cocotte ; comme légumes et légumineuses, des asperges, des artichauts, des pois chiches ; du gruyère comme fromage, des fruits secs (figues, dattes et pruneaux) au dessert. Les amandes ont le don de vous mettre en forme et ont la réputation de chasser le cancer. Edgar Cayce, médecin et parapsychologue américain, le dit, ça doit être vrai.

Aphrodite et vous

Comme apéritif, prenez une flûte de champagne ou un kir royal et, pendant le repas, un verre de bordeaux. N'oubliez pas de boire de l'eau minérale, sinon vous aurez la migraine. Comme « anaphrodisiaque », ça ne pardonne pas ! N'oubliez pas la musique douce. Aphrodite en raffolait, dit-on. C'est votre cousine céleste et cosmique, vous devez avoir avec elle des goûts en commun, sinon rien n'aurait de sens...

Je crois qu'avec ce menu, vous passerez une bonne soirée !

Comment séduire une Balance

Bien paraître

Si vous désirez séduire un ou une Balance, attirer son attention ou encore vous rendre aimable à ses yeux, vous devez porter de beaux vêtements, propres et élégants. Bien paraître et être propre sont deux points primordiaux pour le natif de ce signe. De plus, votre tenue, votre décor, votre bureau et vos affaires doivent être impeccables. Bien qu'elle en fasse elle-même souvent, la Balance déteste le désordre !

Petites attentions

Étant donné son goût marqué pour l'art et la beauté, la Balance sera touchée par vos petites attentions. Un rien lui fait plaisir, mais le luxe l'attirant, un cadeau de prix obtiendra ses faveurs. Si elle aime les présents, elle apprécie également les spectacles et les sorties mondaines. L'enfermer dans une cage, fût-elle dorée, ne lui plaira pas. Elle se sauvera à toute allure.

Sensible aux compliments

Psychologiquement, la Balance est sensible aux compliments. Faites-lui-en raisonnablement pour ne pas attirer sa méfiance. Pour obtenir son amour, impliquez-la dans votre travail, votre vie sociale, vos sports et vos loisirs, ou impliquez-vous dans les siens. Et soyez patient et disponible, car elle aura des caprices. Comme vous l'aimez, vous n'en tiendrez pas compte et serez à son entière disposition, ce qui ne pourra que la satisfaire.

Roses rouges

Un secret : n'oubliez jamais son anniversaire et marquez le coup avec des roses rouges. Surtout, dites-lui souvent que vous l'aimez, que vous la trouvez désirable et séduisante. Ainsi tout ira pour le mieux dans le meilleur des mondes. Vous vivrez un bonheur sans nuage.

Compatibilité amoureuse et sexuelle (synastrie) de la Balance

Balance-Balance : L'union de deux Balance n'est pas toujours réussie. Charmeurs et conquérants, ils aiment le flirt. L'amour existe, mais à moins d'exception ils sont trop semblables pour que l'attrait persiste. Le coup de foudre passé, ils restent bons amis et sont complices de bien des mauvais coups. Ils s'adorent ou se fuient irrémédiablement.

Balance-Scorpion : Le charme de la Balance opère immédiatement sur l'instinct sexuel du Scorpion. Ils font divinement l'amour ensemble, mais la Balance se lasse de la domination de l'autre et l'envoie promener. Blessé et jaloux, celui-ci peut être victime d'une attraction fatale. Il faut se méfier des conséquences d'une rupture brutale, mieux vaut procéder en douce.

Balance-Sagittaire : Belle combinaison à tendance romantico-sexuelle. Il faut du mouvement, des voyages, des déplacements agréables pour stabiliser l'union charnelle de ces êtres indépendants et libres. Sinon ils s'amusent et se quittent sans drame. Avec ces deux natures fortement sexuées, la synastrie présente toutes les chances d'amour durable.

Balance-Capricorne : Synergie négative. L'un veut vaincre par le charme, l'autre par l'ardeur qu'il met à l'affaire. Pour la Balance, le sexe n'est souvent qu'un jeu ; pour le Capricorne, c'est une question d'orgueil. Parfois obsédé par le sexe, il est exigeant au lit. Ils risquent de se lasser. Se quitter gentiment est une chance, parfois ils se blessent gravement.

Balance-Verseau : Coup de foudre irrésistible, surtout dans la jeunesse. La relation sexuelle est réussie, mais des carences affectives empêchent le bonheur d'être total. Ils peuvent vivre des expériences sexuelles particulières. Aucun interdit ne résiste, mais ce n'est pas gage d'amour durable. L'attrait pour les voyages et l'aventure les rapproche, l'amour peut tout transformer.

Balance-Poissons : Séduction et romance s'enlacent. Les besoins affectifs sont comblés, mais la sensualité de la Balance s'accommode mal de la passivité sexuelle du partenaire. Le Poissons doit faire des efforts pour entretenir le feu sinon l'autre trichera, c'est fatal. Cette belle synastrie colore les relations amicales, sociales et professionnelles, témoins de leur amour.

Balance-Bélier : Ils se font l'amour puis la guerre. Inconséquents, passionnés, exigeants en amour, ils se voient l'un dans l'autre et n'aiment pas l'image que leur renvoie le miroir. La première ardeur passée, rien ne reste ou presque de ce que fut leur amour. Ils peuvent apprendre à bien se faire l'amour, mais, à moins d'un prodige, le cœur sera insatisfait.

Balance-Taureau : La fantaisie et la légèreté de la Balance contre la force et la stabilité du Taureau. Si le Taureau laisse à l'autre de la liberté dans la relation amoureuse et sexuelle, ils seront passionnément heureux. Cette synastrie a un beau potentiel de réussite, mais la Balance doit avoir une santé solide ; le Taureau n'est pas facile à suivre dans ses ébats.

Balance-Gémeaux : Deux natures sanguines, vives et rapides en amour et sexuellement. L'étreinte est plus intellectuelle que sexuelle, mais elle est réussie. Le Gémeaux n'arrête pas de séduire, la Balance de flirter. La jalousie peut gâcher cette union pourtant désirable. S'ils se permettent des libertés, l'amour peut durer. L'érotisme est l'élément déclencheur.

Balance-Cancer : Battante, la Balance veut conquérir le sensible Cancer, mais elle peut le blesser gravement sans le savoir ou par esprit de vengeance. Si la relation sexuelle est mutuellement satisfaisante, ce qui est exceptionnel, l'un s'attachera à l'autre, mais à quel prix ? Les railleries de la Balance en public lui attireront des représailles. Qu'on se méfie de part et d'autre !

Balance-Lion : Le goût de l'amour les rapproche ; cette union amoureuse et charnelle est pleine de possibilités. Empressement à séduire chez la Balance, désir de posséder et de diriger chez le Lion. Les deux doivent s'abandonner pour se rejoindre. Le Lion impose sa suprématie à l'autre, mais la Balance lui donne le change. Ils sont de bons combattants en amour.

Balance-Vierge: Séductrice, la Balance attire la Vierge sage ou folle dans ses filets, puis laisse tomber. Parfois ils se lassent l'un de l'autre, c'est mieux ainsi. La première rencontre est divine, mais la Balance est trop rapide et la Vierge trop gourmande. À la longue, la synastrie cesse d'opérer, chacun va de son côté. On note des exceptions chez les intellectuels.

THÉRAPIES NATURELLES

Besoin d'oxygène

Signe d'Air, la Balance a un pressant besoin de son élément pour vivre en santé. Une Balance sédentaire est une Balance malade. Elle doit s'oxygéner tous les jours. Dormir la fenêtre ouverte lui est recommandé. Il ou elle a toujours chaud. Cette thérapie naturelle ne coûte pas cher et elle ne peut manquer de donner de bons résultats. Cher Balance, ne passez pas une journée sans sortir prendre l'air, et vous serez en santé.

Apprendre à respirer

Aussi étrange que cela puisse paraître, la Balance doit apprendre à respirer. Les techniques respiratoires lui sont utiles, pour ne pas dire indispensables. Parmi elles, le yoga et la méditation transcendantale sont à considérer: à utiliser surtout en temps de crise quand le système nerveux est secoué. Et puis, il n'y a rien de meilleur pour le cœur.

En cas de chirurgie

Natif de la Balance, en cas de chirurgie ou de soins intensifs, savoir respirer pourrait vous sauver la vie. Inutile de dire que la cigarette et vous êtes des ennemis naturels. Le cigare est encore pire. Vous devez absolument vous abstenir de fumer. Ne cédez pas aux caprices de la mode. Écoutez plutôt votre corps, il vous dira ce qui est bon pour vous.

Cure de santé

Si vous en avez les moyens, offrez-vous régulièrement le luxe d'une cure de santé dans un centre spécialisé où sont pratiquées la massothérapie, la kinésithérapie et la thalassothérapie. Ces différentes disciplines vous seront bénéfiques et prolongeront votre vie. En outre, elles améliorent la qualité de vie au quotidien et l'efficacité au travail.

Séjours à la mer, aquaforme et natation ainsi que bains de boue ont un effet revigorant sur votre organisme. Par contre, vous devez éviter la haute montagne où l'air se raréfie. Moins chère et efficace, la musique apaise et procure un sommeil réparateur. Usez aussi de l'auriculothérapie. Nerveux et stressé, vous en retirerez de grands bienfaits.

Summum de l'économie

Summum de l'économie: demi-jeûne de trois jours. Au menu: jus de fruits frais, yogourts et beaucoup d'eau minérale et naturelle. Voilà qui vous remettra en forme. La tempérance coûte moins cher, rien de plus naturel!

FLEURS ET PARFUMS PRÉFÉRÉS DE LA BALANCE

La rose

La Balance est plus sensible que d'autres aux fleurs et aux parfums. Ceux qui l'aiment et la courtisent profiteront de ces informations pour lui faire plaisir et pour ouvrir les portes de son cœur parfois cruel, il faut le dire…

Si vous offrez une rose à un ou une Balance, vous ne vous trompez pas. En prime, vous lui rendez service, car, en plus de lui plaire, les roses lui portent bonheur. Rouges pour la passion et l'amour, roses pour la tendresse et l'amitié, blanches par respect et pour la pureté des intentions, jaunes pour le plaisir de vivre et d'aimer sans penser aux lendemains. Rose talisman pour les plus fragiles et les connaisseurs.

C'est indéniable, il existe un lien entre les végétaux et les animaux pensants que nous sommes. Offrir des roses à une Balance vous rapprochera d'elle. Vous n'avez jamais essayé ? Ça ne rate pas, je vous l'assure.

La marguerite et la pivoine

D'autres odeurs font également son bonheur. Par exemple, la marguerite et la pivoine lui plaisent par leur fraîcheur et leur simplicité. Conduisez-vous comme ces fleurs et vous aurez peut-être la chance de gagner son cœur et son amour. Si vous désirez aller plus loin, pensez au musc, cette odeur fait chavirer le natif de ce signe. Par ailleurs, le jasmin lui procure une douce sensation d'euphorie. Comme point final à un repas d'amoureux, un thé au jasmin.

Marques connues

En tant que parfum, l'ambre lui plaît. Il y en a dans les parfums pour femmes suivants : *Opium* d'Yves Saint-Laurent, *Joie* de Patou et *Numéro 5* de Chanel et, pour les hommes, dans *Dune* de Dior, *Azzaro* d'Azzaro, *Diesel* et *La Route du Thé* de Barney.

Tout cela n'est pas bon marché, évidemment, mais pour séduire la Balance, il ne faut pas trop compter ses sous, surtout au début de la relation. C'est un préalable que je qualifierais d'indispensable !

COULEURS PORTE-BONHEUR DE LA BALANCE

Le blanc

Toutes les couleurs tendres et douces de l'arc-en-ciel sont de nature vénusienne. Les tons irisés et toutes les teintes de coquillage de mer le sont aussi, mais le blanc est votre couleur porte-bonheur, celle qui vous fera accepter et réussir dans tous les milieux. Plus élégant, surtout en automne et en hiver, le blanc cassé vous permettra de vous démarquer et vous pro-tégera. Une lumière vous entoure, une aura flotte autour de vous quand vous portez cette teinte. Vos ennemis n'ont plus prise sur vous. Leurs mauvais sentiments s'évanouissent, tout le monde est sous le charme. De plus, le blanc attire sur vous les éléments chanceux. Pour des événements spéciaux, portez-en sans crainte, vous n'aurez que des félicitations à vous faire et vous recevrez l'approbation de ceux qui s'y connaissent en matière de mode et d'apparat.

Le rose

Le rose donne des reflets merveilleux à votre teint. Toute la palette des roses, jusqu'au lavande, vous va bien, et ce sont des teintes de bonheur. Pour des fiançailles, un baptême ou un mariage d'été, rien de tel que le rose clair pour vous mettre en valeur. Si vous le boudez, vous avez tort. Osez et vous ne le regretterez pas. Trop «bonbon» à votre goût, monsieur Balance? Tant pis, mais vous le regretterez, car l'homme à la cravate rose retiendra l'attention de toutes les femmes, je vous le certifie!

Le beige et les neutres

Pour les affaires, pensez au beige, au taupe, au brun-roux et peut-être aussi au gris-vert, couleurs neutres toujours enjoli-vées de teintes pastel pour égayer l'ensemble qui, sinon, serait froid et rigide. Avec ces couleurs à la fois simples et élégantes, vous aurez une allure distinguée et efficace. Vous impression-nerez le patron, les supérieurs et les collègues. Personne ne trouvera à redire sur votre présentation, vous serez parfait.

Le noir

Le noir ne vous convient pas du tout. C'est votre antithèse, il a le don de vous déprimer. Cependant, dans certains cas, il peut être utile. Pour des funérailles, des rencontres avec un avocat, un notaire ou un comptable, pour des affaires d'héritage et des lectures de testament, le noir a sa place. Empressez-vous d'enlever vos vêtements dès que vous serez de retour à la maison, sinon le noir vous glacera le sang et vous fera pleurer. Portez-en quand il le faut absolument, pas autrement.

Le bleu pâle

Optez souvent pour le bleu pâle. Selon les Anciens, c'est la couleur vénusienne par excellence. Si vous désirez séduire, chère Balance, portez du bleu pâle, ne serait-ce qu'en accessoire. L'effet d'un déshabillé ou d'un pyjama de soie de cette teinte sera dévastateur. N'en doutez pas et mettez le bleu pâle à l'essai. Vous serez à même d'apprécier les résultats...

PIERRES CHANCEUSES DE LA BALANCE

Choisir adroitement

Certaines pierres et certains métaux conviennent mieux à la Balance que d'autres. Encore faut-il choisir adroitement la pierre et la monture d'une bague, d'un bijou. Une amulette porte-bonheur, oui, mais choisie selon les règles de l'art, sinon ça peut être plus nuisible que vous ne l'imaginez. Vous auriez tort de prendre ces conseils à la légère. Les pierres et les métaux sont des organismes vivants dont les effets sont reconnus depuis des siècles... Dire qu'en 2004, on ignore encore presque tout à leur sujet...

Les perles

Dans son tableau *La Naissance de Vénus,* Botticelli peint Vénus sortant de l'eau telle une perle sortant de l'huître... Porter des perles est naturel et profitable à la Balance, homme ou femme. Une perle à la cravate, des boutons de manchette ornés de perles rendront Monsieur élégant tout en le rapprochant de sa nature vénusienne. Son sens artistique et sa sensualité seront exaltés. Si vous voyez un homme paré d'une perle, dites-vous qu'il s'agit d'un vénusien par le signe, l'ascendant ou la Lune natale. Approchez-vous de lui, ça en vaut la peine.

Dangereuse combinaison

Pour les femmes Balance, la perle est tout aussi bénéfique et rehausse la féminité. Mais elle n'est pas toujours portée avec bonheur. Par exemple, la perle alliée au rubis et au diamant est une belle mais dangereuse combinaison. De grandes reines en ont fait l'expérience, dont Marie Stuart, à qui l'on coupa la tête. Abstenez-vous de vous parer d'un tel bijou, ne serait-ce que pour me faire plaisir...

La perle noire

Quant à la perle noire, il faut éviter d'en porter pendant de longues périodes. Pour une réception, c'est bien, mais quotidiennement, c'est déconseillé. On dit de cette pierre qu'elle est malade et qu'elle porte malheur. Il semble que ce soit vrai. Dommage, car elle est si belle.

Le diamant

Pour plus de sûreté, Balance, optez pour le diamant, de préférence monté sur platine, or blanc ou pâle. Il a la vertu d'éloigner les ennemis, de faire gagner les procès et de protéger de la malignité des hommes. Pierre précieuse et chère, le diamant est efficace, peu importe sa taille. Pourvu qu'il soit vrai, il agit. En tant que natif ou native du signe, vous devez en posséder au moins un. C'est le plus beau cadeau que puisse vous faire l'être aimé, car il symbolise l'amour éternel. Rien de plus romantique et de plus pratique. Les bienfaits que vous en retirerez valent largement le prix.

Le corail et la topaze

Pour la santé, choisissez le corail rose pâle ou la topaze bleue montés sur or pâle. Toutes les pierres que vous aimez seront plus actives fixées sur du métal blanc, mais comme vous avez du goût et êtes perspicace, vous saurez instinctivement ce qui est sans danger. Un conseil : éliminez ce qui est trop voyant. En voyage, ne portez pas de diamants, ni vrais ni faux. Ce serait attirer sur vous l'agressivité et l'envie d'autrui. Ce n'est pas votre intention, assurément.

Talisman super efficace

Si vous avez besoin d'un talisman rapide et efficace, faites-vous faire par un artisan ou un joaillier une bague en cuivre sertie d'une turquoise, d'un saphir clair, d'une aigue-marine ou d'une émeraude verte. Portez-la nuit et jour pendant trois mois. Vous retrouverez la faveur de Vénus. Santé, amour, argent, succès et popularité seront à vous.

PAYS, RÉGIONS ET VILLES BALANCE

Les pays, régions et villes Balance auront immanquablement votre préférence. Ayant des résonances similaires aux vôtres, ils correspondent à votre nature et à vos goûts. Tentez l'expérience, vous serez d'accord pour admettre que tout a un lien, une cause parfois ignorée, mais ô combien juste et pertinente !

Choisissez un des endroits suivants. Vous les aimerez…

Afrique du Nord, Anvers, Argentine, Autriche, Cachemire, Canada (deux mers, deux cultures correspondant aux deux plateaux du signe) avec sa capitale Ottawa, Chine, Égypte, Guatemala, Hawaii, Japon, Languedoc, Libye, Poitou, Savoie, Vienne.

Aux États-Unis : Albany (New York), Baton Rouge (Louisiane), El Paso (Texas), Las Cruces (Nouveau-Mexique), Montpellier (Vermont), Orlando (Floride), Phoenix (Arizona), Richmond (Virginie), Santa Cruz (Californie), Yuma (Arizona). Au Mexique : Celaya, Chihuahua, Culiacan et San Miguel Allende.

Vous aurez beaucoup de plaisir en visitant ces endroits et même en choisissant d'y vivre. Qui plus est, vous y serez en sécurité.

LES SECRETS DE VOTRE DATE DE NAISSANCE

LES BALANCE DU 24 SEPTEMBRE seront fortunés. Brillants plaideurs, ils seront de bons avocats ou des politiciens habiles, remporteront des victoires et des honneurs et seront satisfaits de la vie qu'ils mèneront. L'amour viendra au second rang, mais ils seront heureux.

LES BALANCE DU 25 SEPTEMBRE passent leur vie à chercher. Intelligence et bonté sont leurs plus belles qualités. Leurs émotions sont vives et raffinées. L'amour est pour eux source de vie, mais ils s'abreuvent souvent à plusieurs, ce qui complique leur vie amoureuse.

LES BALANCE DU 26 SEPTEMBRE sont marqués du sceau de la gloire. Beauté, charme, talent, ils ont tout pour plaire. Ils sont le centre d'attraction et laissent leur marque là où ils passent. Remplie de voyages et d'imprévus, leur vie est heureuse, ils l'adorent.

LES BALANCE DU 27 SEPTEMBRE sont heureux au cœur de l'action et entourés d'admirateurs. Leur destin sera faste, ils connaîtront la richesse et la gloire, mais resteront bons et dévoués. Leur générosité et leur empathie en font des amis sur qui l'on peut compter.

LES BALANCE DU 28 SEPTEMBRE feront leur propre bonheur, mais la chance viendra à leur aide. Ardents et dévoués, ils feront des conquêtes. Certaines de leurs amitiés se changeront en amour. Ils seront heureux et compatiront au malheur des autres.

LES BALANCE DU 29 SEPTEMBRE doivent éviter de provoquer le destin s'ils veulent éviter que celui-ci ne se retourne contre eux. Leur sens critique leur attirera des ennuis, mais l'amour et l'amitié les protégeront. S'ils critiquent positivement, leur vie sera meilleure.

LES BALANCE DU 30 SEPTEMBRE auront un destin peu commun qui attirera sur eux la sympathie ou la colère. Il sera difficile, sinon impossible de les juger ou de les évaluer. Leur bonheur sera largement influencé par l'éducation et par l'affection qu'ils auront reçues.

LES BALANCE DU 1er OCTOBRE connaîtront des deuils familiaux. À cause de leur sensibilité et de leur talent, ils en sortiront indemnes et finiront leur vie dans le bien-être. Ils auront des difficultés à propos d'héritages et signeront des contrats incontestables.

LES BALANCE DU 2 OCTOBRE réaliseront leur potentiel en utilisant leurs qualités d'intériorisation et de réflexion. Attirés par les sciences et la technologie, ils réussiront dans leur sphère de travail et seront aimés et respectés. L'amour ne sera pas leur priorité.

LES BALANCE DU 3 OCTOBRE ont intérêt à se méfier de personnes qui désirent les entraîner dans des entreprises douteuses. S'ils doivent donner leur temps, leur argent et leur énergie à une cause, choisir de l'utilitaire et du pratique leur apportera du bonheur.

LES BALANCE DU 4 OCTOBRE sont à la fois subtils et ambitieux; ils réussiront à s'imposer dans leur domaine. Dotés de talents artistiques et politiques, ils produiront des œuvres marquantes ou ne feront rien de bon, selon l'affection reçue durant l'enfance.

LES BALANCE DU 5 OCTOBRE sont faits pour les honneurs, la gloire et la fortune. Chanceux au départ, ils n'auront qu'à tirer le meilleur parti de leurs talents pour réussir et être heureux. Des efforts seront nécessaires pour dompter une certaine paresse ou le goût de la facilité.

LES BALANCE DU 6 OCTOBRE marqueront leur époque et leur entourage, mais ils rechercheront d'instinct l'isolement. Ils seront fortunés et lutteront victorieusement contre l'adversité. Rien ne viendra à bout de leur détermination à réussir leur vie et à réussir dans la vie.

LES BALANCE DU 7 OCTOBRE ont une destinée faste et brillante. Influencés par tout ce qui est beau, ils aiment la mascarade, le théâtre et la comédie, et cela leur réussit. Ils auront beaucoup d'amour et peu d'amis, mais cela ne les empêchera pas d'être heureux.

LES BALANCE DU 8 OCTOBRE trouveront la fortune s'ils la recherchent. Ils vivront satisfaits, mais jamais sans histoires. En amour, ils seront rarement fidèles, mais ils aimeront et seront aimés passionnément. Le charme sera leur force et signera leur réussite.

LES BALANCE DU 9 OCTOBRE sont appelés à une destinée extravagante et parfois dangereuse. Sachant attirer l'amour mais aussi la convoitise et la haine, ils seront en péril à l'étranger. Mieux vaudrait ne pas émigrer et vivre dans un milieu sympathique et cordial.

LES BALANCE DU 10 OCTOBRE ont du génie et créeront de grandes réalisations artistiques et commerciales. Leurs relations affectives, platoniques ou passionnelles, seront souvent douloureuses mais productives. Ils exploiteront leurs expériences et feront fortune.

LES BALANCE DU 11 OCTOBRE sont hospitaliers et chanceux. Populaires auprès de tous, ils se feront des amis qui les aideront dans les temps moins fastes. Leur mère et les femmes en général exerceront sur eux une influence bénéfique ; ils feront bien de suivre leurs avis.

LES BALANCE DU 12 OCTOBRE sont nobles et ambitieux. Mystiques, ils aimeront étudier les écritures. Une carrière en politique, en philosophie, ou en religion est possible. Ils parleront haut et fort et on les entendra. L'amour-passion n'est pas exclu mais moins fréquent.

LES BALANCE DU 13 OCTOBRE semblent destinés au succès avant de subir des échecs. Doués de nombreux talents, ils devront faire face à des difficultés d'argent et d'héritages. Les conflits familiaux leur causeront du chagrin, mais l'amour les consolera.

LES BALANCE DU 14 OCTOBRE sont destinés à connaître la renommée. Ils seront respectés s'ils vivent conformément aux règles de leur milieu, mais ils pourraient se tromper de chemin s'ils subissent des influences douteuses. L'amour sera le grand motivateur.

LES BALANCE DU 15 OCTOBRE vivront des histoires d'amour compliquées. Ils aiment voyager et seront favorisés par l'argent, les honneurs, la beauté, l'art et la politique. Ils feront carrière dans un métier peu populaire ou inconnu, mais ils réussiront.

LES BALANCE DU 16 OCTOBRE sont intelligents et ont la répartie vive. Exploitant leurs talents, ils progresseront socialement et matériellement. Les honneurs intellectuels leur sont promis s'ils les recherchent. Ils connaîtront la notoriété et la fortune et seront chanceux en amour.

LES BALANCE DU 17 OCTOBRE sont portés à la réflexion. De caractère indépendant et fier, ils étudieront longtemps et auront du talent pour la vente et la mise en marché. S'ils le désirent, ils amasseront des fortunes, mais le sentiment pourrait prédominer.

LES BALANCE DU 18 OCTOBRE profiteront largement des talents dont ils ont hérité à leur naissance. Esprit vif, intelligence sélective, ils s'élèveront grâce à leur charme et à leur penchant artistique. Ils connaîtront une vie sentimentale romanesque et seront heureux.

LES BALANCE DU 19 OCTOBRE seront guidés vers des activités dangereuses dont ils sortiront victorieux. Vaillants chevaliers, ils serviront leur cause et seront miraculeusement protégés. Leur vie affective et sentimentale sera exempte de privations.

LES BALANCE DU 20 OCTOBRE connaîtront une belle destinée et seront préservés de tout danger grave. Recherchant le défi, ils seront avides de prouesses et sauront se prémunir contre la violence d'autrui. La leur demandera à être recyclée en bonté et en générosité.

LES BALANCE DU 21 OCTOBRE sont influençables. Ils doivent recevoir une éducation solide pour vaincre leurs mauvais penchants. S'ils choisissent leurs amis avec soin, ils réussiront dans leur travail et seront heureux. Sinon, ils apprendront de leurs erreurs.

LES BALANCE DU 22 OCTOBRE sont doués, mais ils auront besoin d'une éducation solide pour éviter les écueils. Laissés à eux-mêmes, ils feront des sottises et gâteront leurs chances de succès. Souvent, leurs actes insensés seront neutralisés par un sort généreux.

LES BALANCE OU SCORPION DU 23 OCTOBRE (selon l'année et l'heure de naissance) vivront quelques événements dramatiques. Doués pour le travail avec le public, le sport et les exploits, ils expieront leur karma au cours de leur jeune âge. Le bonheur viendra plus tard, en prime.

JOUR CHANCEUX

Le jour chanceux de la Balance est le vendredi, ainsi nommé en l'honneur de Vénus. Quoi que vous fassiez le vendredi, vous êtes assuré de réussir dans vos démarches et d'obtenir gain de cause. Ce que vous désirez s'accomplira le vendredi. Prenez-en note et choisissez ce jour pour tout ce qui importe dans votre vie privée, amoureuse, sociale et professionnelle. Qu'importe le mois pourvu que ce soit le vendredi, bien qu'octobre soit préférable pour prendre les décisions qui concernent votre avenir. Un vendredi d'octobre, et le tour est joué.

La magie des Étoiles est en mouvement. Le ciel intervient en votre faveur. Balance, vous êtes gagnant !

Les secrets du Scorpion

24 OCTOBRE AU 22 NOVEMBRE

Le mythe

Le signe du Scorpion est représenté dans le zodiaque par un scorpion ou serpent. Rappelons que le dard du scorpion est situé sur sa queue tandis que le serpent a son venin dans la bouche. Le Christ faisait donc allusion aux anciens initiés lorsqu'il disait: «Soyez sages comme des serpents.» Dans l'Inde ancienne, les gardiens des enseignements de la doctrine des mystères étaient appelés *najas* ou serpents.

Ego et troisième œil

La vie, le feu créateur, court le long de la moelle épinière et fait vibrer les glandes pituitaire et pinéale, mettant ainsi l'ego en contact avec les mondes invisibles en ouvrant le troisième œil. La médiumnité est la phase inférieure (mais toujours valable) de la clairvoyance et de la «clairaudience» d'une personne qui prophétise sous le contrôle d'une «intelligence étrangère».

Dons occultes

Personne ne niera le fait que le Scorpion possède dès sa naissance et invariablement des dons dits «occultes». Tout natif de ce signe méconnu sait d'instinct qu'il diffère des autres, qu'il a un côté lumineux et un côté noir un peu satanique dont il doit se méfier. Il lui appartient donc d'utiliser ses dons avec sagacité et jugement afin d'en tirer le maximum de bénéfices pour lui-même et ceux qu'il aime, avec le minimum d'ennuis.

James Bond

James Bond est le symbole cinématographique du natif du Scorpion. Courant l'aventure et séduisant qui il veut, il ne s'embarrasse pas de considérations philosophiques. C'est un dur, un rapide, une super tête sur un super bolide. Il court des périls et déjoue toujours le mauvais sort, aidé en cela par une partenaire, femme-objet qui sert ses intérêts sans faillir. Enviable destin que le sien ? Peut-être…

En cas de sévices sexuels ou d'autres tendances négatives, le Scorpion devra en assumer les conséquences. Il ne sera pas toujours sauvé comme James Bond par des engins diaboliques venant à sa rescousse au bon moment… Le natif du Scorpion court parfois de grands dangers venant en partie de ses propres initiatives ou entreprises. À lui de s'en rendre compte jeune et d'apprendre à composer avec ses bas instincts.

Le bon Scorpion

Partons donc à la recherche du vrai et du bon Scorpion, de celui qui fait profiter ses semblables de ses recherches, de sa curiosité et de son travail acharné dans le domaine qui l'intéresse. Mais surtout, voyons ce qui stimule son énergie créatrice, sa passion, son intelligence qui dépasse souvent la moyenne. Fouillons ses mystères. Le fait de le connaître mieux nous aidera à l'aimer davantage. Se connaissant mieux lui-même, il n'en sera que meilleur.

PLANS PHYSIQUE, MENTAL ET INTELLECTUEL

Plan physique

Le Scorpion est un lymphatique sanguin. Il a un teint coloré, une peau superbe, une bouche assez mince, des yeux souvent plus rapprochés que la moyenne, qu'il braque impunément sur son interlocuteur. Il ne détourne jamais le regard. S'il le fait, méfiez-vous, il est en colère et cherche un moyen de s'en sortir. Le dessus de la tête est assez plat et il arbore un sourire moqueur qui lui va bien. Le corps est habituellement trapu, les membres sont courts, mais une grande force se dégage de sa personne.

Le Scorpion nous dévisage et plante ses yeux dans les nôtres. Couleur d'eau ou noir, ce regard est difficile à oublier.

Prédispositions pathologiques

Il faut redouter les maladies héréditaires transmissibles par un virus ou autrement, les infections touchant les reins et la vessie, la tuberculose, une tendance à la multiplication erratique des cellules, l'arthrite et les insuffisances de toutes sortes. Les maladies d'origine sexuelle (blennorragie, syphilis et sida) sont évidemment le point sensible du Scorpion. Surveillez les organes génitaux et l'anus, la pression sanguine et le sang en général ainsi que la glycémie. Le signe est aussi prédisposé aux affections touchant le cou, la gorge, les seins et le nez, qu'il a particulièrement fin et fragile.

Points sensibles : hypertension ou hypotension, hypophyse, glandes sexuelles, surrénales, thyroïdienne, bile, muscles, tête et organes de la tête, fièvre et maux de tête, infection, myocardite, incontinence et congestion cérébrale.

Malgré tout, la vitalité du Scorpion est enviable. Résistant aux attaques de la maladie, il vit souvent longtemps et a une qualité de vie raisonnable.

Plan mental

Le Scorpion est avant tout un être de passion. Tout ce qui ne l'emballe pas au départ risque de ne jamais l'intéresser. Il en est de même pour ceux qui meublent sa vie : il aime ou déteste avec autant d'ardeur. S'il aime, sa fidélité est admirable, constante et sans faille. Mais je ne le répéterai jamais assez, il vaut mieux être l'ami du Scorpion que son ennemi. On pourrait s'en repentir...

Le Scorpion doit assumer sa passion dans tous les domaines de sa vie : dans ses amours et ses amitiés, en politique, au travail, au jeu et dans le sport. S'il se donne à quelque chose, c'est entièrement, intensément, totalement. Autrement, il refuse carrément, et c'est sans appel. Ce que le Scorpion décide, il le fait. Et comme il sait où il va, on ne réussit que rarement à contrer sa volonté.

L'esprit du natif de ce signe le conduit à ne jamais se livrer et à pénétrer les secrets de la nature et de la science : il a l'esprit d'un chercheur et d'un savant. Tous les modes d'activité mentale cryptiques lui conviennent. S'il fait profession dans les arts divinatoires, il aura du succès et sera aussi convaincant que convaincu.

Secret à partager

Pendant les années à venir, le Scorpion ferait bien de s'intéresser à la parapsychologie et au paranormal, mais pour lui-même. Dans un but professionnel, il risque de subir des inconvénients majeurs : il a des ennemis irréductibles dont il doit se méfier. Au mieux, qu'il fasse profiter gratuitement les autres de son savoir et de ses connaissances. Il sera sûr de ne pas avoir à répondre à qui que ce soit de ses dons naturels de voyance, d'intuition et de prémonition.

Plan intellectuel

Intellectuellement, le Scorpion tend à construire et à détruire les systèmes établis. Comme la nature en saison hivernale, son esprit semble se replier sur lui-même ; pourtant le natif de ce signe est attiré par la créativité, l'innovation et le renouvellement. On note chez lui un mépris de l'opinion générale, une intelligence critique, batailleuse et terriblement sarcastique. Son humour noir fait frémir bien des cœurs sensibles, mais il ne s'intéresse qu'à ceux qui sont forts et qui sont capables de résister comme lui aux pressions du temps et de l'environnement. Les faibles le laissent froid, il est sans pitié pour les inertes et les battus d'avance.

Grande capacité de raisonnement, opiniâtreté, intégrité, forte tendance au parti pris, inadaptation. Orgueil, causticité très mâle donnant une intelligence brillante, un esprit le plus souvent constructif, sans cesse en lutte contre ses tendances négatives et ses inclinations. Forte attraction pour tout ce qui est mystérieux.

Signe féminin, fixe et d'Eau

Signe négatif ou féminin

Le Scorpion étant un signe de pôle négatif ou féminin, le natif subit son destin plus qu'il ne le fait, ou du moins il en donne l'impression. Avec lui, les surprises ne manquent pas… Précisons que de tous les signes négatifs ou féminins, celui-ci est le plus masculin. Même les femmes du signe sont décidées, autoritaires et meneuses, ce qui nous fait douter de l'exactitude de cette affirmation. Pourtant, il est vrai que le natif et la native du Scorpion sont davantage portés à l'intériorisation et à la préservation de l'espèce.

Le plus maternel des signes

Pour apprécier le Scorpion à sa juste valeur, il faut bien le connaître. Or, celui-ci ne se laisse pas apprivoiser aisément. Doté de puissantes qualités comme la régénération, l'émotion, la volonté, la fierté et le pouvoir de juger de façon juste, il possède aussi des qualités de réserve et de protection qui en font le plus « maternel » des signes. Homme ou femme, il soigne ses petits. Enseignant, il se donne à ses élèves. Curé, il se consacre à ses ouailles. Médecin, infirmière ou aide, il se dévoue pour ses malades. C'est un professionnel de la maternité.

Signe fixe

L'attachement de ce signe fixe (fixité dans les buts et les sentiments) est non partagé. C'est dramatique, car il ne peut concevoir perdre un jour ce qu'il a possédé et aimé. Il montre un certain entêtement à conserver ses acquis; c'est parfois utile, parfois néfaste, selon l'emploi qu'il en fait. Cette particularité en fait un être déterminé qui ne change pas souvent d'idée. Quand il le fait, il va dans la direction complètement opposée, ce qui surprend. Malgré cette tendance naturelle, le natif du Scorpion est capable de tact et de diplomatie. C'est tout à son honneur!

Signe d'Eau

Signe d'Eau, le Scorpion possède une sensibilité presque maladive, une imagination féconde et une tendance au mysticisme qu'on pourrait qualifier de «surnaturelle». L'eau finit toujours par user le rocher. Savoir qu'il s'agit ici d'une eau bouillante et sulfureuse, non d'une eau fraîche et limpide, nous aidera à comprendre et à apprécier le natif du Scorpion dans toute sa complexité et son unicité.

Traits positifs

Volonté, émotion, fidélité, régénération, curiosité, habileté, pouvoir de juger de façon juste, énergie, fierté, ténacité, perspicacité, conscience et scrupule dans les actes quand le Scorpion est bien configuré (le contraire en cas de mauvais aspect). Contrôle des passions, des amours et des haines quand l'énergie est bonne.

Traits négatifs

Envie, jalousie, arrogance, contestation, extrémisme, tyrannie, haine, brutalité et agressivité extrême. Manque de contrôle sexuel, violence envers autrui ou envers soi-même quand l'énergie est mal employée. C'est rare, mais il faut le signaler, car le Scorpion est un signe dit «violent».

Pas facile d'être Scorpion! Prenez la chose du bon côté et dites-vous qu'avec la force de ce beau signe méconnu et mal-aimé, vous pouvez déjouer le sort et ne dépendre de personne. Encore moins de vos faiblesses, de vos passions et de vos vices...

GOUVERNÉ PAR PLUTON ET MARS

Pluton la terrible

Le Scorpion est principalement gouverné par Pluton. Cette planète est terrible, car elle exige beaucoup du signe sur lequel elle étend son règne.

Découverte relativement récemment, Pluton a été attribuée au Scorpion. Mais Mars joue un rôle prédominant chez la plupart des natifs de ce signe, car ceux qui répondent aux ondes plutoniennes sont peu nombreux pour le moment.

Avec le temps (Pluton est une planète d'évolution), le Scorpion plus sensible sera déjà dans le monde du futur, alors que le moins réceptif se languira en compagnie de Mars. Rien de mal à cela. Dans les deux cas, les natifs de ce signe ont raison de vivre suivant leur super instinct et en harmonie avec leur «supraconscient». Chacun son destin. Pluton dans le thème natal nous renseignera sur les possibilités et les limites de la personne.

Mars la dynamique

Dans la plupart des cas, le Scorpion est gouverné à la fois par Pluton et par Mars la dynamique. Rassemblant leurs puissantes énergies, ces deux planètes régnantes vous compliquent la vie, c'est indiscutable. Vous leur devez votre caractère rebelle, parfois révolutionnaire. Ne blâmez pas le ciel et tentez de contrôler vos tendances impulsives, c'est la meilleure façon de conjurer le sort et d'apprivoiser votre forte nature.

Pour de plus complètes informations concernant Mars et Pluton, lisez dans le chapitre sur le Bélier la section intitulée «Gouverné par Mars et Pluton». Ce signe reçoit en effet les mêmes influences planétaires que vous, mais en plus forte quantité.

Uranus en exaltation

Planète de l'imprévisible

Uranus, la planète d'intuition, de psychologie et de parapsychologie (elle gouverne notamment l'astrologie et les sciences divinatoires), est dite « en exaltation » dans votre signe, ce qui signifie qu'elle joue un rôle important en destinée. Il est aisé de comprendre pourquoi vous êtes doté d'une intuition incomparable, cher Scorpion. Uranus libère tout son pouvoir dans votre signe.

Secret dévoilé

Vous ne pouvez pas vous empêcher d'avoir des visions, des pressentiments et des intuitions, ce serait trop vous demander. Essayez seulement de ne pas en faire étalage. Ce serait une police d'assurance contre les ennuis juridiques et autres pouvant survenir dans le cas d'une erreur de prédiction.

La sagesse d'Uranus recommande de faire ses classes et de devenir expert avant de se soumettre à la critique des sceptiques de tout acabit. Accepter ou non cette suggestion relève de votre libre arbitre, et de lui seulement. Je désirais partager ce secret avec vous, mais il y en a d'autres…

Relations affectives

Intenses et violentes

Les relations affectives du Scorpion sont intenses et violentes. Rien de tiède ne l'intéressant, il recherche les émotions fortes et n'aime que ceux qui les lui procurent. Sa sensibilité est à nulle autre pareille, ses sentiments sont à fleur de peau. Il ne vit heureux que dans le « sentir » et n'exulte que dans la possession exclusive de ce qui fait son bonheur.

Vous ne pouvez le nier

Il est vrai que le Scorpion est jaloux, possessif, entêté et parfois même obstiné, vous ne pouvez le nier. Mais le contraire est également vrai. Votre détermination légendaire vous permet de vous élever au-dessus de la masse et de transcender l'anonymat. Et que dire de vos qualités de persuasion et de discernement, auxquelles vous avez souvent recours pour minimiser les conflits d'autorité ? Sans parler de votre noblesse et de votre fierté, preuves de votre intégrité fondamentale.

Mais vous ne pouvez pas nier, non plus, que vous êtes à la recherche d'un amour qui vous emporte au septième ciel, d'amitiés amoureuses donnant la chair de poule, de sentiments qui font trembler le cœur et le mettent en charpie à la moindre rebuffade. C'est votre nature et vous n'y pouvez rien.

Solution raisonnable

La seule solution raisonnable est de devenir autonome affectivement et indépendant matériellement. À défaut de quoi, vous risquez d'être déçu par la vie, le sexe et l'amour, et vous pouvez être tenté de vous réfugier dans l'alcool, la drogue et les paradis artificiels. Vous devez utiliser votre énergie de façon bénéfique et constructive, sinon vous allez vers les profondeurs du désespoir et du néant. Seule la raison préviendra ces risques existentiels. Le fait d'en être conscient vous aidera à contrer vos tendances négatives.

En cas de besoin

Le Scorpion saura toujours à qui s'adresser et comment le faire en cas de besoin. S'il a des ennemis mortels, il a aussi des amis inconditionnels. Qui ne l'aide pas lui nuit, mais il aura tôt fait de se débarrasser des intrus. Comme on dit : il a la dent dure et le bras long.

Secret de Polichinelle

C'est un secret de Polichinelle : le Scorpion est un être secret et renfermé. Le sous-estimer serait une erreur, le craindre serait puéril. Si vous l'aimez déjà, vous ne l'en aimerez que davantage. Il est toujours bon avec ceux qu'il aime. Quant aux autres, mieux vaut se taire !

L'argent et les affaires

Travail, carrière et argent

Au travail, le Scorpion est increvable. Il va toujours au bout de ses possibilités. On exploite ses talents avec un opportunisme sans égal, ce qui lui assure de beaux succès. Financièrement, il est toujours à l'aise et il devient souvent riche grâce à des héritages mystérieux, à des gains providentiels, à des spéculations boursières ou autres.

Le natif du Scorpion est discret en ce qui concerne ses avoirs, il ne discute pas volontiers de sa situation monétaire. La plupart du temps, ses gains restent cachés. Peu de gens sont au courant de ses affaires, et il préfère qu'il en soit ainsi. C'est son privilège, nous n'en discutons pas, mais mettre le conjoint au courant de sa situation monétaire pourrait l'avantager de multiples façons. À lui d'en décider, mais il est évident qu'à deux on est mieux avisé.

Malgré sa tendance à accumuler des biens pour le seul plaisir de posséder, le Scorpion sait être généreux envers les membres de sa famille, envers son conjoint et ses proches. Par contre, gare aux emprunteurs, aux vendeurs et aux spéculateurs de toutes sortes. Ils devront se lever tôt pour lui soutirer de l'argent, car il connaît tous les rouages et les subterfuges. « On n'apprend pas à un vieux singe à faire la grimace. » En matière d'argent, cette locution proverbiale s'applique à lui mieux qu'à personne.

Métiers et professions

Parmi les métiers et professions qui conviennent aux natifs du Scorpion, notons les suivants : policier, espion, agent de renseignement, détective, enquêteur, technicien du chiffre, entrepreneur ou employé des pompes funèbres, fossoyeur ou médecin légiste. Les sciences militaires l'intéressent et c'est un excellent jardinier.

Les Scorpions choisissent aussi des emplois reliés à la médecine et au domaine paramédical : chimiste, pharmacien, toxicologue, gynécologue, sage-femme, chirurgien, physicien, biologiste, psychologue, psychanalyste, sophrologue, hypnotiseur, graphologue, occultiste, médium, voyant, exorciste ou astrologue.

Ils peuvent aussi être sculpteur, barbier, boucher, armurier, forgeron, agent de chemin de fer, métallurgiste, manucure, éboueur, collectionneur ou antiquaire. Attirés par les affaires, ce sont des hommes ou des femmes d'affaires exceptionnels, des spéculateurs et négociateurs redoutables.

Quel que soit le métier ou la profession qu'ils choisissent, ils travailleront dur et se feront un nom, une réputation durable.

LES AMOURS DU SCORPION

Préalable

Pour vivre une belle relation amoureuse avec le Scorpion, il faut faire preuve de fidélité absolue. C'est un préalable. Inutile de l'exciter si vous êtes porté au flirt et à la bagatelle, ce serait courir à votre perte. Agissez avec prudence et savoir-faire, sinon vous vous attirerez les foudres du natif de ce signe et, quand il se déchaîne, il devient dangereux.

Il est exactement comme son symbole, l'arthropode venimeux, qui pique et tue l'adversaire ou qui s'autodétruit plutôt que de se rendre. Ainsi il est, ainsi il vit. Si on veut s'entendre avec lui, mieux vaut l'accepter et l'aimer tel qu'il est, car il ne changera pas, c'est certain.

Le Scorpion en amour

Le Scorpion en amour n'aime pas les demi-mesures. Il donne tout quand il aime et retire tout quand il n'aime plus. Il n'est pas sage de l'allumer et de se refuser à lui ou à elle, selon le cas. Il prend mal le rejet, très mal. Sa fierté est blessée. Si on l'a trahi, mieux vaut ne pas rester dans son entourage. Sa vengeance peut être cruelle, son obsession tourner au délire possessif et dominateur.

Respectueusement

Pour tout dire, la vie amoureuse du Scorpion n'est pas facile, et il le sait parfaitement. Cela dit, les Scorpion que j'ai connus ont réussi à dominer leurs tendances passionnelles et à sublimer leurs instincts primaires. Chose certaine, ils ont besoin d'une vie sexuelle intense et leur libido ne s'éteint jamais. Une « vocation » peut les aider à sublimer leurs passions Ceux-là sont des Scorpion heureux. Quant aux autres, il faut s'en éloigner respectueusement.

Soyez sûr de vos sentiments

Si vous tombez en amour avec un ou une Scorpion, soyez sûr de vos sentiments avant de faire l'amour avec lui. Il n'est pas de ceux qui oublient aisément. Par contre, s'il se sent aimé et respecté, il remuera ciel et terre pour vous faire plaisir. Vous pouvez compter sur son soutien. Il materne, protège et couve ses petits comme il gâte l'amour de sa vie, à n'en plus finir. Parfois trop, mais c'est l'amour qui parle. Avec le Scorpion, c'est tout ou rien. S'il vous aime, vous avez ses faveurs pour toujours. S'il vous déteste, vous êtes mieux de ne pas rester dans son sillage.

Ses meilleurs amis

Comme le Scorpion est un hyperémotif et un hypersensible, il est normal qu'il connaisse des amitiés amoureuses parfois platoniques, mais le plus souvent charnelles. Voici à son intention quelques considérations sur les êtres qu'il a intérêt à fréquenter...

Le Scorpion apprécie particulièrement les gens qui possèdent comme lui beaucoup d'émotivité et de sensibilité. Ces attributs, il les retrouve surtout chez les natifs et ascendants Cancer et Poissons avec qui il établit des rapports intimes basés sur la confiance mutuelle et la compréhension. Les Cancer et les Poissons sont, on peut l'affirmer, ses meilleurs amis.

D'autres signes peuvent aussi lui convenir, à condition que la souplesse fasse partie de leurs caractéristiques individuelles. Ainsi, le Gémeaux et la Vierge peuvent accepter sa suprématie sans broncher et faire ce qu'il désire... Pourvu qu'ils ne soient pas trop masochistes et n'excitent pas chez le natif du Scorpion son besoin occasionnel de sadisme, ils peuvent établir une relation durable et mutuellement satisfaisante.

Le Capricorne l'intéresse par son côté rigide et par les risques calculés qu'il sait prendre. En cela, le Scorpion l'admire. S'il est aussi sexué que lui et que l'osmose a lieu, un grand amour basé sur la complicité pourrait les unir pour la vie, une éternelle amitié pourrait se développer. Mais ne perdez pas de vue que le Scorpion reste le patron. Un autre Scorpion est peu souhaitable comme ami, on comprendra vite pourquoi...

Patience et ténacité

On sait que le sexe joue un rôle majeur dans la vie du Scorpion, mais sa puissance sexuelle réelle n'est pas son seul atout. Patience et ténacité figurent aussi parmi ses attributs, et ils sont actifs en amour comme en autre chose. Jamais un Scorpion n'abandonne. Coincez-le dans un coin et il se tuera plutôt que de se rendre. Bravoure ou bravade, qui est-on pour juger ? Fidélité, respect de la parole donnée, dévouement, ferveur, énergie, instinct, fierté, noblesse et sens de la psychologie sont ce qui fait son charme et sa spécificité.

Aphrodisiaques et sexualité

Aucune raison

Scorpion, vous n'avez aucune raison d'avoir recours aux aphrodisiaques pour donner une bonne performance sexuelle. Mais vous devez admettre que vous aussi connaissez des moments de moindre désir et parfois de défaillance. Jeune, c'est plutôt d'«anaphrodisiaques» (substances sensées diminuer le désir sexuel) dont vous avez besoin, mais, avec l'âge et le temps, la libido tend à diminuer. Voici quelques petits trucs pratiques qui pourraient vous aiguiser l'appétit, sans l'aide du Viagra, Messieurs, sans artifices, Mesdames.

Beaucoup d'épices

Tout d'abord, il vous faut des épices, beaucoup d'épices : de la sauce Tabasco et du raifort dans votre Bloody Mary ou Bloody Cesar, dans votre sauce à fruits de mer, dans votre spaghetti à la viande, en résumé, partout où vous pouvez en ajouter. En plus d'être aphrodisiaques, ces épices sont antiseptiques et nettoyantes. Ajoutez du curry, des anchois, du caviar noir, évidemment, et beaucoup de liquide pour étancher votre soif. Prenez un verre d'eau minérale entre deux consommations alcoolisées, ça vous fera patienter et tenir. Attention, trop de vin, de champagne ou de bière peut avoir raison de la libido la plus solide. Ne buvez pas trop, sinon la soirée risque de se terminer tôt, et pas du tout comme vous l'avez souhaité !

Pour entretenir la libido, on dit beaucoup de bien du ginseng, du foie de bœuf, des œufs et de tous les poissons. Par contre, la salade de tomates et les concombres calmeront vos ardeurs intempestives. Que mangerez-vous le soir de votre anniversaire, cher Scorpion ? Du menu choisi dépendront bien des choses…

COMMENT SÉDUIRE UN SCORPION

Patience et diplomatie

Pour conquérir un natif ou une native du Scorpion, allez-y doucement. C'est une entreprise qui demande patience et diplomatie. Montrez-vous empressé, tendre mais discret. C'est un préalable indispensable. Soyez à la fois disponible et indépendant. Ne vous laissez pas envahir par lui, conservez votre propre identité. Tout cela demandera du souffle et de la maturité. Si vous en avez, tentez le coup. Autrement, abstenez-vous et tournez-vous vers des signes plus sécurisants. Si vous désirez retenir son attention et gagner son amour, dites-vous que c'est à vos risques et périls et agissez.

Ne lui mentez jamais

Un conseil: en cas de relation suivie avec le Scorpion, qu'il s'agisse de mariage, d'union libre mais stable, d'aventure romantico-sexuelle ou même d'association financière, ne lui mentez jamais! De nature inquiète et jalouse, il suivra vos allées et venues à la trace et cherchera tout ce qui pourrait contribuer à satisfaire sa curiosité peu banale. Vous ne lui passerez rien, sachez-le. Aussi bien dire la vérité, car, si jamais vous lui êtes infidèle et qu'il l'apprenne, vous paierez cher votre incartade. Jamais il n'oubliera, sa sensibilité est trop vive et sa mémoire des coups reçus très longue.

Entente sexuelle

Pour entretenir une relation amoureuse avec le Scorpion, il faut aussi que l'entente sexuelle soit complète et totale. Sinon, n'y songez même pas. Ne tentez l'expérience que si vous êtes soumis et flexible de nature. Donnez-lui l'impression qu'il est le patron, et le tour sera joué. Une chose encore: ne vous en faites pas s'il dit toujours non à vos propositions. Il est ainsi. Avec délicatesse et amour, vous parviendrez à le gagner à votre cause. Avec lui, c'est tout ou rien. La vie sera inégale mais intéressante.

COMPATIBILITÉ AMOUREUSE ET SEXUELLE (SYNASTRIE) DU SCORPION

Scorpion-Scorpion : Deux êtres hypersexués s'attirant irrésistiblement. Relation trop exclusive et passionnée pour être rassurante. Cette relation ne dure que si l'un des deux (habituellement la femme) laisse croire à l'autre qu'il domine. L'orgueil du mâle étant sauf, l'amour peut fleurir. Relation qui exige une fidélité totale de part et d'autre. Pas pour les timorés.

Scorpion-Sagittaire : Deux natures contraires. L'un est sexuel et ambitieux, l'autre amoureux et romantique. La compatibilité sexuelle peut exister, mais le climax n'est pas gage de bonheur. L'un est jaloux de l'objet de sa passion, l'autre, indépendant, n'apprécie pas. Possible s'ils se permettent des à-côtés, mais l'un sera jaloux et malheureux, c'est presque fatal.

Scorpion-Capricorne : En principe, la synastrie est bonne, eau et terre se fertilisent. Ici, le raz-de-marée rencontre le volcan, c'est à la fois sublime et dangereux. Craindre la domination et la violence dans ce couple porté aux extrêmes. Si l'un des deux a des enfants, l'union durera. Sinon, la symbiose étant purement physique, elle se décantera d'elle-même.

Scorpion-Verseau : Quel que soit l'attrait sexuel qu'ils éprouvent l'un pour l'autre, la relation à long terme n'est pas à rechercher. L'un veut dominer, l'autre refuse de l'être, c'est une lutte à finir. À titre d'expérience peut-être, mais il faut user de prudence, la passion est sulfureuse. Le défi à relever est sérieux et dépend de l'ascendant des deux partenaires.

Scorpion-Poissons : Cette synastrie fait souvent merveille. L'entente amoureuse et sexuelle est naturelle. Cela ne garantit pas le bonheur à vie, mais c'est gage de satisfaction. Sous sa carapace, le Scorpion est sensible, vulnérable. Parfois indifférent, parfois sentimental, le Poissons le désarçonne. Il faut beaucoup de confiance en soi pour passer de l'idée à l'acte.

Scorpion-Bélier : Attrait mutuel immédiat. De natures semblables, ils sont complices et s'aiment pour la vie. Le

Bélier initie le Scorpion à des jeux sexuels. Plus traditionnel, le Scorpion se détend en sa compagnie. Ils jouissent l'un de l'autre sans retenue ni tabous. La fidélité est essentielle au Scorpion, le Bélier aime séduire... La jalousie peut ternir l'union pourtant idéale.

Scorpion-Taureau: Synastrie ne fonctionnant pas. L'un pense sexe et amour, l'autre amour et sexe. Ils peuvent être en amour, mais ils ne sont pas en harmonie. Têtus, parfois bornés, leurs querelles d'amoureux risquent de dégénérer. L'attraction fatale est parfois reliée à ces signes. Quelle que soit leur orientation sexuelle, mieux vaut ne pas s'aventurer.

Scorpion-Gémeaux: Belle coordination entre deux natures pourtant différentes. Le lourd Scorpion aime la légèreté du Gémeaux et vice versa. L'union charnelle est décidée en quatre minutes, mais l'amour peut durer des décennies. Il leur faut une bonne dose d'humour pour vivre ensemble, mais habituellement ni l'un ni l'autre n'en manque.

Scorpion-Cancer: Bouillant Scorpion, romantique Cancer, la synastrie est parfaite. Ils s'aiment passionnément, fantasment et sont heureux. Le Scorpion est prêt à tout pour satisfaire l'autre qui, sous une apparente langueur, cache une volonté de fer. Relation mystérieuse et fertile. Progéniture ou création artistique, les fruits ne tardent pas à se manifester.

Scorpion-Lion: Attraction sexuelle immédiate basée sur le désir de séduire et de dominer l'autre, puis de le laisser tomber. Cette union dangereuse peut avoir une fin dramatique. L'un est sadique, l'autre masochiste. Les périls d'une telle union amoureuse et sexuelle sont réels. Il faut des partenaires dont les ascendants sont compatibles, et encore...

Scorpion-Vierge: La sexualité de l'un est en harmonie avec la sensualité de l'autre. La synastrie opère, mais le Scorpion accède aisément à la jouissance sexuelle alors que la Vierge a de la difficulté à trouver ce qui l'allume. Il faut tout lui apprendre; par chance, le Scorpion est tenace et puissant sexuellement. S'il aime vraiment la Vierge, ils seront heureux ensemble.

Scorpion-Balance : Le Scorpion recherche la Balance. Indépendante et flirt, elle aime faire la cour et ne se laisse pas facilement apprivoiser. L'un recherche l'autre et se brûle les ailes, c'est fatal. Synastrie difficile, mais quand Mars et Vénus s'aiment, nul ne peut l'empêcher. Possible quand les ascendants sont compatibles, mais jamais sans problème.

THÉRAPIES NATURELLES

L'eau et le Scorpion

Signe d'Eau, le Scorpion a besoin de son élément naturel pour être en santé. Vivre sur l'eau ou près de l'eau constitue pour lui ou elle le bonheur. Si c'est impossible, il peut compenser de différentes manières. Les bains et les douches chaudes et fréquentes sont ce qu'il y a de plus vivifiant. Entre autres thérapies naturelles, je ne peux que lui conseiller de pratiquer l'aquaforme. C'est très zen. À tout âge, c'est divin !

Bien des Scorpion craignent l'eau. Comme il faut être prudent avec son élément, assurez-vous d'avoir de la compagnie quand vous nagez ou quand vous pratiquez un sport nautique (voile, bateau de plaisance, ski nautique, etc.). Ce serait dommage de vous priver de tant de bienfaits… Et puis rien de mieux pour calmer le stress d'un Scorpion authentique qu'une belle partie de pêche !

Le feu et le Scorpion

Il arrive que l'organisme du Scorpion produise un excès d'eau ou de lymphe, ce qui entraîne des problèmes de digestion, de glandes, de vessie et des organes reproducteurs, et parfois de l'hydropisie. Le feu rééquilibrera votre système, il réchauffera votre nature humide et froide et vous aidera à débloquer votre énergie. Soleil, bains thérapeutiques, massages, yoga, sports légers vous conviennent. La cure thermale est excellente !

Summum de l'économie

Summum de l'économie : un litre d'eau pure plus une bouteille d'eau Contrex légèrement diurétique par jour, des bains auxquels vous aurez ajouté du sel de mer et que vous prendrez en écoutant de la musique nouvel âge. Le traitement doit durer deux jours. Vous sortirez de l'eau pour dormir. Peut-être avez-vous un lit d'eau ? Ce serait super ! Pourquoi ne pas profiter d'une fin de semaine plus calme pour tenter l'aventure ? Le lundi, vous aurez le sourire aux lèvres...

FLEURS ET PARFUMS PRÉFÉRÉS DU SCORPION

Nez fragile

Le Scorpion a le nez fragile, souvent proéminent. Il retient toutes les odeurs et n'en aime aucune, sauf dans des circonstances spéciales dont je ne peux vous parler ici ! Pour trouver celle qui lui plaît, ce n'est pas facile, car il sait mieux que personne faire semblant d'être content quand on lui offre un cadeau. Pour ne peiner personne et parce qu'il a le cœur tendre, le Scorpion hésite à dire la vérité sur ses goûts.

Voici quelques noms de fleurs et de parfums qui lui seraient agréables. Mais n'achetez rien sans son consentement, vous gaspilleriez votre argent ! Fleurs et parfums sont devenus des « investissements ». Mieux vaut lui offrir des présents chanceux, sortes de porte-bonheur qui lui attireront la faveur céleste.

Bruyère, menthe et cactus

La bruyère et la menthe sont parmi ses odeurs préférées. Le musc est fait pour l'amour et le sexe, le tabac pour la ville. Quant aux fleurs, le Scorpion les aime de couleur rouge vif. Coquelicots et œillets rouges lui plaisent et lui portent bonheur. Présentez-vous à lui ou à elle avec un bouquet d'œillets à la main et votre Scorpion sera ravi. Il fera semblant de ne pas y accorder trop d'importance, mais l'effet que vous produirez sera foudroyant. Il aime le camélia et le chrysanthème, et tous les cactus lui conviennent!

Choix divers

Parmi les parfums, voici pour elle : *Obsession* de Calvin Klein, *Red Door* d'Elizabeth Arden, *Musk* d'Alyssa Ashley, *Volupté* d'Oscar de la Renta et *Black Pearls* d'Elizabeth Taylor. Pour lui : *Drakkar Noir* de Guy Laroche, *Hugo* de Hugo Boss, *Polo Sport* de Ralph Lauren et *Tsar* de Van Cleef & Arpels. L'aloès est précieux pour les deux sexes. Un bain à l'aloès et une tisane d'hamamélis ou de gentiane feront merveille. Le Scorpion aura toujours raison d'aimer ce qu'il aime. À cause de son superbe instinct, il se trompe peu, et jamais de manière irréparable.

COULEURS PORTE-BONHEUR DU SCORPION

Le rouge sombre

Le rouge sombre presque noir ou rouge sang vous réussit à merveille. Vous devez en user abondamment au travail et à la maison. Élégant et sûr de vous quand vous portez cette couleur, ne serait-ce qu'en accessoire, vous êtes à votre meilleur et rayonnez littéralement.

Un foulard de soie, une cravate et une pochette de cette teinte vous mettront en beauté, cher Scorpion. C'est votre couleur porte-bonheur, n'hésitez pas à l'adopter à la ville comme à la campagne. Travaux extérieurs, jeux et sport, sorties chic et rendez-vous amoureux en seront rendus plus agréables. En harmonie avec votre nature profonde, le rouge sombre ou rouge sang vous va comme un gant. Vous ne pouvez pas vous en passer.

Le noir

Le noir vous attire irrésistiblement. Cette absence de toute couleur vous va bien. Elle est pratique, mais vous devez vous abstenir d'en porter dans vos périodes de tristesse et de déprime. Le noir amplifierait votre tendance à la morbidité. Couleur de deuil et de mort chez les Occidentaux, le noir est très populaire en ce début des années 2000. C'est à se demander si ce n'est pas par paresse que tout le monde l'adopte, ou s'il y a un désir inconscient de mort parmi la population...

Optez pour le bleu

Au lieu du gris et des teintes irisées que l'âge du Verseau mettra à la mode un jour ou l'autre et que vous devrez éviter, vous aurez plus de plaisir à porter du bleu sombre. Toutes les teintes de bleu vous convenant et mettant votre sensibilité en évidence, vous avez intérêt à en user à profusion. En outre, vous n'aurez plus de problèmes à agencer vos couleurs, ce qui vous arrive parfois.

PIERRES CHANCEUSES DU SCORPION

Dans une case à part

Quand il s'agit de talismans et de protection, le Scorpion se situe dans une case à part. Il doit tenir compte de sa propre nature avant de décider de porter des pierres ou des métaux. S'il tend à être agressif, une pierre de couleur rouge lui est déconseillée, car elle accroît son agressivité. S'il tend à être lymphatique, la même pierre rouge le stimulera et le protégera contre les discussions et les disputes. Un fait est certain, il ne peut pas porter n'importe quelle pierre, surtout si elle est montée sur un métal qui ne lui convient pas. Une « pierre de naissance » ou un cadeau peut se révéler dangereux.

La sardoine

Choisissez des pierres et des métaux que vous porterez en toute quiétude. Les conseils suivants vous seront utiles. Hommes et femmes du Scorpion porteront avec bonheur une sardoine d'un beau brun rouge foncé montée sur du métal blanc uniquement, jamais de métal doré. Je connais une comédienne qui l'a fait et s'en est repentie! Bien sertie, la sardoine a pour effet d'éloigner les discussions et de protéger des coups et des blessures. Une douce femme du Scorpion portera sans risque la sanguine, l'hématite ou le grenat aux rayons stimulants, mais ces pierres sont déconseillées à ceux qui sont agressifs. Le métal blanc est recommandé en tout temps.

Le diamant

Le diamant est une pierre à toute épreuve. Il a la particularité d'être quasi universel. Les natifs du Scorpion des deux sexes peuvent lui faire confiance et en porter en toutes circonstances, il les gardera sous sa protection. L'aimer est facile, le détruire impossible. Comme l'amour que le Scorpion voue à l'être aimé, le diamant est éternel.

Rubis, diamants, perles

Bien des gens ignorent l'influence qu'ont sur eux les pierres et les métaux. Cette particularité relevant de la science naturelle se vérifiera scientifiquement bientôt. Ainsi, je vois parfois des alliages qu'il vaudrait mieux ne jamais porter. L'exemple suivant vous intéressera: Scorpion de signe, la belle Grace Kelly portait son fameux collier de rubis, de diamants et de perles lors de son tragique accident. Le fait a été rapporté par la presse internationale. Tous ceux qui portent cet alliage ne connaîtront peut-être pas un sort aussi tragique, mais pourquoi tenter le destin?

Besoin urgent

Si vous avez un besoin urgent de protection, envoyez-moi une enveloppe timbrée avec votre adresse, et je vous ferai parvenir gratuitement la Prière de la protection. Comme traitement efficace, je ne connais rien de mieux.

PAYS, RÉGIONS ET VILLES SCORPION

Parmi les pays et villes marqués par le Scorpion, citons entre autres les pays du pétrole et de l'or noir. Sont aussi Scorpion l'Algérie, le Maroc, la Syrie, le Brésil, la Bulgarie, l'Indochine, le Jutland, la Laponie, la Malaisie, l'Équateur, le Deccan (partie péninsulaire de l'Inde), le Panama, Antigua, Dominica et San Juan (Puerto Rico). Les villes d'Alger et de Liverpool et, au Canada, Edmonton (Alberta) sont du signe.

Aux États-Unis, Washington, Oklahoma, Nevada, Montana, Dakota du Nord et Dakota du Sud sont des États Scorpion, ainsi que Provincetown (Massachusetts), Philadelphie (Pennsylvanie), West Palm Beach (Floride), Beverly Hills et Palm Spings (Californie), Denver (Colorado), Little Rock (Arkansas), Saint Paul (Minnesota) et Seattle (Washington). En Argentine, Santa Fe et La Plata. Au Brésil, Porto Alegre et Santos.

Vous vous sentirez bien en ces lieux exotiques, cher Scorpion. Normal, ils sont de même nature que vous. Des expériences paranormales se produisant souvent lors de séjours en ces endroits, vous en reviendrez changé. Pour le meilleur ou pour le pire. Voyagez seul de préférence. Vous apprécierez mieux la saveur des aliments, les couleurs du ciel et l'architecture propre aux différentes cultures.

LES SECRETS DE VOTRE DATE DE NAISSANCE

LES SCORPION DU 24 OCTOBRE sont impulsifs et originaux, mais leur destinée paraît incertaine. L'insécurité ne les inquiète pas et semble naturelle. Éternels insatisfaits, ils seront perpétuellement en quête de bonheur et finiront par le trouver.

LES SCORPION DU 25 OCTOBRE sauront se maîtriser et se régénérer sans aide extérieure. L'art servira à les rapprocher de ce qui est beau et bon sur terre, mais leur vie sera sans repos. Chanceux, ils retrouveront toujours leur route.

LES SCORPION DU 26 OCTOBRE devront se méfier des personnes qui tenteront sans cesse de leur nuire. Doués pour la recherche et la détection, ils connaîtront des difficultés avec leur conjoint ou leur associé. La sobriété sera leur alliée.

LES SCORPION DU 27 OCTOBRE réussiront à vaincre leurs ennemis et les embûches que ceux-ci sèmeront sur leur chemin. Ils auront la chance d'avoir une bonne famille et un conjoint favorisé par le sort. Leur bonne fortune sera enviable.

LES SCORPION DU 28 OCTOBRE sont favorisés par la beauté, une bonne santé et la fortune. Rusés et intelligents, ils navigueront dans toutes les eaux. Des circonstances chanceuses les aideront à réaliser leurs ambitions. Ils seront généraux, non soldats.

LES SCORPION DU 29 OCTOBRE ont hérité d'un sort heureux, ils sont aussi beaux que rusés. Personne ne réussira à les détruire. De tempérament émotif, ils aimeront l'amour et l'amour les aimera, mais l'argent les motivera.

LES SCORPION DU 30 OCTOBRE ont tout pour réussir dans la vie, mais ils ne s'en vantent pas. Ils sont vaillants et possèdent des aptitudes pour la science et les arts. Ils seront aimés et courtisés, mais leurs amours connaîtront des mésaventures.

LES SCORPION DU 31 OCTOBRE travailleront dur pour gagner leur vie. De nature forte et sensuelle, ils feront de bons chefs de file. Leur passion maîtrisée, ils seront chanceux en amour. Le sentiment est ce qui les humanisera.

LES SCORPION DU 1er NOVEMBRE connaîtront les honneurs. Certains seront orphelins et tous devront surmonter des difficultés au cours de leur jeunesse. Ils réussiront grâce à leur détermination et à leur courage et auront une fin de vie confortable.

LES SCORPION DU 2 NOVEMBRE sont peu sociables et renfermés, ce qui ne les rend pas sympathiques, mais leur assurera la renommée. Ils seront comédiens, vendeurs, diplomates et voyageront par mer. La chance les protégera de la noyade.

LES SCORPION DU 3 NOVEMBRE ont du talent. Leur vie sera bonne s'ils ne défient pas le sort. Il leur faudra beaucoup de volonté pour résister à leur principal handicap : l'orgueil. Humbles et serviables, ils auront meilleure chance en amour.

LES SCORPION DU 4 NOVEMBRE devront beaucoup à leurs parents et à leur éducation. Les expériences de jeunesse laisseront sur eux des traces profondes. Ils feront leur marque et seront estimés. Leur vie amoureuse et sexuelle sera enviable.

LES SCORPION DU 5 NOVEMBRE se fabriqueront une vie de toutes pièces. Ils s'élèveront par leurs propres moyens et réussiront. En amitié et en amour, ils miseront sur leur fidélité et se lieront à des gens de qualité. Leurs efforts seront récompensés.

LES SCORPION DU 6 NOVEMBRE dépendent beaucoup du milieu familial. Leur mot clé est la camaraderie. Liberté et franchise étant deux traits marquants de leur caractère, ils auront de nombreux amis. Ils seront chanceux en amour.

LES SCORPION DU 7 NOVEMBRE seront responsables de leur propre destin. Ils donneront leur pleine mesure quand ils auront atteint la maturité. Fortes têtes et parfois géniaux, leur vie se nourrira de rêves et d'inspiration.

LES SCORPION DU 8 NOVEMBRE resteront longtemps sous l'influence de la famille et des amis. Charitables, ils joueront un rôle social et humanitaire et s'attireront ainsi les faveurs du sort. Ils seront aimés et reconnaissants.

LES SCORPION DU 9 NOVEMBRE sont talentueux, mais ils ont une nature vagabonde que personne ne peut dompter. Nul ne pourra les arrêter, que ce soit dans leurs actions positives ou négatives. Ils feront leur marque et on parlera d'eux.

LES SCORPION DU 10 NOVEMBRE auront une belle destinée sociale et professionnelle, mais leur vie amoureuse sera marquée par un drame de jalousie. Leurs dons occultes les protégeront. La spiritualité réduira les épreuves et les antagonismes.

LES SCORPION DU 11 NOVEMBRE sont avides d'argent et prompts à défendre leurs intérêts. Subtils dans la conception des projets, ils sont hardis dans leur exécution. Ils pourront connaître un drame d'amour et ne seront pas à l'abri d'accidents.

LES SCORPION DU 12 NOVEMBRE marqueront le monde dans lequel ils vivent par leurs dons naturels. Ils éprouveront de fortes affections et aversions, mais ils sauront contrôler leurs passions. S'ils ne sont pas jaloux en amour, ils seront heureux.

LES SCORPION DU 13 NOVEMBRE réussiront à s'imposer grâce à leur indépendance. L'éducation jouera un rôle primordial dans leur destinée. Rien ne les fera jamais changer d'idée, sauf l'amour. Ils seront chanceux matériellement.

LES SCORPION DU 14 NOVEMBRE seront favorisés par le sort mais malmenés en amour. Ils chercheront le bonheur, mais encore plus la domination et la richesse. Leurs vœux seront comblés, ils deviendront riches mais manqueront d'amour.

LES SCORPION DU 15 NOVEMBRE sont doux mais faibles de caractère. Imprévoyants et dépensiers, ils devront faire des provisions pour les temps difficiles. Ils auront de la chance en amitié, mais leurs amours seront contrariées.

LES SCORPION DU 16 NOVEMBRE sont pratiques, économes et travailleurs. Leur vocation est d'être utile aux autres. Leurs manières discrètes et leurs tenues modestes attirent sur eux la sympathie. Ils seront plus heureux à la campagne.

LES SCORPION DU 17 NOVEMBRE ont à redouter la séduction dangereuse et fatale des amours passionnées. D'une grande intelligence, ils devront se libérer de leurs inhibitions pour trouver le bonheur. Le sport, la danse et le théâtre leur seront utiles.

LES SCORPION DU 18 NOVEMBRE ont du génie, mais ils connaîtront des amours cruelles. Ils réussiront à se créer une véritable dynastie, mais ils courront à leur perte. Leurs associations seront parfois ruineuses. Seuls, ils seront plus chanceux.

LES SCORPION DU 19 NOVEMBRE sont sympathiques et talentueux. Ils prendront une retraite précoce mais devront user de prudence, des dangers les menaçant. Ils pourront faire fortune grâce à un héritage mais seront exigeants en amour.

LES SCORPION DU 20 NOVEMBRE seront puissants et enviés. Provoquant des amitiés durables et des inimitiés tragiques, ils devront se méfier de la méchanceté gratuite et de la jalousie. Des accidents sont possibles, ils devront se montrer prudents.

LES SCORPION DU 21 NOVEMBRE ont de nombreux centres d'intérêt, mais ils doivent se méfier de leurs relations et des occasions d'accidents. Ils seront reconnus à cause de leur talent scientifique, artistique ou littéraire.

LES SCORPION OU SAGITTAIRE DU 22 NOVEMBRE (selon l'année et l'heure de naissance) connaîtront des moments chanceux et malchanceux qui se succéderont à un rythme effréné. Qu'on les aime ou non, ils se montreront satisfaits de leur sort. Leur 33e année sera décisive.

JOUR CHANCEUX

Le jour chanceux du Scorpion est le mardi, jour ainsi nommé en l'honneur de Mars qui régit en partie le signe. Il n'y a pas encore de jour dédié à Pluton. Qui sait, on découvrira peut-être un jour les planètes manquantes et on changera alors le calendrier... Quoi qu'il en soit, tout est propice au Scorpion le mardi. Qu'il traite ses affaires et travaille dur ce jour-là.

C'est son moment fort, à lui d'en tirer le meilleur parti possible.

La magie des Étoiles est en action tous les mardis, cher Scorpion. Jouez gagnant !

Les secrets du Sagittaire

Le Sagittaire a quelque chose de royal. C'est plus fort que lui. Même le plus simple n'arrive pas à se «démocratiser» complètement. Il ne fonctionne pas sans un certain décorum. C'est son droit le plus absolu. Pour tout dire, c'est souvent amusant et parfois impressionnant.

CENTAURE CÉLESTE

Symbolisme

Centaure céleste armé de son arc, mi-homme, mi-cheval, le symbolisme du Sagittaire en intrigue plusieurs. On doit le considérer comme un hiéroglyphe représentant un dualisme évident. Le natif du Sagittaire doit transcender sa nature «animale» pour élever son esprit vers Dieu.

Idéal élevé

Le centaure tend haut son arc, montrant ainsi que l'esprit humain cherche quelque chose dans son pèlerinage sur terre, au-delà de la matière. Il aspire à un idéal élevé. Son arc vise les cieux. De toute évidence, il veut atteindre Dieu. On ne peut pas dire qu'il manque d'ambition! Ainsi en est-il de la destinée du Sagittaire. L'ambition est à la fois sa force et sa faiblesse. On assiste à l'ascension et, parfois, à la chute de l'ange...

Dépasser ses limites

Comme le centaure, le Sagittaire cherche à ressembler à Dieu. Quand il réussit à dépasser ses limites et à toucher le ciel, il reflète tout ce qu'il y a de noble et de beau sur Terre. Ses cadeaux sont les plus somptueux, ses bijoux les plus dignes, sa table la plus hospitalière et la plus généreuse qui soit. Sa démarche lie intimement le païen et le sacré. Les deux font partie de son essence. Dans l'excès comme dans la mesure, il est irremplaçable.

Chasseur de bonheur

Étudions sérieusement ce Sagittaire à double nature et à grands espoirs. En ces temps pessimistes, il serait bien d'en savoir plus long sur lui et sur sa nature optimiste. Peut-être qu'il nous insufflera le courage du chasseur de bonheur qu'il est devenu dans les temps modernes...

PLANS PHYSIQUE, MENTAL ET INTELLECTUEL

Plan physique

Physiquement, le Sagittaire est bien fait, élancé, beau et musclé. Souvent, la tête est petite par rapport au corps. Le visage est ovale, les traits sont aristocratiques et fins. Les cheveux sont bruns, doux et bouclés, le nez est droit et presque grec, les yeux expressifs sont taillés en amande. La bouche est bien formée, le menton pointu ou légèrement carré. Parfois, on note une mâchoire chevaline et des dents protubérantes. Les facultés olfactives sont très développées. Épaules fortes, hanches minces, cuisses longues et musclées et allure sportive complètent le portrait de ce corps athlétique. On dirait un toréador espagnol!

Prédispositions pathologiques

Chez le Sagittaire sont sensibles les tissus et les organes qui interviennent dans la régularisation dynamique de l'organisme et dans les échanges énergétiques de l'individu avec son environnement. L'ambiance et le climat ont donc une influence directe sur les pathologies du natif de ce signe, sur son caractère et sur ses agissements.

Sont concernés : système musculo-artériel, mécanisme vasomoteur, centre sympathique, bulbe rachidien, glande endocrine, foie, glande pituitaire, région des hanches, des cuisses et des fesses. Le natif du Sagittaire est prédisposé aux affections des voies respiratoires, des poumons et du système nerveux, aux maladies du foie et des fonctions digestives et à la pléthore. On note parfois une fragilité du système génito-urinaire et du thymus.

Fait à noter : les Sagittaire sont rarement stériles, à moins qu'une chaleur extrême ne brûle la semence vitale...

Aimable secret

L'espérance de vie est longue chez les natifs de ce signe. À moins d'accidents de locomotion, ils peuvent espérer une belle longévité.

Plan mental

Le Sagittaire a des états vibratoires mentaux analogues à celui de la nature en décembre. Ils se traduisent par les qualités et les traits suivants : activité, ardeur, adresse, dualité, animisme, bienveillance, amour de la justice, de l'équilibre et du devoir. On note des aspirations spirituelles et une mentalité double difficile à pénétrer.

Jovial et optimiste, il aime la nature dont il respecte les règles, la loi dont il fait souvent profession, la philosophie dont il nourrit son esprit et les voyages qui comblent son désir d'ailleurs. Ayant la parole en bouche et le sens de la controverse, il possède l'art de plaider le faux pour connaître le vrai. Son sens du paradoxe donne lieu à de chaudes discussions sociales, politiques et économiques. Fin renard, il sait se tirer de tous les pétrins.

L'explorateur du zodiaque

Le Sagittaire est l'explorateur du zodiaque. Avant tout le monde, il part à la conquête de l'univers. Après tout le monde, il rentre au bercail. Il doit constamment exciter son système nerveux, aviver son intelligence, satisfaire sa curiosité «congénitale». Mais ce n'est pas simple. Sa double nature l'attirant dans des directions opposées, il doit harmoniser les tendances contraires qui l'habitent s'il veut être heureux, ce qu'il parvient habituellement à faire à sa maturité.

Mi-ange, mi-démon

Mi-ange, mi-démon, le Sagittaire est capable du meilleur comme du pire. Aventuriers et bandits sont souvent de ce signe, saints et missionnaires aussi. Son indépendance, l'une de ses principales caractéristiques, se manifeste sur le plan physique, psychologique et mental. Si on respecte son besoin de liberté et sa façon d'exprimer ses divergences, on peut entretenir avec lui des relations agréables. Sinon, mieux vaut s'en éloigner.

Plan intellectuel

Sur le plan intellectuel, le Sagittaire est le plus souvent une sommité dans son domaine. Ambitieux et intelligent, il envisage un métier, une carrière qui utilisera au maximum ses dons et ses talents naturels. De cette façon, il camoufle habilement son manque d'ardeur au travail en remportant succès et honneurs.

Il est doté d'un esprit brillant et démonstratif, il a besoin de parler, de s'exprimer et de s'extérioriser. Parfois, il parle trop haut et trop fort. Son discours est plus souvent brillant que logique, mais, sûr de l'effet qu'il produit sur l'assemblée, il déride et réussit à faire rire l'auditoire, petit ou grand. Il aime être entouré, applaudi et mis au premier rang.

Le Sagittaire est peu porté vers les études rigoureuses et les sciences exactes. Mieux vaut l'intéresser jeune au sport. En alternant les périodes de travail intellectuel et les jeux ou les sports, il se lassera moins et sera plus studieux. S'il opte pour une occupation, c'est qu'il est sûr de réussir. Il ne perd pas de temps à trouver sa niche et se fait dès sa jeunesse une place qu'il gardera longtemps. Conservateur de nature, tout ce qui est antique et ancien lui plaît. Son vieux téléphone, son phonographe ou sa vieille radio, ses photos et menus souvenirs, tout cela est précieux pour lui. Il se ressource à leur vue et à leur contact. Il aurait tort de s'en départir…

SIGNE MASCULIN, DOUBLE ET DE FEU

Signe positif ou masculin

Le Sagittaire est un signe de pôle positif ou masculin. Les hommes du signe sont de vrais mâles, on ne peut s'y tromper. Un peu macho peut-être, mais cette tendance s'atténue avec le temps. Les femmes du signe ont quelque chose de masculin en elles, mais quelques-unes ont la particularité contraire : elles sont toutes petites et fragiles. Édith Piaf était Sagittaire…

Extériorisant ses forces et ses énergies, le natif de ce signe dirige ses actions de manière qu'elles lui profitent d'abord, forçant ainsi le destin à tourner en sa faveur. Ses réussites sont presque toujours le fait de sa propre volonté. Bien que la chance le guide dans ses choix, il mérite son succès et gagne à la force du poignet.

La femme solide

La femme Sagittaire est la femme solide du zodiaque. Instinctive, déterminée et volontaire, elle vacille parfois, mais elle retombe toujours sur ses pattes. Noble et généreuse, elle tient la famille debout, quoi qu'il advienne. Soignant, instruisant et éduquant ses enfants, elle s'occupe de leur trouver un travail, parfois un mari, une épouse… C'est le chef du clan, la douairière, la suprême autorité dans le milieu familial. On la respecte et on la craint autant qu'on l'aime, et pour les mêmes raisons.

Signe double

Toute médaille a un revers, tout Sagittaire aussi. Les contrastes et les opinions opposées, la variété dans les goûts, tout cela résulte de la double nature de ce signe. Un de ses « doubles » n'est jamais satisfait.

Pas simple, le Sagittaire, c'est le moins qu'on puisse dire. Ses traits principaux sont : chaleureux, libéral, intelligent, philanthrope, généreux, tolérant, franc, jovial, hospitalier et compatissant. Cela compense pour bien des choses…

Signe de Feu

Le Sagittaire est un signe de Feu. De là lui vient sa passion torride, celle qui anime toute sa vie et qui le démarque des autres signes. Cela explique les idéaux et les devoirs moraux qu'il s'oblige à remplir, sinon il ne sera pas heureux. Parce qu'il est de tempérament sanguin et chaud, le feu de la passion peut prendre des proportions gigantesques, le consumer et lui rendre la vie insupportable. Mais de tels cas sont rares ; il est de ceux qui peuvent brûler la chandelle par les deux bouts en ne payant le prix que tardivement…

Défauts

Quand le Sagittaire se fâche, il fait des frasques. Ses principaux défauts sont : l'ostentation, l'orgueil, l'arrogance, l'hypocrisie, l'exagération, l'amour excessif du jeu et du risque. Il finit mal, a des ennuis avec la justice et tombe malade. La note est salée. Trop de facilité peut nuire. Il tombe parfois victime de trop de talent, d'argent, de pouvoir. Il doit apprendre à gérer tout ça.

GOUVERNÉ PAR JUPITER

Jupiter, le « Grand Bénéfique »

Jupiter est la planète qui joue le rôle le plus important dans sa destinée. Même si vous savez peu de chose en astrologie, vous devez connaître la bonne réputation de Jupiter, surnommée le « Grand Bénéfique ». Il est bon de l'étudier afin d'en tirer le meilleur parti…

Jupiter accorde au natif du Sagittaire de nombreux dons et cadeaux célestes : santé, pouvoir, moralité, équité, jugement, franchise, grandeur d'âme, tolérance, entregent, sociabilité, optimisme et sagesse. Cette planète prédispose aux hautes études, à la spécialisation, à la réalisation de buts nobles. Elle donne orgueil et indépendance, rarement de la suffisance.

Jupiter symbolise les honneurs, la chance, la fortune, la prospérité, les enfants, la législation, la science, le commerce en gros, l'exportation et l'importation, le maître, le protecteur, les situations et les gens fortunés et nobles, les palais, les châteaux, les églises, les temples, l'aristocratie. Quand on a la chance de l'avoir comme maître en destinée, il ne faut pas sous-estimer sa propre force, faire preuve d'ambition et se donner à fond. On est alors sûr de remplir sa mission sur terre et d'accomplir son destin.

Naître sous de pareils auspices est extrêmement favorable. Encore faut-il savoir exploiter son potentiel et trouver son filon. Avec toutes ces qualités, ça ne devrait pas être terriblement difficile…

RELATIONS AFFECTIVES

Quand la passion frappe

Les relations affectives du Sagittaire possèdent les qualités qui font de lui un bon amoureux, d'elle, une bonne amante, et les défauts qui font de lui ou d'elle un conjoint médiocre. Indépendance outrée, besoin de changement, d'évasion, voyages fréquents et lointains, expériences nouvelles à vivre au bout du monde, entraînement sportif, élevage d'animaux sauvages ou de race, médecine, chirurgie, politique, loi ou religion pour occuper son esprit, il lui reste peu de temps pour l'amour.

Quand la passion frappe, plus rien d'autre n'existe, elle occupe toute sa vie. Rien n'est plus urgent ni plus important que de vivre son « grand amour ». Pas même sa santé ni son argent !

Le grand amour

Romantique à l'excès, romanesque comme personne et croyant aux contes de fées, il n'est pas facile pour lui de vivre un grand amour ni une grande amitié. Souvent déçu, il ne cesse d'attendre le vrai « grand amour ». C'est impossible de le satisfaire à moins d'être l'âme sœur, le partenaire idéal dont l'esprit égale le sien ou le dépasse, ou le joyeux compère de ses sorties et de ses nuits de plaisir. Et encore... Il lutte toujours contre ses propres envies et sentiments et il se complique la vie à souhait. Sa sensibilité n'est pas à la hauteur de sa passion.

Pour qui l'aime

Mieux vaut ne pas vous lier à lui « par contrat ». Son impulsivité et ses humeurs changeantes vous le feront regretter. D'amis, d'amants, de conjoints que vous étiez, vous deviendrez des étrangers. Ce serait dommage...

Mieux libre

Sagittaire, vous êtes mieux libre que marié. Si vous décidez de vous marier pour plaire aux parents, enfants, amis et relations, évitez de choisir un dépendant affectif comme partenaire. Ce sera à coup sûr la séparation, le divorce. Deux mariages pour un signe double ne sont pas rares. Fait agréable à souligner: le deuxième est toujours plus heureux que le premier.

En cas de problème conjugal, vous préférez vous éloigner, menant votre vie à votre manière et laissant à l'autre le soin d'en faire autant, sans tapage ni scandale. Que l'honneur soit sauf et que les enfants n'en souffrent pas! Sauver votre orgueil et la réputation de la famille est capital pour vous.

L'ARGENT ET LES AFFAIRES

Argent et ambition

Choyé par son maître Jupiter, le Sagittaire connaît un destin faste. Il manque rarement d'argent, jamais d'ambition. Matérialiste à ses heures, il aime la belle société, le luxe et le confort. Tout doit être confortable, y compris le lieu de travail, le restaurant, les clubs sportifs ou autres auxquels il appartient volontiers. Il a de la chance, ses désirs sont toujours satisfaits.

Deux emplois

Capable d'occuper de façon efficace deux emplois simultanément, il peut compter sur diverses sources de revenus. Deux métiers, deux carrières ou plus ne sont pas rares chez le Sagittaire. Il faut cependant l'aviser d'une chose: les risques accidentels étant accrus dans le milieu de travail, au cours des déplacements et des voyages, il doit être prudent, surtout dans sa jeunesse. Avec le temps, il s'assagira, conduira moins vite son bolide et sera moins fanfaron.

Métiers et professions

Archer, cavalier, éleveur de chevaux, maître d'équitation, dresseur, boucher chevalin, éleveur de chiens, trafiquant d'animaux exotiques, pilote de course, aviateur, explorateur, anthropologue, organisateur de voyages, interprète, organisateur de safari et de chasse, garde-chasse, ministre, ambassadeur, ministre d'un culte, théologien, missionnaire, mystique, haut fonctionnaire, notable, personnalité importante de l'administration et de l'État, éducateur, sportif de haut calibre, champion, gymnaste ou professeur de gymnastique ou de yoga, linguiste, musicien et compositeur de génie, le choix des métiers et des professions est quasi illimité.

Secrets bien gardés

Nul mieux que le Sagittaire ne sait raconter des histoires et les rendre intéressantes. Pour profiter de son sens de l'humour et de son souci du détail, demandez-lui de raconter ses voyages, aventures et incartades. Un vrai poème, vous rirez à coup sûr ! C'est un bon conteur, acteur, auteur comique et dramatique, il peut exercer le métier d'artiste, de musicien, de journaliste, de représentant ou de vendeur. À moins qu'il ne soit professeur : son principal désir est d'enseigner et d'apporter la lumière et la connaissance à ses contemporains.

Sa vocation passe en premier. L'argent lui est donné en prime. Ce sont là des secrets qu'il s'efforce de bien garder, car il a horreur de la gloriole et n'aime que le vrai pouvoir : celui que l'on exerce sur soi-même !

Amis et relations

Sagittaire, vos amis et vos relations sociales et professionnelles sont de qualité. Différents et parfois controversés, ils contribuent largement à votre avancement et à vos gains d'argent. Il entre de l'inédit, du mystérieux, de l'originalité et parfois de l'excentricité dans le choix de vos amis et relations, mais aussi dans vos affaires d'argent. Vous faites rarement de l'argent comme tout le monde et vous fréquentez des gens hors du commun.

À l'étranger

Sous les airs bohèmes du Sagittaire se cache une nature prudente et avisée en affaires. Cette attitude décontractée favorise le succès matériel et lui donne une influence qu'il n'aurait pas autrement. Il sait attirer et retenir l'attention de gens haut placés et des personnalités de son entourage et d'ailleurs. Son intérêt pour l'étranger est légendaire. Tout ce qui vient d'ailleurs le séduit. Lorsqu'il traite avec des étrangers ou à l'étranger, il est dans son élément. Les langues étrangères lui sont aisées. Il a intérêt à en parler au moins deux, ses multiples engagements pouvant le mener un peu partout dans le monde.

LES AMOURS DU SAGITTAIRE

Conception romanesque

Les amours du Sagittaire ont ceci de particulier qu'elles sont sublimées, embellies par la conception romanesque qu'il entretient toute sa vie au sujet des affaires de cœur. Il est romantique à souhait, avec tout ce que cela suppose d'excès et de passions, de joies et de peines, de génie et de folie. Il est capable de démontrer publiquement un amour foudroyant ou une indifférence glaciale. Rien de tiède ne saurait satisfaire son exigeante nature.

Amour à distance

Sociable et attrayant, vous tendez, cher natif, à l'exclusivité en amour et en amitié. Fidèle, vous demandez à l'autre d'être pareil. Aimant que vos proches soient disponibles, vous n'avez pas besoin de leur présence constante et vous pouvez fort bien vous accommoder d'amour et d'amitié à distance et par intervalles. Vos sentiments demeurent intacts, mais ceux d'autrui peuvent se faner. Les amours de voyage, c'est bien beau, mais ne dit-on pas avec raison : « Loin des yeux, loin du cœur » ?

Amitiés platoniques

Vos relations interpersonnelles sont empreintes de cordialité et de politesse. Vous détestez les gens grossiers qui ne font pas les choses correctement. Cela élimine bien des prétendants et prétendantes… Au cours de votre vie, de grandes amitiés amoureuses se transforment en amitiés platoniques basées sur l'affection et sur le respect. Celles-ci vous apportent l'équilibre affectif dont vous avez besoin et suffisent à remplir les vides laissés par un cœur sauvage et intraitable. À ce sujet, un amour d'enfance est souvent responsable de votre «indomptabilité». Les traces qu'il a laissées sont indélébiles.

Du paradis à l'enfer

Sagittaire, vos amours connaissent des revirements spectaculaires. Du paradis à l'enfer ou vice versa, vos montées et vos descentes sentimentales sont remarquables. Vous tendez presque invariablement à aimer qui est pris ou ne vous aime pas, négligeant qui est libre et se consume d'amour pour vous. Votre double nature y est sans doute pour quelque chose… Il y aurait de quoi chavirer, mais vous avez pour vous retenir les joies et la consolation apportées par la famille et les enfants. C'est un lien solide.

Secret entre nous

Secret entre nous: le lien d'amour inconditionnel qui vous rattache aux vôtres est votre bouée de sauvetage. Ne le coupez jamais, ce serait un bien grand malheur pour eux… et pour vous.

Il sait tenir ses promesses

Ce qu'il demande, il l'obtient. Pour résister à un ou à une Sagittaire, il faut une volonté solide et des nerfs d'acier. Passé maître en dialectique, il sait vous convaincre et vous susurrer à l'oreille les mots qu'il faut pour vous faire changer d'idée au dernier moment, alors qu'il serait temps de partir… Vous commettrez en sa compagnie des «bévues» que vous ne regretterez pas. S'il promet le paradis, il tient promesse. Dans vos ébats amoureux, il fera tout pour vous faire plaisir. Y compris des miracles!

Imbroglio

Bien qu'il soit préférable pour vous de vivre en union libre, il demeure que vos amours doivent être légalisées pour que vous soyez à l'aise. Vivre dans l'illégalité est pour vous un calvaire. J'exagère, mais à peine. À vous de résoudre cet imbroglio.

Choix opportuns

Le Sagittaire trouve de la fantaisie chez le Bélier, le Lion et les autres Sagittaire qu'il juge stimulants et divertissants. L'esprit moqueur de la Balance et du Verseau l'amuse et le fait rire. Ce sont donc des choix opportuns. Avec le Gémeaux, c'est l'amour fou ou la haine totale, pas de demi-mesure. Même chose avec la Vierge et le Poissons. Ses amis et ses connaissances se servent souvent de lui, et il le sait, mais le contraire est aussi vrai. Pour une bonne cause, il côtoiera tous les signes. En principe, il s'entend bien avec tout le monde.

APHRODISIAQUES ET SEXUALITÉ

Imagination fertile

Facile à allumer, le Sagittaire n'a pas de besoins particuliers en ce qui concerne les aphrodisiaques. Son imagination fertile le sert admirablement. En connaître quelques-uns pourrait quand même lui être utile pour les périodes creuses que tous connaissent un jour ou l'autre. Quand le feu s'éteint et que la libido subit des baisses, il sait que ce n'est pas pour longtemps. Il a raison, avec lui, la remontée ne se fait jamais attendre. Et cela, jusqu'à un âge vénérable que je situerais autour des quatre-vingt-quatre ans. C'est dire !

Des fleurs

Pour stimuler le chasseur qu'est le Sagittaire, l'ambiance est importante. Offrez-lui des fleurs, puis de la belle musique, un peu de vin doux et un lit moelleux feront le reste. Pour sa fête ou lors d'un événement spécial, dressez une belle table conventionnelle et préparez le menu suivant. Vous serez récompensé de vos efforts !

Saison de la chasse

Pour aiguiser son appétit sexuel, comme il est né pendant la saison de la chasse, pensez perdrix, faisan, venaison, mais sans sauces trop lourdes pour le foie. En guise de hors-d'œuvre, l'artichaut; comme potage, un mélange de poireaux et de pommes de terre; en guise de dessert, des fruits exotiques: kiwis, grenades, goyaves, fruits secs, figues, dattes et raisins. Arrosez légèrement le tout de vin nouveau et léger. C'est du travail, je le concède, mais ça en vaut la peine, paraît-il…

Secret d'une importance capitale

Évitez complètement la poudre de cantharide ou *spanish fly*, les tabacs exotiques et autres produits de ce genre. C'est la dernière chose dont vous avez besoin. Optez plutôt pour des produits naturels comme la spiruline et le ginseng. Ils n'auront pas l'effet instantané du Viagra, mais, à moyen terme, vous serez satisfait. Quand on est un signe de Feu, nul besoin d'ajouter à sa flamme. N'oublions pas qu'elle peut être dévorante et ça, c'est dangereux !

COMMENT SÉDUIRE UN SAGITTAIRE

L'aimer comme il est

Dans le domaine de la séduction, le natif du Sagittaire n'est pas moins doué que les autres, mais le fait est qu'il ne consent pas facilement à faire des efforts dans le but de se faire aimer. Il faut l'aimer comme il est, sans chercher à le transformer ni à le changer. Avec ces bonnes dispositions, vous avez plus de chance de faire sa conquête et de conserver son affection.

Indépendant de nature, il n'a besoin de personne pour faire son bonheur. C'est du moins ce qu'il prétend à la première rencontre. Une personne perspicace verra tout de suite au-delà des apparences et comprendra que le Sagittaire aime être admiré et aimé. Reconnu comme étant « le plus romanesque du zodiaque », il a une priorité : l'amour. Passez donc bravement à l'assaut de cet amoureux qui n'est bien qu'en transit...

Aiguiser sa curiosité

Comment se faire remarquer de lui ? En se présentant de manière un peu coquine et audacieuse, mais en respectant les règles de l'art. Une tenue appropriée et un respect des convenances sont des éléments qu'il appréciera au premier coup d'œil. N'oubliez pas la remarque suivante : quelqu'un qui aiguise sa curiosité est digne d'attention, alors que celui ou celle qui se dévoile sort définitivement de son champ d'intérêt. Trop facile est synonyme d'inintéressant.

Trouver un moyen original

Vous devez trouver un moyen original pour faire connaissance et retenir son attention le temps nécessaire pour vous imposer à son imaginaire. Être sûr de vous, autonome et indépendant est obligatoire. Sinon, abstenez-vous, il restera de glace. Si vous pleurez trop facilement, oubliez-le aussi. Rien de pire pour lui que la faiblesse. Quelqu'un de vulnérable, oui, de pitoyable, jamais ! Son orgueil le lui interdit formellement !

Choix possible

Si vous occupez un poste prestigieux, exercez un métier enviable et fréquentez l'élite de la société, vous êtes un choix possible. Rien de terne ni de banal n'intéresse jamais notre sympathique et aventurier Sagittaire. La vie au grand air, les animaux et les voyages vous passionnent ? Vous pourriez vivre à la campagne, avoir deux résidences et voyager, sans opter nécessairement pour la vie en hôtel de luxe ? Si oui, vous êtes l'idéal recherché par notre Sagittaire. Un clin d'œil décroché au moment opportun fera le reste.

Compatibilité amoureuse et sexuelle (synastrie) du Sagittaire

Sagittaire-Sagittaire : La synastrie à son meilleur, ou à son pire… Deux forces dynamiques et indépendantes se joignent en amour et sexuellement. Le résultat va de l'apothéose au fiasco total, selon leur première rencontre. Les Sagittaire étant passionnés, excessifs, parfois dominateurs en amour, l'union à long terme est rare. Trop intense pour durer, mais grandiose.

Sagittaire-Capricorne : Union de l'impossible. Le premier est brûlant de passion, l'autre est figé par la passion. Ils s'attirent mais arrivent rarement au climax. L'un veut tout, l'autre prétend qu'il ne veut rien. Comment lui faire plaisir s'il se tait sur ce qu'il aime ? Là est le dilemme… Un regard suffit à les rapprocher, un mot à les séparer. Ils sont à fleur de peau.

Sagittaire-Verseau : Chez eux, la notion romantique est plus forte que l'attrait purement sexuel. Ils cherchent l'aventure et rêvent d'une île déserte où consommer leur amour et connaître l'extase. Beau, mais ça risque d'être court. Le Verseau cherche de nouveaux plaisirs, l'autre voyage. L'amour de la liberté et des ascendants compatibles peuvent tout changer…

Sagittaire-Poissons : Synastrie romanesque mais à risque. Ils se rencontrent dans un lieu étrange et font l'amour. L'un est très sexué, l'autre moins, mais le destin les rapproche. Si le Sagittaire s'absente trop, l'autre ira chercher ailleurs la sécurité amoureuse dont il a besoin. Ça peut tourner au drame. Si c'est l'homme qui est Sagittaire, c'est plus sûr.

Sagittaire-Bélier : Deux fortes natures aimant les plaisirs charnels et partageant une belle complicité amoureuse et sexuelle. Le climax est impossible à rater. Le Bélier n'est pas romantique pour deux sous, mais l'amour du Sagittaire le touche et le transforme. Malheur à qui trompera l'autre. La fierté étant blessée, le mal sera irréparable, le bris définitif.

Sagittaire-Taureau : Déploiement harmonieux d'énergie sensuelle et sexuelle. Ils sont amoureux de l'amour. Aussi sensibles aux odeurs : les phéromones agissent. L'amour du voyage les rapproche. Ils aiment faire l'amour dans des lieux où luxe et volupté sont réunis. Amour total, sans tabous. L'usure du temps n'a pas de prise, leur passion est un culte.

Sagittaire-Gémeaux : Difficile synastrie ayant rarement une conclusion heureuse. Séduit par l'aisance du Gémeaux, le Sagittaire fait de son mieux pour lui plaire, mais la relation est semée d'embûches. Manquant de passion, le Gémeaux se lasse de l'autre toujours au paroxysme de l'amour. Pourvu qu'ils se laissent libres, ils ont plus de chance en amitié amoureuse.

Sagittaire-Cancer : Synastrie puissante et le plus souvent heureuse. Le Sagittaire passe de l'ardeur amoureuse intempestive à l'indifférence quasi totale, pendant que le Cancer se donne et parfois le regrette. Il a de la difficulté à garder le contact et l'éloignement le tue. Un amour partagé est possible. Sexuelle ou non, la relation peut être superbe.

Sagittaire-Lion : Deux passionnés à la recherche de la satisfaction sexuelle maximale. Dominants tous les deux, ils visent à maîtriser la relation amoureuse et à réduire l'autre à l'esclavage. Impossible, les deux étant trop forts pour se rendre. Le nirvana est le but ultime et ils l'atteignent assez souvent. Trop ardents, ils doivent faire l'amour deux fois pour se satisfaire.

Sagittaire-Vierge : Deux signes doubles dont les tendances amoureuses et sexuelles s'apparentent, mais qui ne peuvent s'aimer sans se faire du mal. Le premier contact est décevant. Beaucoup de soumission est demandée à la Vierge. Vivant dans son ombre, elle n'est elle-même que dans l'acte sexuel. Il faut de l'abnégation. Mieux vaut se séparer que se détruire.

Sagittaire-Balance : Sexuellement compatibles, ils vivent dans une atmosphère passionnelle. Séduisants et aimant flirter, l'aventure les allume. Ils savent s'envoyer au septième ciel des amants et frôlent souvent le nirvana. La beauté, l'art et la musique provoquent un état d'amour et de créativité. Intéressant dans toutes les formes de sexualité.

Sagittaire-Scorpion: Une telle synergie n'est pas souhaitable, seul un thème de comparaison personnel nous renseignera vraiment. La nature aventureuse et indépendante du Sagittaire s'adapte mal aux exigences sexuelles et à la possessivité du Scorpion. L'un aime la romance, l'autre le sexe, ils sont loin l'un de l'autre... Possible en tant qu'expérience...

Thérapies naturelles

L'eau est magique

Pour le Sagittaire, les thérapies naturelles efficaces sont nombreuses et diversifiées. Signe de Feu, il a besoin d'eau pour stabiliser son métabolisme et vivre en santé. Cet élément est essentiel à sa bonne santé et à sa longévité.

Sagittaire, l'eau exerce sur vous un pouvoir, une fascination quasi magique. Elle vous remet en forme, vous ragaillardit instantanément. Il vous est conseillé de consommer des quantités d'eau fraîche quotidiennement, de boire des jus de fruits ou autres rafraîchis sans être glacés, de prendre peu d'alcool, celui-ci ayant pour effet d'échauffer le sang, ce qui nuirait à votre bonne santé.

Cures thermales

Les douches fraîches, même en hiver, sont préférables aux bains chauds. Ceux-ci sont à bannir en toute saison, l'idée étant de vous rafraîchir le sang. Les bains à remous peuvent vous amuser et vous détendre, mais veillez à ce que l'eau ne soit pas trop chaude ni le traitement trop long. Cures thermales et eaux de Vichy, entre autres, sont excellentes pour votre genre de tempérament.

Séjours à la mer

Les séjours à la mer vous sont profitables à condition de limiter l'exposition au soleil. Pour tout le monde, c'est important. Pour vous, c'est une nécessité, un *must*. Fuyez le soleil de midi, surtout dans les pays chauds, étendez-vous plutôt à l'ombre d'un parasol, sous un grand chapeau, avec des lunettes de soleil de bonne qualité sur le nez et une protection maximale sur la peau afin d'éviter les coups de soleil. Cela pourrait entraîner des maladies de la peau, mais aussi d'autres problèmes plus graves liés à la reproduction des cellules.

Summum de l'économie

Summum de l'économie : un bain d'eau tiède, parfumé à la lavande ou à la vanille, d'une durée de trente minutes, suivi d'une sieste également de trente minutes, la fenêtre grande ouverte. Au réveil, une tisane de sauge digestive régularisera la circulation. Ce traitement fera des miracles pour tous les Sagittaire.

Secrets de voyage

Les masques pour les yeux et les boules de cire pour les oreilles sont pour vous. Ne partez pas, même pour une fin de semaine, sans ces aides précieuses ! Elles vous permettront de dormir à toute heure du jour et de la nuit, et en tout lieu. Pour un noctambule comme vous, c'est indispensable.

FLEURS ET PARFUMS PRÉFÉRÉS DU SAGITTAIRE

Sa préférée

Aimant tout ce qui a du panache, mais refusant obstinément de dire comme tout le monde, le Sagittaire déclarera que ses goûts concernant les fleurs et les parfums sont différents. Au lieu d'opter pour la splendeur des roses et la beauté des lys, il dit tendre naturellement vers la fleur la plus simple qui soit, la violette. En réalité, la rose reste sa préférée.

Odeurs exotiques

Il faut connaître et comprendre le Sagittaire pour apprécier ses divers comportements. Autant il aime la simplicité, autant il aime l'odeur du bois de santal et toutes les variétés d'encens venant d'Orient. L'exotisme le fascine, ses goûts et ses habitudes de vie en sont fortement imprimés. Souvenez-vous-en au moment de choisir un cadeau pour un ou une Sagittaire. Cela vous guidera adroitement jusqu'à ses sens et, peut-être, jusqu'à son cœur!

Le prix importe peu

Vous trouverez dans les grands magasins un choix intéressant d'odeurs qui conviennent au Sagittaire, mais gardez en tête qu'un «trésor» découvert dans un magasin d'aliments naturels de votre quartier ou dans un souk au bout du monde lui plaira. Pour lui ou elle, le prix importe peu. C'est l'intention qui compte, et l'histoire entourant la provenance du produit a son importance...

Après quelques essais sans doute malheureux, vous en viendrez à savoir ce qui le fait craquer. Ne faites pas de dépenses inutiles pour essayer de l'impressionner, vous ne l'aurez pas. Vous l'avez lu plus haut: l'humble violette est sa fleur préférée!

Pour Madame

Le parfum *Sung* d'Alfred Sung l'attire par son côté enivrant. Du côté des parfums légers et naturels – dont elle raffole aussi –, je vous suggère la marque *Vanilla Field* pour son odeur de fleurs des champs et de vanille. Parmi les plus corsés, *Oscar* d'Oscar de la Renta, *Trésor* de Lancôme et *Shalimar* de Guerlain. Tous les parfums d'Hermès plaisent aux femmes et aux hommes du Sagittaire.

Pour Monsieur

Pour Monsieur, amateur de chevaux et d'animaux de race : *Polo Sport* de Ralph Lauren. *Sung* pour homme d'Alfred Sung et *Hugo* de Hugo Boss pourraient aussi lui convenir, mais, finalement, un stetson serait suffisant ! Ce n'est pas dans ses habitudes d'être ultra-coquet.

L'envers de la médaille

Certains natifs du Sagittaire connaissent l'envers de la médaille. Heureusement, ils sont rares et presque sans pouvoir. Tapis dans leur coin à étudier, à chercher, à faire de la magie ou de l'alchimie et voyageant dans des contrées étranges et inconnues où ils se perdent parfois corps et âme, c'est à eux-mêmes qu'ils font le plus de mal. Ils sont joueurs, voyous ou pire. De ceux-là, je ne veux point vous entretenir. Vous en connaissez sans doute, et c'est une perte pour nous tous.

Secret heureux

Secret heureux : jeune ou vieux, femme ou homme, riche ou pauvre, le Sagittaire finit toujours par retrouver son âme et rentre au bercail. Parce qu'il aime beaucoup, il est beaucoup aimé. On lui pardonne. L'amour efface le passé, la rédemption est totale.

COULEURS PORTE-BONHEUR DU SAGITTAIRE

Couleurs brillantes

Les couleurs porte-bonheur du Sagittaire sont celles des pierres précieuses. Il aime les couleurs brillantes qui frappent l'œil et reflètent le faste dont il s'entoure volontiers. Jeune, son choix va instinctivement vers le rouge rubis et le vert émeraude. Les deux lui conviennent, il doit en porter. Adulte, il choisira des teintes plus discrètes mais jamais ternes. Le beige et le brun ne sont ni pour lui ni pour elle. Le marine serait un choix acceptable à tout âge et en toutes circonstances. Il donne à qui le porte un chic incontestable.

Ses porte-bonheur

Le violet, le bleu évêque et le pourpre ont sa préférence. Par chance, ce sont ses couleurs porte-bonheur. Rien de mieux pour mettre ses yeux et son teint en valeur, sans compter que ces teintes soulignent sa sagesse, qualité dont il aime se vanter. Vêtu de ces couleurs magnifiques, il triomphe en toute humilité.

Pour les grands mariages, les baptêmes, les réceptions officielles et les spectacles à grand déploiement, rien de plus sécurisant ni de plus apaisant pour lui que ces teintes à la fois riches et sobres. Ainsi vêtu, le Sagittaire fait une entrée remarquée, sans pour autant troubler l'ambiance ni les convives. On dira de lui qu'il est distingué et sait respecter le protocole.

Secret entre vous et moi

Un secret entre vous et moi : ainsi paré, vous remporterez des victoires morales, mais vous ferez aussi des gains sur les plans social et matériel. Ça se passera ainsi : ceux qui vous remarqueront seront portés à vous faire confiance. Ils vous feront des offres intéressantes, vous engageront pour un travail particulièrement délicat ou vous confieront une « mission spéciale ». Bien rémunéré pour vos services, vous serez aux anges !

J'espère que vous aurez l'audace d'afficher vos couleurs porte-bonheur, ne serait-ce qu'en accessoire. Ces teintes plus audacieuses que le noir traditionnel intercéderont en votre faveur. Vous n'aurez qu'à vous en féliciter !

PIERRES CHANCEUSES DU SAGITTAIRE

Toutes les pierres lui conviennent

Le Sagittaire répond bien aux radiations émises par les pierres précieuses et semi-précieuses. Toutes ou presque lui conviennent. Le natif et la native de ce signe peuvent porter des bijoux avec profit. Comme talisman, ils leur sont indispensables. Pourtant, ils s'en abstiennent souvent, on se demande pourquoi. Le prix y est sans doute pour quelque chose, mais des copies peuvent produire sensiblement les mêmes effets, sauf qu'elles mettront plus de temps à agir. Pensez-y...

L'émeraude et bien d'autres

Parmi vos pierres porte-bonheur, citons l'émeraude. Sa belle couleur verte vous inspire de bonnes pensées et vous rend philosophe et optimiste. L'améthyste vous aidera à rester sobre et calmera vos passions. Quant au jade vert, il accroît votre esprit pratique. Le cristal vous aidera à éliminer vos mauvaises habitudes. Pour cesser de fumer, portez-en un, les résultats vous surprendront.

Le jaspe vert et la turquoise

Une bague en jaspe vert montée sur étain serait divine. Il suffit de trouver l'artisan qui exécutera le travail. Reste que la turquoise est le vrai porte-bonheur du Sagittaire. Elle le protège des accidents de locomotion et de transport. Selon les Anciens, elle aurait également pour effet d'améliorer la vue du natif, d'éviter les troubles psychiques et les empoisonnements et de faire fuir l'ennemi.

L'étain

Grand voyageur, le Sagittaire a intérêt à porter une bague en platine, en étain ou en métal blanc enchâssé d'une turquoise, ne serait-ce que pour apaiser les craintes de ceux et celles qui l'aiment et qui s'inquiètent pour lui. Son métal porte-bonheur est l'étain. Tout objet en étain qu'il portera ou dont il ornera son appartement ou lieu de travail émettra des vibrations harmonieuses. La chance sera présente en ces lieux et le succès couronnera son travail.

S'abstenir

Le rubis a moins bonne influence. S'il cherche à conquérir l'objet de son amour, à vendre des idées ou des produits, ou encore à se faire une place au soleil, le natif du Sagittaire devra s'abstenir d'en porter. Évitez le lapis-lazuli si vous portez une turquoise et n'en portez pas aux oreilles. Cette pierre a la réputation de rendre sourd, je peux en témoigner…

L'aventurine

Dernière, et non la moindre, l'aventurine, connue aussi sous le nom de «jade indien», peut être verte, bleue ou rouge. Cette pierre peut servir aux parieurs, comme porte-bonheur dans les jeux de hasard. Où sont les aventurines? Sagittaire ou pas, il m'en faut une sur-le-champ!

PAYS, RÉGIONS ET VILLES SAGITTAIRE

Les pays, régions et villes où le Sagittaire sera heureux sont ceux marqués comme lui par le signe. Comme ce natif s'adapte bien aux climats et aux conditions de vie, tous ces endroits du globe lui réservent d'agréables surprises. Il s'y sentira à l'aise et comme chez lui. D'une certaine façon, ce sera vrai.

Sont Sagittaire, ascendant Sagittaire ou fortement marqués par le signe: Arabie, Australie, Bourgogne, Bretagne, Calcutta, Ceylan, Cologne, Dalmatie, Espagne, Finistère, Franche-Comté, Gascogne, Hongrie, Italie du Sud, Madagascar, Malte, Maroc, Norvège, Pékin et Provence.

Aux États-Unis, le New Jersey, le Mississippi, l'Illinois, l'Alabama, le Delaware, l'Indiana, la Caroline du Nord, la Pennsylvanie, San Jose (Californie) et Honolulu (Hawaii) sont également marqués par le signe, ainsi que Puerto Vallarta (Mexique) et la Barbade.

Vous aurez un coup de cœur pour ces lieux, cher Sagittaire. Ne vous privez pas de les visiter et même d'y vivre pour un temps... ou pour toujours !

Les secrets de votre date de naissance

LES SAGITTAIRE DU 23 NOVEMBRE seront optimistes de nature et la chance leur sourira. Pouvant se priver volontairement de luxe sans en souffrir, ils vivront libres et seront des créateurs. On ne les embrigadera jamais.

LES SAGITTAIRE DU 24 NOVEMBRE sont destinés à vivre libres et indépendants, mais ils font beaucoup de bruit. Polémistes, ils sont d'ardents combattants sur tous les plans. Ils auront la possibilité de mener deux vies de front.

LES SAGITTAIRE DU 25 NOVEMBRE connaîtront la vraie charité. Une grande chance leur permettra d'atteindre leurs buts. On les dira perfectionnistes et peu « maniaques », mais charmants.

LES SAGITTAIRE DU 26 NOVEMBRE sont des philosophes et des penseurs qui critiqueront vertement leur époque. Bons combattants mais prudents, ils commettront peu d'erreurs et seront heureux. Ils laisseront leur marque.

LES SAGITTAIRE DU 27 NOVEMBRE connaissent parfois des chagrins durant l'enfance en raison d'une mort dans la famille. Talentueux et inspirés, ils ont des dons prophétiques. Ils vivront des amours à l'étranger où ils seront reconnus et heureux.

LES SAGITTAIRE DU 28 NOVEMBRE sont des amants de l'art et de la beauté. Ils sont doués pour la musique, l'écriture et la création. Souvent, leurs opposants deviennent leurs amis, et leurs amis des amours. Ce sont des meneurs.

LES SAGITTAIRE DU 29 NOVEMBRE aiment les joies domestiques et la campagne où ils se sentent en sécurité. Leur destin sera exceptionnel. Un héritage dont profitera leur conjoint créera une controverse, mais la chance les protégera.

LES SAGITTAIRE DU 30 NOVEMBRE feraient bien de se méfier des accidents en faisant preuve de prudence et de vigilance. Ils aiment les jeux de hasard et les spéculations où ils gagnent sans trop risquer. Ils sont chanceux en amour.

LES SAGITTAIRE DU 1ER DÉCEMBRE doivent, malgré une chance apparente, jouer de prudence. Tous ont du talent, certains ont du génie, d'autres se contentent d'exceller dans leur travail, métier, profession. Le succès leur est assuré.

LES SAGITTAIRE DU 2 DÉCEMBRE sont pareils à une pleine lune brillant dans un ciel clair, ils rayonnent de bonheur. Bien que sujets à des malchances, ils arrivent à leurs fins avec aisance et grâce à leurs grands talents. On les aime avec fougue.

LES SAGITTAIRE DU 3 DÉCEMBRE ont de l'autorité, mais ils doivent se méfier de leurs ennemis. Grâce à leurs multiples talents, ils connaîtront une réussite durable et seront de grands stratèges. Les calamités seront possibles, mais rien ne les abattra.

LES SAGITTAIRE DU 4 DÉCEMBRE tendent à dire ce qu'ils pensent sans égard pour les autres, s'attirant ainsi des ennemis. Les plaisirs des sens risquent de les égarer, mais leur énorme talent compensera. S'ils sont tempérants, leur vie sera meilleure.

LES SAGITTAIRE DU 5 DÉCEMBRE attirent les faveurs du public, la gloire et la renommée, mais ils pourront connaître la solitude et la séparation. Créativité et inventivité sont leurs attributs. Ils ont de la chance en amour et financièrement.

LES SAGITTAIRE DU 6 DÉCEMBRE possèdent une grande intelligence et un sens de l'observation remarquable. Ils n'aiment pas beaucoup qu'on les approche, il vaut mieux mettre des gants blancs et user de diplomatie si on veut profiter de leur estime.

LES SAGITTAIRE DU 7 DÉCEMBRE devront bien s'entourer. Bien dirigés, ils réussiront ce qu'ils entreprennent, marquant sans cesse des progrès. Ils feront de nombreux voyages, seront protégés à l'étranger et feront honneur à leurs parents et à leurs enfants.

LES SAGITTAIRE DU 8 DÉCEMBRE auront une vie romanesque et luxueuse, et feront de beaux voyages à l'étranger. Faisant bon usage de leurs talents, ils contrôleront leur vie et seront heureux. En amour, ils auront autant de chance qu'en affaires.

LES SAGITTAIRE DU 9 DÉCEMBRE sont chanceux de nature. S'ils évitent les entreprises téméraires, leur situation matérielle sera enviable. Mais s'ils se montrent réfractaires aux conseils, ils rateront leur chance. L'amour sera leur talon d'Achille.

LES SAGITTAIRE DU 10 DÉCEMBRE possèdent la beauté, le talent et la facilité, mais leur manière de vivre paraît excentrique aux yeux de plusieurs. Ils devront se méfier des pertes de temps, d'argent et d'énergie s'ils souhaitent réussir.

LES SAGITTAIRE DU 11 DÉCEMBRE aiment le mystère. Les voyages, le romantisme, l'art et la beauté sont des éléments essentiels à leur épanouissement. Soumis à diverses épreuves, ils en sortiront fiers et victorieux.

LES SAGITTAIRE DU 12 DÉCEMBRE ont de belles voix dont ils se servent pour séduire et travailler. Ils entreprendront de nombreux voyages et connaîtront le succès. Ils vivront dans l'harmonie et l'amitié et seront riches ou célèbres.

LES SAGITTAIRE DU 13 DÉCEMBRE sont fortement influencés par leur milieu familial et éducatif. Perfectionnistes, ils désirent être les meilleurs dans leur domaine. Leur volonté les conduira à la réussite. Ils devront se méfier des accidents.

LES SAGITTAIRE DU 14 DÉCEMBRE provoqueront des rivalités et des controverses qui se termineront souvent par des procès. Sujets au scandale mais brillants, ils trouveront l'équilibre recherché dans l'amour et dans l'amitié.

LES SAGITTAIRE DU 15 DÉCEMBRE ont de la chance sur le plan financier, mais sont peu favorisés en amour. D'ailleurs, cela ne les intéresse que faiblement. Ils passeront leur vie à travailler et réussiront à s'imposer dans leurs domaines.

LES SAGITTAIRE DU 16 DÉCEMBRE sont sujets à différents types d'accidents. Leurs dons psychiques et leurs protections ésotériques les mettront à l'abri. Plusieurs joueront un rôle social important et tous seront heureux.

LES SAGITTAIRE DU 17 DÉCEMBRE sont ardents et extrémistes. Ils devront apprendre à se maîtriser s'ils ne veulent pas rater leur vie et s'épuiser en luttes acharnées. Leur nature enthousiaste et naïve les amènera à trouver le bonheur «par hasard».

LES SAGITTAIRE DU 18 DÉCEMBRE sont très fortunés. La chance semble éclairer leur route, les plaçant toujours au bon endroit, au bon moment. Ils aimeront les animaux et seront bons pour eux. Ils seront aimés et respectés, mais craints.

LES SAGITTAIRE DU 19 DÉCEMBRE ont intérêt à se méfier de leurs ennemis en s'efforçant de ne pas provoquer leur courroux. Souvent aux prises avec des rivalités puissantes, ils seront protégés par leur bonne étoile.

LES SAGITTAIRE DU 20 DÉCEMBRE ont reçu en cadeau du ciel le don de patience. Constance et persévérance les conduiront au succès. À pas de tortue, ils construiront leur nid, leur vie et leurs amours. Ils seront victorieux et satisfaits.

LES SAGITTAIRE DU 21 DÉCEMBRE auront une existence pleine de revirements spectaculaires. Indécis, ils rateront de bonnes occasions, mais ils se reprendront. Amour et pouvoir leur étant accordés à l'âge mûr, ils se stabiliseront.

LES SAGITTAIRE OU CAPRICORNE DU 22 DÉCEMBRE (selon l'année et l'heure de naissance) ont un caractère fougueux. Ils jouissent d'une capacité étonnante de brasser des affaires et de faire de l'argent. Grands travailleurs, ils réussissent à s'imposer.

JOUR CHANCEUX

Le jour chanceux du Sagittaire est le jour dédié à Jupiter, soit le jeudi. Ce qu'il entreprendra, commencera ou terminera un jeudi est voué au succès et lui apportera du bonheur. En cas de procès ou de litige, le meilleur jour pour agir est sans contredit le jeudi. Même chose pour un voyage, un mariage, une association d'affaires ou tout autre événement important.

La magie des Étoiles est en action. Le Sagittaire joue gagnant !

Les secrets du Capricorne

23 DÉCEMBRE AU 20 JANVIER

DEUX SORTES DE CAPRICORNE

Il existe deux sortes de Capricorne. Le premier, la «chèvre des montagnes», cherche à s'élever et à lutter contre ses passions et ses dépendances. S'adaptant bien au mode de vie actuel, il vit en société, travaille fort, réussit sa carrière et, quand il est chanceux, il réussit sa vie. L'autre, la «chèvre des villes», recherche encore la «brume» dans les liquides et les paradis défendus. Taciturne, il préfère vivre seul et s'en tient à la routine sécurisante. Il est le plus souvent satisfait de son sort.

À chacun son destin. Il ne nous appartient pas de juger, mais de constater et de tenter de comprendre. Le Capricorne est un signe difficile d'approche, c'est vrai. Méconnu et sous-estimé, il mérite d'être aimé. Il est trop souvent honni, faute de tolérance et de compréhension.

Je le dis souvent et je le répète ici parce que c'est important: «Aimer aide à connaître et connaître aide à aimer.» Pour le natif du Capricorne, c'est parfois une question de vie ou de mort.

Le mythe

Les associations mythiques du signe du Capricorne ne sont pas claires. Il y a, toutefois, une référence au dieu Pan. Sa mère le quitta parce qu'il était laid, mais sa capacité de séduction auprès des jeunes nymphes était notoire. Chez les Grecs, Pan avait meilleure réputation. En effet, il était le gardien des bergers et des troupeaux et il devint, chez les poètes et les philosophes, une des grandes divinités de la nature.

Eugénie Grandet

Honoré de Balzac dépeint le Capricorne sous ses traits les plus sombres dans son roman *Eugénie Grandet*. Le vieux Grandet, père d'Eugénie, illustre le côté négatif du signe. Incapable de comprendre la générosité de sa fille, il tente de la marier contre sa volonté à un dégoûtant mais riche personnage. Mourant, ce dernier demande de toucher la croix de l'officiant pour avoir le plaisir de toucher l'or une dernière fois. On peut difficilement imaginer pire avare. Balzac n'illustre pas le côté positif du signe, mais il reste que tout avaricieux a un impact dévastateur sur la vie de ses proches.

MENÉ PAR L'AMBITION

Ambition et orgueil

Si vous avez lu ce qui est dit précédemment, vous comprenez les raisons instinctives qui poussent le Capricorne à l'ambition. Il est aussi naturel de dire à un natif du signe qu'il est ambitieux que de dire à un Lion qu'il est orgueilleux. En matière d'orgueil, le Capricorne n'a rien à envier à personne. De manière détournée, car il est moins exhibitionniste, il seconde très bien le « roi de la jungle » dans sa catégorie !

Pouvoir secret

Le Capricorne a ceci de particulier qu'il fait semblant d'être humble. C'est plus dangereux. On ne se méfie jamais assez du pouvoir secret qu'il exerce ou tente d'exercer sur autrui. Tenter de lui dire, pour lui plaire et l'amadouer, qu'il possède un caractère facile et une âme généreuse serait maladroit. Je n'essayerai pas et il m'en saura gré. Pourquoi prendre des détours ? Avec lui, c'est inutile. Quand on connaît le Capricorne (ou l'ascendant Capricorne), on n'a aucune surprise. Il nous reste à l'aimer ou à l'éviter le plus courtoisement du monde.

Fait réjouissant

Fait réjouissant à souligner : plus le Capricorne réussit, plus il est agréable. Le succès social et professionnel l'adoucit et le rend meilleur. Il faut donc suggérer au natif de ce signe de se perfectionner dans le domaine qui l'intéresse. S'il existe un signe pour lequel il est important d'exceller, c'est bien le Capricorne. Avec son assurance, il réussira et sera satisfait de sa vie. C'est le fait de tout bon Capricorne.

Beau secret

Avec le temps, l'âge et surtout l'expérience, le natif de ce signe s'améliore et peaufine ses approches. Capricorne, j'ai un beau secret à vous confier : le temps travaille pour vous. C'est votre plus fidèle allié. Vous avez de ce fait un énorme avantage sur les autres et vous devez apprendre à l'utiliser avec profit. Patience et persévérance figurent parmi vos plus belles qualités. Ayez recours à cette énergie pour vous tirer d'embarras. Gagnez un jour, gagnez six mois, gagnez un an, et le tour est joué. Vous surmonterez les antagonismes et vous les résoudrez.

PLANS PHYSIQUE, MENTAL ET INTELLECTUEL

Plan physique

Physiquement, le Capricorne n'est pas le plus fort des signes. Résistant, oui ; en grande santé, rarement. On dit de lui qu'il naît vieux et rajeunit en vieillissant. Ce fait est vérifiable. Vous n'avez qu'à regarder les Capricorne de votre entourage ou à vous regarder dans la glace si vous êtes du signe ou de cet ascendant pour en être convaincu.

Femmes fatales et séducteurs

D'allure classique et impeccable ou vagabonde et peu soignée, avec peu de cheveux, le natif du Capricorne a des problèmes de peau et de dentition. Parfois, dans les cas sévères, les difformités, les maladies héréditaires et les tendances dépressives se chevauchent et lui rendent la vie difficile. Néanmoins, il apprend à composer avec ce qu'il a reçu et en surprend plusieurs, améliorant son apparence jusqu'à se transformer complètement et à devenir une véritable « beauté ». Bien des femmes fatales sont du signe, bien des séducteurs aussi...

Prédispositions pathologiques

Le Capricorne est sujet à des troubles du système nerveux qui ralentissent la chimie du corps et provoquent la rétention de toxines et des accumulations de déchets. Arthritisme, rhumatismes, maladies de l'appareil digestif et pulmonaire, tuberculose osseuse et troubles du métabolisme sont des affections éminemment « capricorniennes ».

Selon les Anciens, les genoux et les os sont fragiles. Autres affections possibles : atrophie musculaire, amaigrissement, paralysie, névrite, épilepsie, dyspepsie, hypertension, myocardite, varices, impuissance, maladies chroniques, goutte, incontinence.

Le Capricorne doit prendre soin de son corps dans son jeune âge, sinon il risque de tomber malade. En vieillissant, il a une meilleure santé. Toujours un peu maladif, il est résistant. Comme son espérance de vie est longue, il doit s'assurer une qualité de vie acceptable. Pour ces raisons, et pour bien d'autres, sa santé physique est de première importance. Souvent la privation d'amour maternel est en partie responsable de plusieurs de ses maux. Ce n'est la faute de personne, le destin en a décidé ainsi.

Plan mental

Sur le plan mental, le Capricorne a un état vibratoire analogue à la nature en janvier, d'où son attitude froide et renfermée. Il est difficilement capable de communiquer ses états d'âme, ses humeurs sont sombres et mélancoliques. On note une lenteur du processus mental. En revanche, la profondeur de pensée et de réflexion est remarquable. Il aime la solitude et la méditation et adore chercher des solutions aux problèmes collectifs, universels et philosophiques. On note une tendance à l'érudition ou, au contraire, à la paresse mentale.

Secrets dévoilés aux parents

Obliger le jeune Capricorne à se comporter en adulte est déconseillé. La vie se chargera assez tôt de le forcer à assumer ses responsabilités. Il s'en arrangera, mais il l'aura sur le cœur et en voudra à ceux qui l'ont placé dans une telle situation. S'il n'a personne à blâmer, il se blâmera lui-même, ce qui est pire. Il faut souligner les bons côtés de sa jeune vie et l'encourager à faire confiance à l'avenir. Ainsi, il sera équilibré et raisonnablement heureux.

Recette infaillible

Recette infaillible pour contrer les aspects négatifs de sa nature: le Capricorne doit apprendre tôt les bienfaits d'une vie rangée où l'hygiène corporelle et mentale est de rigueur. Une discipline assez rigide lui plaît. Par contre, exiger d'un enfant du signe des résultats au-dessus de ses moyens mettrait sa vie en danger. Il fera tout ce qui est en son pouvoir, quitte à se tuer au travail, pour vous contenter et surtout pour se faire aimer. Félicitez-le souvent, il a plus que tout besoin d'encouragement et d'amour.

Plan intellectuel

Le Capricorne a un esprit rationnel et sérieux. Très pratique et logique, il ne travaille bien que dans le concret. Ce qui est abstrait l'intrigue, mais il est parfois trop absorbé par les problèmes immédiats pour s'adonner aux sciences abstraites. Par contre, son esprit critique et analytique l'incline à rechercher la causalité et le pourquoi de toute chose. S'il le fait, il s'y livrera corps et âme et il deviendra une sommité. Il est soit matérialiste, soit spiritualiste. Avec lui, c'est blanc ou noir, les zones grises ne l'intéressent pas.

Calculateur

Son intelligence s'exprime de diverses façons, mais elle se manifeste très adroitement quand il est question d'argent, de travail ou de problèmes urgents à solutionner. Le Capricorne est un calculateur froid et décidé. Il y a, bien sûr, des exceptions à la règle, mais, en principe, le natif et la native de ce signe ne répondent bien aux sollicitations de l'intellect que s'il est question de succès et de réussite. Ils ont alors les oreilles grandes ouvertes et comprennent le processus à suivre en moins de temps qu'il ne faut pour énoncer l'idée. Rien de plus normal puisque leur intérêt est en jeu.

Self-made-man

Travailleur lent, le Capricorne apprend difficilement dans les livres. Par contre, en autodidacte, il fait des progrès rapides et réussit. On croit toujours qu'il a fait des études supérieures, car il sait tout. Parfois, c'est vrai, mais, le plus souvent, il a appris sur le tas. C'est un *self-made-man* de grand calibre avec une mémoire d'éléphant. Pour les coups et les blessures d'amour-propre reçus, il est sans pardon. Ne nous attirons pas ses foudres !

SIGNE FÉMININ, CARDINAL ET DE TERRE

Signe négatif ou féminin

Le Capricorne est un signe de pôle négatif ou féminin. En principe, la personne est de nature introvertie, réceptive et passive. Influençable et apte à se laisser vivre, elle semble subir son destin. Au lieu de prendre des initiatives, le Capricorne se contente de vivre en spectateur. Il n'avance pas vers un but, il l'attend. Il peut se retirer dans sa tour d'ivoire et vivre des expériences spirituelles, mais, de nos jours, le fait est de plus en plus rare. En réalité, il lui est aussi facile de vivre en acteur qu'en spectateur. Les deux rôles lui sont familiers. Selon l'impulsion du moment, il sera auteur ou interprète, penseur ou agitateur, victime ou agresseur. Rien ne lui fait peur.

Il prend la vie d'assaut

La complexité du Capricorne est telle qu'il suit rarement ses inclinations. Dans ce monde matérialiste où l'argent fait force de loi, il faut se battre. Le natif ne fait pas exception à la règle, il suit le courant. Pour peu qu'il soit en santé, il prend la vie d'assaut. Soulignons que les hommes du signe sont plus aptes à forcer le destin que les femmes, mais ce qui suit vous éclairera…

Signe cardinal

Comme c'est un signe cardinal, le Capricorne est doté d'une forte volonté. Cette qualité l'oblige à prendre position. L'activité lui est nécessaire. Il peut prendre des temps de recul, mais il retrouve toujours l'énergie nécessaire pour foncer sur l'obstacle, quitte à subir un échec. Il se reprend inlassablement, jusqu'à ce qu'il réussisse. Son succès, il le mérite amplement. Rien ne lui est donné en cadeau. Il est la source de ses propres gains et profits. S'il désire des cadeaux, il s'en fera lui-même.

Un secret entre nous

Prompt à aimer et à détester, vous vous faites rapidement des amis comme des ennemis et vous connaissez de brusques ruptures. Vos défauts principaux sont un manque de patience, une trop grande hâte, une tendance aux changements soudains et irrationnels, souvent aussi un désir trop grand d'attirer sur vous l'attention publique. Attention, Capricorne, l'orgueil est un piège qui se refermera sur vous implacablement, si vous n'y prenez garde. Ne vous laissez pas prendre…

Signe de Terre

Le natif du Capricorne, signe de Terre, est dynamique et pratique. Il peut entretenir de grandes ambitions, mais les grandes envolées idéalistes et utopiques ne sont pas son fort. Les pieds dans la réalité, il retrouve son équilibre et se ressaisit. La relation privilégiée qu'il entretient avec la terre est essentielle à sa santé physique, morale et mentale. Il se ressource à son contact direct. C'est, pour lui, la meilleure alimentation énergétique qui soit !

GOUVERNÉ PAR SATURNE

Lourde Saturne

Saturne gouverne le Capricorne et lui sert de frein. Elle rend le natif responsable, notamment des conséquences de ses actes. Avec cette planète, il est vrai que la vie n'est pas une partie de plaisir, du moins pour la plupart des natifs de ce signe. Reliée à Cronos et au temps terrestre qui nous est alloué, Saturne présente dans une carte du ciel indique les embûches, les ennuis, les maladies et parfois la mort du natif. Le Capricorne est sans cesse en relation plus ou moins directe avec la mort.

L'influence de Saturne est terre à terre. Planète de concrétisation, elle produit tout ce qui est dense, solide, rigide, durable et lourd. D'où le surnom de « lourde Saturne ».

Qualités et défauts

Les principales qualités du Capricorne sont: prudence, patience, persévérance, fiabilité, endurance, durée et immuabilité des sentiments, circonspection, matérialité, ambition, responsabilité, méthode, sens de l'administration, sens du devoir, intégrité, sens de l'économie, amour du travail bien fait, tact et diplomatie, sang-froid et réserve dans les paroles.

Ses défauts sont: découragement, pessimisme, froideur, rancune, méfiance, doute, égoïsme, manque de confiance envers autrui, besoin de réussite trop important, principes rigoristes, tendance à l'anxiété. En mauvais aspect, Saturne peut donner: cruauté, préméditation d'actes mauvais, vengeance et instinct criminel.

Attributs

Saturne est une planète de pôle féminin, mais stérile, froide et sèche. Elle donne au natif un tempérament cyclothymique, son psychisme oscillant entre la sensibilité et la froideur et entre la brusquerie et l'apathie. L'ascension du saturnien est presque toujours lente, difficile, pénible dans certains cas, mais régulière et constante pour peu qu'il soit de type harmonieux. Dans le cas contraire, la fatalité pèse lourdement sur le natif du Capricorne et l'écrase. Souhaitons-lui d'être un bon saturnien, quelqu'un sur qui l'on puisse compter et qui soit digne de confiance, de respect et d'amour.

EXALTATION DE MARS

Très sexué

Sous son apparente froideur, le Capricorne est un être très sexué. Ces appétits charnels, il les doit à Mars, planète instinctive et primaire qui se trouve « en exaltation » dans son signe, ce qui signifie qu'elle guide beaucoup ses actes et son destin. Si vous êtes plus martien que saturnien, tant mieux. À condition de tenir votre chaude nature sous contrôle, vous vivrez des moments exaltants et vous ne vous ennuierez jamais. Pas de dépression pour vous, c'est impossible, vous êtes trop occupé à bouger et à vous trouver de nouveaux intérêts. Les sports vous attirent, vous avez la fougue nécessaire pour devenir champion toutes catégories.

Bombe sexuelle

Calmez vos ardeurs, mais ailleurs qu'au lit, sinon vous risquez des plaies et des blessures physiques, psychiques ou sexuelles. L'hyperactivité sexuelle peut devenir une obsession et empêcher toute satisfaction dite « normale ». Dépensez votre trop-plein d'agressivité dans des activités positives, sinon vous risquez de mal finir. Il faut que le corps exulte, autrement la frustration deviendra haine et malheur. Trouvez un passe-temps, un loisir ou un travail que vous adorerez. Pourquoi pas la chirurgie ? Tout travail intensif ou tout sport exigeant vous permettra de vous défouler et vous donnera la sensation de vivre.

Vous êtes un passionné, cher Capricorne martien. Vos parents et amis auront vite fait de découvrir en vous un volcan, une bombe sexuelle à chérir et à garder, pour peu que la chose soit faisable...

RELATIONS AFFECTIVES

Pas un sentimental

Le Capricorne n'est pas le plus émotif des signes. Soit dit entre nous, ce n'est pas un sentimental. Il trouve les relations humaines difficiles. Les situations intimes le mettent mal à l'aise. Il traite l'émotivité un peu comme une maladie. Plus rationnel qu'affectif, il considère le travail comme plus important que les sentiments. Il est soit intello-spirituel, soit matérialiste. Ses relations ont rarement la priorité.

Sensitif

Le Capricorne est un sensitif : ses sens sont extrêmement développés. Il connaît bien le domaine des sensations, alors que celui plus subtil des sentiments lui paraît mystérieux et, par conséquent, peu digne de foi. Méfiant, il craint d'aimer et d'être aimé. Pour songer à l'amour et au mariage, il doit apprivoiser sa peur maladive de l'implication durable. L'amitié non plus n'est pas facile pour le natif. Trop prudent pour s'engager sans tout savoir au sujet de la personne qui l'intéresse, y compris ses plus grands secrets, ou trop gêné pour avouer ses sentiments, il reste souvent seul. Étrange, mais il semble s'en trouver bien...

Humour noir

Son humour noir attire bien des gens. Sa langue est mordante, son verbe cru. Malheur à qui est victime de sa critique. Il est d'une drôlerie incomparable quand il démolit les gens, mais, en revanche, n'essayez pas de le ridiculiser, vous serez sur sa liste noire à jamais !

Personnage *cool*, sophistiqué et distant, il sait utiliser tout ce qui lui tombe sous la main pour se faire du capital affectif, sexuel et monétaire, y compris les personnes de sa famille et de son entourage. Certains disent que c'est un arriviste, il prétend qu'ayant le sens de l'opportunité, il sait profiter de la chance qui passe. En un sens, il a raison.

Amour indestructible

S'il a le bonheur de tomber amoureux ou de se faire un ami, le Capricorne change totalement ses habitudes de vie et devient aimant et fidèle. Vous pouvez compter sur sa protection et sur son amour indestructible. Il vous chérira de toutes ses forces. Comme il est doué sexuellement, vous ne regretterez pas votre investissement du début !

Il faut savoir que les relations affectives du Capricorne sont basées presque exclusivement sur l'entente sexuelle. Si la partenaire est froide, l'union est vouée à l'échec. Par contre, si vous êtes prêt à lui passer tous ses caprices, vous pouvez être l'élu ou l'élue de son cœur. Vous vivrez de bons moments ensemble et, à l'occasion, vous ferez votre vie chacun de votre côté. Tout le monde sera heureux.

Conseil

Voici un conseil que vous auriez intérêt à suivre en cas de relation intime avec un Capricorne : ne flirtez jamais devant lui et surtout ne lui soyez pas infidèle. Ce serait la pire injure. Si vous avez cette audace, cachez-vous, sinon il vous fera vivre l'enfer. Vous devrez partir loin, car il pourrait chercher à se venger. Il faut qu'il puisse avoir en vous une confiance totale et absolue. Si vous êtes prêt à remplir cette condition, tant mieux ; sinon, cherchez quelqu'un d'un autre signe.

L'ARGENT ET LES AFFAIRES

Argent

Trois sujets intéressent le Capricorne. Ils se nomment argent, sexe et pouvoir. Le rapport étroit qui s'établit dès le plus jeune âge entre le Capricorne et l'argent vient d'un besoin de sécurité, sécurité qu'il n'a pas sur le plan affectif. Il compense. Au lieu de le blâmer, mieux vaut essayer de le comprendre. Cela vous évitera peines et douleurs et l'éloignera peut-être de sa peur phobique de manquer du principal, ce qui ne lui arrivera pratiquement jamais.

Non seulement il aime l'argent, mais il est aussi ambitieux. Il est prêt à tous les sacrifices pour parvenir à ses fins. Je crois que, chez lui, l'ambition précède et déclenche le désir de posséder des biens matériels. Peut-être est-il avare... Quand il l'est, c'est par excès d'ambition.

Sexe

On sait que le Capricorne aime l'argent passionnément, parfois trop. Il l'aime pour le pouvoir qu'il lui donne : tout le monde accepte ses caprices et le respecte. Fait à remarquer : le sexe est presque toujours lié à sa situation financière. Il atteint ses buts grâce au sexe ou à une relation sexuelle. Le sexe régit en partie son temps et ses occupations. Même dans un poste subalterne, le Capricorne réussit à combiner sexe et travail. Le fait que ce soit le plus souvent profitable le stimule, mais il faut dire, à sa décharge, que le travail ne lui fait pas peur. Il doit aussi sa réussite à son implication professionnelle.

Pouvoir

Mû par un désir excessif de domination, le Capricorne peut devenir un véritable tyran, allant jusqu'à se priver de tout et privant les autres de sa générosité et de son affection. La maisonnée, les enfants, les amis et les employés, tout le monde devient victime de ses excès. Les abus de pouvoir et autres sont à sa portée. À lui de décider s'il cédera à ses pulsions mauvaises ou s'il résistera. Le bonheur est à ce prix. Il n'existe pas d'autres moyens pour lui et elle de contourner le sort.

Un Capricorne évolué

La vie laisse rarement le natif de ce signe pauvre et sans le sou. Travailleur acharné et compétent, il réussit à faire des économies, mais il ne se sent jamais complètement en sécurité. Ce sentiment vient de l'intérieur et non du portefeuille... On dit que plus il en a, plus il en veut. C'est vrai dans presque tous les cas. S'il comprend l'avantage qu'il y a à partager son abondance avec autrui, il aura tout appris sur cette terre et il sera ce qu'on appelle un Capricorne « évolué », donc un Capricorne satisfait de la vie et de ce qu'elle lui a donné.

Dompter son vice

S'il réussit à dompter son vice et à ne pas être trop attaché aux biens de la terre, le natif de ce signe réglera bien des difficultés financières. Il ne cessera jamais de respecter l'argent ni d'en vouloir plus, mais il le dominera au lieu d'être dominé par lui. Né sous un heureux aspect, il réussira cet exploit. Un grand exploit pour le Capricorne, vous n'avez pas idée à quel point...

Souhaitons aux hommes et aux femmes de ce signe de se détacher de la vie matérielle et de spiritualiser leurs désirs. Ils seront alors plus équilibrés et plus heureux.

Métiers et professions

Tous les travaux reliés à la terre sont favorables au Capricorne. La culture, la montagne, les mines et le sous-sol sont de son domaine. On peut suggérer quelques métiers et professions, mais il ira vers ce qui l'intéresse financièrement. L'idéalisme viendra plus tard...

Voici quelques suggestions : alpiniste, spéléologue, géologue, gemmologue, antiquaire, historien, guide de montagne, champion de ski, archiviste, terrassier, plombier, tailleur de pierre, sculpteur, architecte, restaurateur d'immeubles anciens ou d'objets d'art, gestionnaire, gérant d'immeubles, magasinier, rentier, intendant, fabricant de conserves, technicien du froid et de la congélation, couturier, tricoteuse, bonnetier, chapelier, modiste, gériatre.

Plus encore : politicien, leader de parti (toujours plus ou moins conservateur malgré les apparences), ethnologue et explorateur dans les régions polaires, programmateur, administrateur, ermite, écrivain moraliste, diplomate, mathématicien, philosophe, administrateur, juge, avocat, homme de confiance et fondé de pouvoir.

La palette de possibilités est variée et le désir de perfection du Capricorne est grand. Avec cette constance qui le caractérise, il atteindra ses buts et ses objectifs. Riche ou puissant, sera-t-il heureux ? Ça dépendra de son ciel natal, de son éducation et de l'ardeur qu'il mettra à devenir meilleur dans la voie qu'il aura choisie.

LES AMOURS DU CAPRICORNE

Pas facile

Les natifs eux-mêmes en conviennent, ils n'ont pas l'amour facile. Il ne s'agit pas de s'apitoyer sur votre sort, cher Capricorne, mais de comprendre que vous avez un dur karma en amour comme en autre chose. Affaires de famille complexes, amours déçues, séparations, divorces, maladies, vous avez de dures leçons à apprendre de la vie avant de connaître la stabilité affective et amoureuse. Mais Cupidon vous blessera un jour de sa flèche magique et vous ramènera sans doute à de meilleurs sentiments. Vous tomberez follement amoureux. Ce sera foudroyant !

Malchanceux en amour

Toute personne qui aime ou veut aimer un Capricorne doit être compréhensive, mais encore plus le natif lui-même qui se dit malchanceux en amour et se demande bien pourquoi. Cela peut conduire le jeune Capricorne au désespoir. Il est vrai qu'il n'est pas très chanceux dans le choix de ses amis et de ses amours. Avec le temps, il apprend à séparer le bon grain de l'ivraie et sait aimer qui l'aime, sans se crucifier au moindre échec ni se blâmer des sentiments d'autrui. La culpabilité fait partie du décor qu'il doit démolir pour exorciser son mal. Après, et après seulement, il pourra être heureux.

S'aimer lui-même

Parce que vous êtes compétitif de nature, vous comparez constamment votre vie affective et amoureuse avec celle des autres. C'est une mauvaise habitude dont vous devez vous départir. Évaluant sans cesse le sentiment ressenti ou non et les facultés d'aimer et de haïr qui vous habitent, vous vous compliquez la vie. Est-ce que j'aime plus ou moins que mon partenaire? L'autre m'aime-t-il autant que moi je l'aime? Ces questionnements stériles vous poussent à adopter des attitudes méfiantes et soupçonneuses contre lesquelles vous devez lutter.

Commencez par vous aimer vous-même et par vous faire confiance. Même quand vous êtes très bien, vous avez de la difficulté à vous accepter. Imaginez si vous aviez quelque chose de différent des autres, ce serait l'enfer!

Dure adolescence

L'adolescence est la période la plus dure de votre vie. Une fois ce stade de doute et de recherche d'identité sexuelle passé, vous marchez sur la terre ferme. Dès que vous sentez votre emprise sur les autres, vous n'avez plus de problème. Vous savez vous faire aimer et vous utilisez efficacement votre charme, mais seulement quand ça vous plaît.

Évitez la jalousie et la domination et vous connaîtrez des amours incandescentes. Elles auront la particularité de vous mettre à l'abri des grands drames que certains natifs du Capricorne connaissent en amour. Sinon, libre à vous, vous écrirez vous-même la fin de ce chapitre...

Secret pour l'autre

Savoir que les amours du natif de ce signe passent après le travail et l'ambition est un plus pour l'autre. Il se fera une vie à lui et n'aura pas à attendre que son indépendant Capricorne passe le seuil de la porte!

APHRODISIAQUES ET SEXUALITÉ

Produits naturels

D'apparence froide, le Capricorne est extrêmement passionné et a rarement besoin de recourir à des aphrodisiaques. Avec l'habitude, la fatigue et l'âge, il peut lui arriver de flancher au moment crucial, ce qui blessera son orgueil. Pour éviter ces désagréments, il lui est conseillé d'avoir recours aux produits naturels. Le chanvre indien et la belladone lui sont bénéfiques, mais je me garderai de les lui suggérer...

Caviar noir et champagne

Parmi les nourritures et les boissons favorisant l'acte sexuel, notons les aliments de luxe comme le caviar noir et le champagne. Comme ces produits ne sont pas bon marché, l'occasion doit en valoir drôlement la peine pour que le natif de ce signe se laisse aller à de telles extravagances! Moins chères et tout aussi aphrodisiaques sont les moules et les frites. Peu chers et tout aussi bons, les œufs farcis et la bonne bière brune. Vous voyez, il y en a pour toutes les bourses et pour tous les goûts.

« Anaphrodisiaques »

Il faut savoir que le céleri est « anaphrodisiaque ». Le jeune trop entreprenant et surexcité pourrait en avoir besoin. Donnez-lui de la soupe de céleri, du céleri-rave, des crudités, des salades de concombres et de tomates, et il se calmera. Vous serez surpris par les résultats. Lui aussi, il va sans dire, mais il appréciera sans doute ce moment de moindre désir. Ces aliments peuvent empêcher bien des désastres; bien des parents et des enfants les ont utilisés avec bonheur.

Un beau déshabillé noir

Rien n'excite plus le Capricorne qu'un beau déshabillé noir, des pyjamas d'intérieur en soie aux couleurs de la nuit, des dessous affriolants et des talons hauts. C'est un fétichiste. L'amour est pour lui et elle une sorte de rituel. Notons aussi que le Capricorne préfère l'amour « au naturel ». Il lui est conseillé de se protéger en cas de relations extraconjugales et d'aventures trop exotiques pour sa santé.

Comment séduire un Capricorne

Gagner sa confiance

Si vous désirez attirer l'attention d'un Capricorne, montrez peu d'intérêt pour son apparence extérieure. L'homme du signe n'est pas très coquet, mais certains le sont à l'excès. Soyez vous-même impeccablement vêtue. Aussi étrange que cela puisse paraître, il aime l'élégance et juge souvent une personne à sa tenue et à son allure. Ensuite, essayez de gagner sa confiance en y mettant le temps et l'effort nécessaires. Il le faut absolument, sinon vous n'irez nulle part.

Pas trop farouche

Amusez-vous un peu à ses dépens, mais gentiment, et suscitez son intérêt en lui soumettant des problèmes qu'il ne peut résoudre. Faites-lui les yeux doux et ne soyez pas trop farouche. Un compliment, une allusion directe à ses charmes pourraient l'exciter. N'attendez pas de votre Capricorne qu'il vous emmène dans des soirées mondaines, ce n'est pas son genre, à moins d'y être obligé pour des raisons financières ou professionnelles. Si son image en dépend, il se montrera beau joueur, sinon il restera derrière le rideau et il sera bien.

Conseil secret

Petit conseil secret que je tiens à partager avec vous: ne lui demandez jamais rien. Tout doit venir de lui… si ça doit venir. Ainsi, il vous en donnera plus. Si vous désirez vraiment faire sa conquête, préparez-vous à travailler dur et à gagner des revenus suffisants. Il n'aime ni la paresse ni le manque d'argent. Lui montrer votre compte en banque pourrait être un atout… À vous de juger si c'est nécessaire ou non. Avant, soyez sûr de savoir à qui vous avez affaire. Des gens bien, il y en a dans tous les signes, des mauvais aussi, hélas!

Besoins pressants

Quand on désire se lier avec un Capricorne, il est bon de savoir qu'il possède une grande puissance sexuelle et que son attrait pour le sexe est quasi illimité. Mars étant en «exaltation» dans son signe, il a des besoins sexuels pressants et sa libido n'est pas aisément satisfaite. Vous aurez des exploits à accomplir si vous désirez qu'il vous soit fidèle. Cela dit, c'est un compagnon de prestige, un charmeur et un galant. Il sait toujours où mettre ses pantoufles... Sous le lit, naturellement!

COMPATIBILITÉ AMOUREUSE ET SEXUELLE (SYNASTRIE) DU CAPRICORNE

Capricorne-Capricorne: Deux bombes sexuelles font l'amour. C'est une rareté mais pas toujours un bonheur. Il est essentiel que ces deux solitudes ne s'isolent pas dans leur tour d'ivoire et qu'elles se rencontrent dans des circonstances propices. Trait d'union: un but, une carrière abondant dans le même sens, mais il faut absolument que le sexe soit bon.

Capricorne-Verseau: Sous son air froid, le Capricorne est capable d'amour et possède une forte sexualité. L'indépendant Verseau est séduit par la force qui émane de lui. Le Capricorne doit montrer beaucoup de patience pour attendre le bon plaisir du Verseau. L'un cherche et trouve, l'autre est rarement satisfait. Si le Capricorne est un dépendant affectif, ça peut mal tourner.

Capricorne-Poissons: Sensualité, sensibilité et vulnérabilité caractérisent ces natifs. En synastrie amoureuse et sexuelle, ces qualités jouent un rôle majeur. La tiédeur et la forte tendance sexuelle du Capricorne risquent de lasser le paresseux Poissons. L'un aime le sexe et l'action, l'autre rêve à d'impossibles amours. S'ils fantasment sur les mêmes sujets, ça peut réussir.

Capricorne-Bélier: Deux adversaires se lient en amour et sexuellement dans un but: la jouissance parfaite. Deux volontés fortes se heurtent et se confrontent. Qui l'emportera ? La guerre des sexes est ici à son paroxysme. L'attraction sexuelle est immédiate mais peut se transformer en répulsion. Ce n'est pas à rechercher, mais il y a des exceptions remarquables...

Capricorne-Taureau : Deux natures fortement sexuées et sensuelles s'unissent. Le premier contact est une fête. La suite peut être passionnante, à condition que le froid Capricorne ne refuse pas les caresses du chaleureux Taureau. Sinon, ils partiront chacun de leur côté, à la recherche de l'impossible. Généralement, la synastrie fonctionne, ils sont heureux.

Capricorne-Gémeaux : Le premier est poids lourd, l'autre poids plume. On voit étrangement des couples ainsi formés pour qui la relation amoureuse et sexuelle, bien qu'épisodique, est complètement satisfaisante. Curieux, le Gémeaux veut tout tenter. Si l'autre le suit dans ses expériences, ils vivront des aventures peu communes, mais s'il est timoré, c'est raté.

Capricorne-Cancer : Le tangible affronte le rêve. S'ils se font du cinéma ensemble, la satisfaction sexuelle est certaine, mais le cœur bat la chamade et reste sur sa faim. Bien des couples ont cette signature astrale. De synastrie contraire, ils s'attirent irrésistiblement. Le Capricorne initie l'action, le Cancer suit amoureusement. Quand ça casse, c'est pour toujours.

Capricorne-Lion : Attraction à la fois merveilleuse et fatale. L'un flatte la vanité de l'autre, l'autre répond par des caresses qui font son bonheur. Ils doivent se méfier de la jalousie et se montrer d'une parfaite fidélité. L'orgueil froid du Capricorne et celui torride du Lion leur interdisent de parler de sexe hors du lit. Dommage, ils en auraient long à se dire...

Capricorne-Vierge : Les débuts sont difficiles, mais, avec le temps, ils en viennent à maîtriser l'art de l'amour et de l'érotisme. Se comprenant bien sexuellement, ils n'ont qu'à exprimer leur désir pour que l'autre les propulse au septième ciel. La sensualité des partenaires est cachée mais exacerbée. Un regard, un attouchement, et les voilà partis !

Capricorne-Balance : Difficile à évaluer. Attrait en coup de foudre suivi de déception ; la raison remplace la passion dès qu'ils se retrouvent à la verticale. Ils ne sont d'accord sur rien, pas même sur la façon de faire l'amour. L'essai sexuel n'est pas recommandé. Ça risque de tourner en attraction fatale, il faut être prudent. Des ascendants compatibles sont nécessaires.

Capricorne-Scorpion : Synergie à double tranchant mais pouvant réussir. De force égale, ils tentent rarement de se dominer l'un l'autre. La sexualité prédomine, mais le manque d'affection peine le Scorpion. Une fois la chose faite, ils n'ont pas grand-chose à se dire. Lequel dira à l'autre qu'il lui fait mal l'amour ? Chacun reste coi, frustré, peut-être malheureux…

Capricorne-Sagittaire : Le sexe est bon mais l'amour difficile. L'attrait du début peut faire place à un désaccord profond que le Capricorne garde enfoui en lui-même. La liberté et l'indépendance du Sagittaire déplaisent souverainement au rigide Capricorne. Ils se comprennent peu et restent rarement longtemps ensemble ; ils sont mieux amis qu'amants.

THÉRAPIES NATURELLES

Air, eau et feu

Les thérapies naturelles idéales pour le Capricorne sont reliées à l'air, élément contraire à la lourdeur de la terre qui donne maladie de langueur et dépressions. S'aérer tous les jours est essentiel au bon fonctionnement du système et favorise une bonne santé. Le Capricorne doit s'en faire un devoir, au risque de tomber malade.

L'eau nettoie également son système facilement encrassé. De l'eau à boire, pour jouer, pour se détendre et naviguer, de l'eau pour se doucher, se baigner et se laver quotidiennement. De l'eau pour rêver et méditer comme un moine tibétain. Pour chasser les nuages noirs de l'esprit, rien ne vaut la baignade. La chaleur et le feu sont également utiles au natif du Capricorne. Bains chauds et saunas lui sont infiniment précieux.

Bon placement

Règle numéro un : pour éviter les ennuis de santé, cher Capricorne, il vous faut une saine discipline de vie. Prenez le temps de vous occuper de vous et de votre santé, même si le temps, c'est de l'argent. Tant pis si votre portefeuille est un peu moins rempli, c'est temporaire. Une fois en forme, vous serez plus productif et, par conséquent, plus riche. Des cures de santé dans des centres réputés vous feront un bien incalculable. Miser sur soi est un bon placement. Le natif avisé de ce signe ne négligera rien pour trouver la santé et la garder.

Summum de l'économie

Summum de l'économie : boire un grand verre d'eau froide au réveil et à jeun. Ça vous évitera les coliques et les problèmes d'élimination et vous serez de bonne humeur.

Fleurs et parfums préférés du Capricorne

Nez fin

Difficile de trouver une fleur ou une odeur qui plaise complètement au Capricorne exigeant ! Si vous avez trouvé sans l'aide de l'astrologie, je vous félicite. Sinon, continuez votre lecture. Elle pourrait vous renseigner sur les caprices que Dame Nature lui a infligés bien malgré lui...

Parfois le Capricorne a le nez incroyablement fin, parfois il ne sent pratiquement rien à cause de problèmes à l'appendice nasal. La nature, les allergies, le travail de la terre sans oublier la pollution dans les édifices à bureaux et les grands magasins, tout cela y est pour quelque chose. Des problèmes physiques et chirurgicaux sont aussi possibles. Avant de se procurer un parfum pour elle ou lui, il est conseillé de s'informer, discrètement il va de soi, de l'état de ses narines. En parler à sa famille ou à ses amis serait mal vu. Pareille bévue ne vous serait jamais pardonnée.

Quelques suggestions

Qu'est-ce que les hommes ont créé de plus beau ? «La rose», répondra le Capricorne. Les roses lui plaisent pour leur beauté et la variété de leurs couleurs. Mais, en règle générale, le Capricorne aime encore plus la fougère et le chèvrefeuille. Ils ont la propriété de lui être bénéfiques et de lui procurer harmonie et paix. Le pavot, la mandragore et le simple œillet rouge lui feront plaisir, et l'orchidée noire le ravira, si vous pouvez en trouver... Quant aux oiseaux de paradis, mieux vaut les oublier, le Capricorne préfère rester sur terre !

Choix judicieux

Pour la femme Capricorne: *Opium* d'Yves Saint-Laurent et *Neiges* de Lise Watier lui iront bien. Il y a aussi le célèbre *Joy* de Patou, cher mais bon, et à des prix plus raisonnables, les parfums d'Houbigant, notamment *Tabou*. Le grand luxe est d'opter pour un parfum créé spécialement pour elle. Certaines boutiques le font et c'est super !

L'homme Capricorne trouvera que *Neiges* pour homme de Lise Watier et *Eau* de Rochas lui vont bien. Il appréciera aussi sa marque habituelle, mais tout dépend du Capricorne. Celui des villes est plus conservateur que celui des montagnes. De toute façon, il aura le dernier mot. Ni vous ni moi ne déciderons de ce qu'il portera, le fait est sûr !

COULEURS PORTE-BONHEUR DU CAPRICORNE

Les teintes sombres

Les couleurs porte-bonheur du Capricorne sont, de toute évidence, les teintes sombres. Le brun, les tons de terre et le noir l'attirent irrésistiblement, mais toutes les teintes de bleu lui vont bien. Il gagnerait à en porter souvent. Cette couleur le rapproche de l'eau, son élément complémentaire. Dans les moments de tension et de stress, elle lui sera d'un précieux secours.

Secret du noir

Le noir demeure votre teinte préférée. Vous devez en porter, mais sans en abuser, car, à la longue, il exerce sur vous une influence pessimiste et morbide. C'est très tendance, je sais, mais quand on est Capricorne, il faut se vêtir selon ses besoins. Si vous êtes à l'aise physiquement et moralement dans vos vêtements, c'est signe que ce que vous portez convient à votre nature. Tout est parfait, sinon, mettez-les à la poubelle, ils ne vous plairont jamais.

Les rouges

Pour accentuer son *sex-appeal* et son charme, rien de mieux que de faire appel au rouge sombre et au rouge-brun. Ces couleurs revitalisent et donnent au natif de ce signe l'air de fraîcheur et de jeunesse qu'il recherche. Ne serait-ce qu'en accessoire, le rouge vif est très bien. Il ajoute une note de gaieté et séduit. Pour les soirées entre amis ou pour des sorties chic, c'est un choix à considérer, pourvu que le natif ne soit pas trop timide pour afficher ses couleurs! Des souliers rouges, Madame? Pourquoi pas? Une cravate rouge, Monsieur? Ça fera de l'effet! En prime, vous attirerez sur vous les bonnes vibrations de Mars. Si vous êtes déprimé, rien de mieux, je vous l'assure.

PIERRES CHANCEUSES DU CAPRICORNE

Le Capricorne aime les porte-bonheur. Sans l'avouer ouvertement, il en porte souvent un en cachette. Un peu païen comme exercice, mais amusant et sans contre-indication quand on en use raisonnablement. Voilà qui résume sa pensée sur le sujet. J'espère que vous êtes d'accord…

L'agate

Quelques pierres et métaux bien assortis ont un effet bénéfique sur votre santé et vous protègent de votre propre agressivité et de celle d'autrui. L'agate contribue à équilibrer les fluides du corps, accroît la force physique et morale, désintoxique et purifie le sang. Les plus recommandées sont l'agate à dentelle bleue, à mousse verte et à mousse rouge, l'indienne et la cornaline. Bénéfice supplémentaire : ces pierres accroissent la beauté de la personne qui les porte.

Autres pierres

Pour leur part, l'onyx noir et le jais ont la propriété de vous protéger des chutes et des accidents. Ils favorisent la coordination physique et combattent l'enrouement de la gorge. Le diamant noir est également très positif et aide à combattre l'énergie négative et la maladie. Les ions du corail noir – pierre plus difficile à trouver – vous conviendront. Pour la santé physique, rien de meilleur. Et si jamais vous perdez votre pierre, ne la remplacez pas par une autre. C'est signe qu'elle ne vous est plus utile. Tout a une raison d'être ici-bas, souvenez-vous-en…

Secrets pour les ados

Toutes les pierres mentionnées plus haut sont reconnues pour combattre la mélancolie et la dépression. C'est à prendre en considération pour des ados et des jeunes gens qui assument mal leur sexualité. La frustration engendre la violence, la dépression, le suicide. La pierre n'est pas un antidote, c'est un soutien, une aide physiologique. Sa nature vivante et les atomes qu'elle dégage stimulent l'organisme. Vous auriez tort de vous en priver, surtout que leur prix n'est pas exorbitant.

Le plomb

Le métal favorable au Capricorne est le plomb. Porter une bague en plomb dans laquelle on enchâssera un onyx noir, un corail noir ou un diamant noir attirera les bonnes influences de Saturne et rendra le natif de ce signe plus conscient de sa valeur. Un bon artisan joaillier vous la confectionnera. Faute de plomb, faites monter la pierre choisie sur de l'or blanc, du platine ou de l'argent.

À éviter

À éviter : la perle noire et la perle blanche. Elles sont contre-indiquées parce qu'elles mettent la vertu du Capricorne, homme ou femme, en danger. À moins d'avoir un ascendant Taureau, Cancer, Balance ou Poissons, auquel cas vous êtes en harmonie avec la nature et avec vous-même et ne courez aucun risque.

PAYS, RÉGIONS ET VILLES CAPRICORNE

Capricorne de signe solaire ou ascendant, les pays, régions et villes que vous aimerez figurent peut-être dans la liste suivante. Elle est incomplète, mais elle offre une vue d'ensemble des lieux que vous devriez visiter au moins une fois dans votre vie, des lieux où habiter, si vous n'y êtes pas déjà.

Les pays et les villes naissent et meurent. Comme nous, ils ont une carte du ciel, une résonance astrale. Quand elle nous est familière et harmonieuse, on se trouve bien en ces lieux. Autrement, mieux vaut s'en tenir loin…

Sont fortement marqués par le Capricorne : Afghanistan, Albanie, Angleterre, Arménie, rives de la Baltique, Bolivie, Bruxelles, Bulgarie, Catalogne, Chine du Sud, Grèce, Inde, Macédoine, Mexique, Serbie, Sibérie, Tibet, Tokyo.

L'Alaska est Capricorne. Aux États-Unis, on note aussi les États du Connecticut, de la Georgie, de l'Iowa, du Nouveau-

Mexique, du Texas et de l'Utah, puis les villes suivantes: Anaheim (Californie), Bethlehem (Pennsylvanie), Cambridge (Massachusetts), Charlotte (Caroline du Nord), Cincinnati (Ohio), Fort Smith (Arkansas), Key West (Floride), Mobile (Alabama) et Saint Petersburg (Floride).

Au Mexique, les villes de Mazatlan et Léon. Haïti, Lima (Pérou), Montevideo (Uruguay) et Natal (Brésil) sont également du signe.

LES SECRETS DE VOTRE DATE DE NAISSANCE

LES CAPRICORNE DU 23 DÉCEMBRE se trouveront souvent placés devant des choix importants. Ceux qu'ils feront dans les moments cruciaux seront déterminants. Menant souvent une double vie, ils sauveront les apparences.

LES CAPRICORNE DU 24 DÉCEMBRE feront preuve de discernement dans le choix de leurs amis s'ils veulent s'éviter des ennuis. Leur nature capricieuse rendra leurs amours difficiles. Ils rechercheront la gloire et la trouveront.

LES CAPRICORNE DU 25 DÉCEMBRE ont un esprit subtil et profond leur permettant d'atteindre les sommets. Possédant des dons scientifiques, médicaux ou occultes, ils s'en serviront à bon escient et réussiront leur vie privée et professionnelle. Artistes et matérialistes auront du succès.

LES CAPRICORNE DU 26 DÉCEMBRE sont dotés d'un esprit supérieur et s'adonnent à l'étude des problèmes spirituels, mais leur tendance matérialiste prédomine. Équilibrés et satisfaits de leur sort, ils sèment l'harmonie autour d'eux.

LES CAPRICORNE DU 27 DÉCEMBRE sont hospitaliers et généreux, mais manquent de prudence. On leur jouera des tours dont ils se remettront sans trop de mal. Le travail acharné et la volonté de relever les défis sont leurs gages de réussite.

LES CAPRICORNE DU 28 DÉCEMBRE seront influencés par leur milieu familial et devront faire des efforts pour réussir. Dévoués et affectueux, ils seront fidèles en amour et en amitié, mais seront sujets aux accidents.

LES CAPRICORNE DU 29 DÉCEMBRE doivent se méfier de la traîtrise et de la jalousie. Leur grande force physique et morale et un caractère inflexible leur assureront une vie stimulante et heureuse, mais leurs amours pourront souffrir.

LES CAPRICORNE DU 30 DÉCEMBRE jouissent d'une bonne santé et récolteront la richesse. Mais parce qu'ils sont extrêmement orgueilleux et perfectionnistes, le bonheur ne leur viendra pas aisément; ils devront travailler pour obtenir ce qu'ils désirent.

LES CAPRICORNE DU 31 DÉCEMBRE seront impétueux et téméraires. Ils n'auront peur de rien et seront soumis à une sorte de prédestination pouvant durer tout au long de leur vie. Ils s'adonneront parfois à des expériences étranges.

LES CAPRICORNE DU 1er JANVIER possèdent une magie et un magnétisme qui les distinguent des autres natifs du signe. Leur qualité première est la capacité à se dominer eux-mêmes et à dompter leurs passions. Ils aimeront les chiffres, la science et l'argent.

LES CAPRICORNE DU 2 JANVIER seront soumis à un karma puissant dont ils éprouveront l'intensité et les exigences. Ils parviendront à se libérer grâce à leurs bonnes actions. Le don de soi et la générosité les rendront sympathiques; ils seront aimés.

LES CAPRICORNE DU 3 JANVIER auront une sorte d'avertissement devant l'inconnu et l'inattendu. Difficile de prévoir ce qu'ils feront devant un événement et quelles voies ils emprunteront au cours de leur existence. Seul l'amour les protégera.

LES CAPRICORNE DU 4 JANVIER seront habiles à communiquer. Leur magnétisme agira sur ceux qui les entoureront de manière indéniable. Ils auront plus de chance que d'autres de réussir dans la vie, mais seront toujours sur la corde raide.

LES CAPRICORNE DU 5 JANVIER ont une compréhension innée des choses dites «occultes». Estimés des personnes qui les entourent, ils obtiennent aisément ce qu'ils désirent et utilisent bien leurs dons. Leur réussite matérielle semble assurée.

LES CAPRICORNE DU 6 JANVIER aiment ce qui sort de l'ordinaire. Ils sont fascinés par le mystère et recherchent sans répit le sens caché de la vie. Ils abandonneront rarement leur but et seront chanceux aux jeux de hasard et en spéculation.

LES CAPRICORNE DU 7 JANVIER sont des individualistes. Ils tendent naturellement vers la sagesse, la connaissance et la responsabilité. Ils ne seront jamais des gens ordinaires et ils le savent, mais ils ne changeraient de place avec personne.

LES CAPRICORNE DU 8 JANVIER sont doués pour l'action, le courage et le conflit. Déterminés et ambitieux, ils réussiront vaille que vaille. Si vous savez vous y prendre avec eux, vos relations seront courtoises, sinon mieux vaudra vous tenir loin d'eux.

LES CAPRICORNE DU 9 JANVIER sont voués à la célébrité. Reconnus pour leurs grandes qualités ou pour leurs insupportables défauts, leur réputation les précède. Ce qu'ils désirent se matérialise toujours sous nos yeux étonnés. Une association leur apportera la richesse.

LES CAPRICORNE DU 10 JANVIER devront apprendre à se méfier d'eux-mêmes et de leurs passions. Ils pourront faire face à des jalousies et à des trahisons, sur le plan tant professionnel que personnel. Le gain matériel est une constante.

LES CAPRICORNE DU 11 JANVIER apprendront à connaître leur inconscient par l'étude des rêves. Ceux-ci seront une source inépuisable de découverte sur ce qui les intéressera plus que tout: eux-mêmes. Ils se surprendront toujours.

LES CAPRICORNE DU 12 JANVIER auront intérêt à s'adapter au changement s'ils désirent progresser. Une fois cet exploit accompli, ils tireront des avantages précieux de leur métier ou profession. En amour, des incidents bêtes seront à redouter.

LES CAPRICORNE DU 13 JANVIER seront d'une grande tolérance à l'égard des autres et défendront avec acharnement des valeurs morales d'équité et de justice. Ils seront d'un grand enseignement pour nous tous, mais leur vie privée sera cahoteuse.

LES CAPRICORNE DU 14 JANVIER bénéficieront de beaucoup de chance dont ils feront profiter leurs proches. Ils donneront l'impression d'être là pour rendre service aux autres et pour les rendre heureux. Ils seront satisfaits de leur sort.

LES CAPRICORNE DU 15 JANVIER auront toujours raison d'écouter leur intuition phénoménale. Au besoin, ils pourront faire appel à des experts sur le plan spirituel, à des guides qui les aideront à développer leurs dispositions naturelles.

LES CAPRICORNE DU 16 JANVIER semblent voués au bonheur, à la perfection et à la beauté. Ayant vécu au cours de leurs vies antérieures des tribulations extraordinaires dans leurs relations interpersonnelles, ils seront sages et rangés.

LES CAPRICORNE DU 17 JANVIER devront canaliser leur énergie positive en étant généreux et charitables, ce qui les aidera à se réaliser et à trouver le bonheur. Ils feront leur marque à l'étranger et vivront des aventures peu banales.

LES CAPRICORNE DU 18 JANVIER connaîtront des joies durables et remporteront des succès remarquables dans leur vie professionnelle, mais leur vie personnelle, sentimentale et sexuelle ne sera pas à l'abri des tempêtes.

LES CAPRICORNE DU 19 JANVIER seront à la recherche d'un idéal. Ils se dévoueront pour une cause qu'ils jugeront juste, mais leur action surprendra ceux qui les aimeront. L'argent et le gain seront de puissants moteurs.

LES CAPRICORNE OU VERSEAU DU 20 JANVIER (selon l'année et l'heure de naissance) sont choyés par un sort heureux et la chance leur sourit fréquemment. Ils doivent parfois se battre pour obtenir ce qu'ils désirent, mais habituellement, ils l'obtiennent.

JOUR CHANCEUX

Le jour chanceux du Capricorne est le samedi, ainsi nommé en l'honneur de Saturne. Quoi que vous fassiez le samedi, vous êtes favorisé par le sort. Le mariage et les affaires sérieuses sont favorisés. Pour des événements marquants, rien de mieux que le samedi.

La magie des Étoiles est en action, vous jouez gagnant!

Les secrets du Verseau

21 JANVIER AU 19 FÉVRIER

L'ère de la connaissance

En ces années incertaines et mouvantes, les natifs du Verseau ont beaucoup à nous apporter, mais ils ne sont pas les seuls. Le Lion joue un rôle prépondérant dans l'évolution des masses. Les natifs ayant des ascendants, des Lunes natales ou plusieurs planètes dans ces deux signes sont des êtres à l'avant-garde du progrès, de la science et de la conscience. L'ère du Verseau est annoncée comme étant celle de la connaissance. Souhaitons que ce soit exact !

Demain, c'est aujourd'hui

À cause de leur « différence », les natifs du Verseau peuvent sembler difficiles à vivre dans le quotidien, mais ils sont des êtres de lumière, des messagers du futur, des personnes dont l'impact est multidimensionnel et incalculable. Ils sont en « champfusion », comme nous le serons tous un jour ou l'autre, c'est-à-dire en union avec la force des champs magnétiques qui nous entourent et des atomes qui nous différencient les uns des autres. La fusion est à la mode, ce n'est pas sans raison. Les natifs du Verseau ont l'intuition de ce qui est à venir. Pour eux et elles, demain, c'est aujourd'hui !

Le mythe

Aucun mythe n'est à ce jour associé au Verseau, mais sur les hiéroglyphes anciens, le signe était représenté par le dieu Hapi déversant deux urnes sur l'humanité. Il était le symbole du Nil. À Babylone, on appelait le Verseau du nom de L. A. De là sans doute l'association astrologique de Los Angeles dite L. A., avec le Verseau. Que cette ville soit Verseau, aucun doute, mais le reste n'est que présomptions, il faut bien le dire...

Constellation

Le Verseau, du latin *amphora,* donne son nom à une constellation voisine de l'Équateur, dans l'hémisphère austral. Autre coïncidence : l'Australie est Verseau. La disposition des étoiles, dans la constellation du Verseau, rappelle la forme du courant. Sur les anciennes cartes symboliques, on la représentait comme de l'eau s'échappant d'une amphore. Cette représentation prévaut encore aujourd'hui.

Fluide mystérieux

Dans toutes les représentations du Verseau, un ange vide dans l'univers une amphore remplie d'un fluide mystérieux. Le fluide en question, souvent pris pour de l'eau, est beaucoup plus aérien et surnaturel que liquide. Il représente les vibrations et les énergies cosmiques dans lesquelles nous baignons, de notre naissance jusqu'à notre mort. Il est réputé pour apporter aux hommes la connaissance.

Le plus humain

L'illustration symbolique du Verseau en fait le plus humain des signes du zodiaque. Cet « homme nouveau » doit nous conduire aux portes d'une nouvelle ère dont nous ignorons presque tout. L'évolution de l'homme est inscrite dans la voûte céleste : celui qui cherche peut lire. Ainsi, nous sommes irréversiblement entrés dans l'ère du Verseau. À nous d'accélérer notre émancipation en tentant prudemment, mais sans relâche, de déchiffrer les mystères de l'univers. Le natif de ce signe a peut-être une longueur d'avance sur nous, mais, en faisant quelques efforts, nous le rattraperons…

LE SURHOMME

Le Verseau et son signe opposé, le Lion, représentent les principales qualités que l'être humain utilisera dans l'ère du Verseau pour passer de son état d'homme à celui de surhomme. On dit que l'enfant est le père de l'homme. Partant de ce principe, on peut dire que le fils de l'homme est le surhomme.

À ce propos, la science-fiction et la littérature fantastique avec leur vision du futur sont très proches de la réalité. Qu'elles soient Verseau n'a rien de surprenant. Les grands spécialistes en la matière sont presque tous natifs de ce signe. Citons, par exemple, Jules Verne et René Barjavel, Verseau tous les deux, et chez qui Uranus (l'intuition supérieure) prédominait. Le scénariste Jerry Siegel et le dessinateur Joe Shuster, qui ont créé Superman, un personnage de bande dessinée, ne faisaient sûrement pas exception à la règle.

Les Frères Karamazov

En littérature, le personnage qui incarne le mieux le Verseau est Aliocha des *Frères Karamazov.* Pur et mystique, il possède un esprit ouvert au changement. En refusant de participer au meurtre de son père, il montre sa supériorité et son humanisme. Auteur de ce magnifique roman russe (la Russie est fortement marquée par le Verseau), Fedor Dostoïevski illustre les traits positifs du signe. Le Verseau évoque la générosité, le désintéressement et le détachement des biens matériels. Aliocha en est la parfaite illustration.

PLANS PHYSIQUE, MENTAL ET INTELLECTUEL

Plan physique

Sur le plan physique, le Verseau porte extérieurement la marque de son unicité. Accentuant ce fait, il aime se démarquer de sa famille et de ses semblables. De très grands cils sur des yeux bleus ou bruns lui donnent un regard étrange. Il a les mâchoires fortes, le menton accusé. On le remarque à son allure pas comme les autres. Très petit, très gros, très mince ou très grand, c'est un personnage inhabituel qui innove en matière de style de vie et de mode. Il ose faire ce que d'autres n'osent pas. Sa personnalité est immuable, il n'en changera pour rien au monde.

Son sourire ne manque pas de bonté, ses gestes larges et mesurés sont posés et élégants. Ce qui semble impulsif chez lui est calculé, il ne faut pas se méprendre. Une chose est certaine : il fait de l'effet. Qu'on l'aime ou pas, on ne peut rester indifférent aux ondes électromagnétiques qu'il dégage.

Prédispositions pathologiques

Selon les Anciens, les jambes et les chevilles sont ses points sensibles. Ces parties de l'anatomie sont sujettes à des altérations, lésions, ruptures, brisures ou enflures. À surveiller : arthritisme, artériosclérose, varices, ulcères variqueux, goutte, hémorroïdes, induration glandulaire, insuffisance ou déséquilibre des endocrines, paralysie d'origine spinale, circulation sanguine, arythmie cardiaque, thyroïde, glandes surrénales, nerfs optiques, système nerveux.

Ce signe est prédisposé aux troubles et aux lésions des reins et de l'estomac. Dans ce dernier cas, il s'agit souvent d'un dérèglement de l'acidité gastrique. Les maladies des voies respiratoires et des poumons sont fréquentes. Il est préférable de ne pas fumer et de s'abstenir de fréquenter les lieux enfumés.

Plan mental

On note chez le Verseau une hyperactivité de la sphère mentale, de l'originalité et des tendances créatrices. Libre ou attaché, c'est un être mystérieux, associé aux grandes tempêtes de février, mois de sa naissance. Indispensable, il fait bouger les choses et déplace de l'air dans une sorte de «bouche-à-bouche cosmique». Il n'est cependant pas facile de s'entendre avec lui.

La vie du Verseau reflète son intérêt profond pour ses semblables et son impossibilité de s'en dissocier. Sa tolérance est sans égale et son indépendance légendaire. Malheur à qui croit pouvoir l'attacher sans en payer le prix! Son besoin de se libérer et de se détacher du groupe le pousse à être plus ou moins révolutionnaire.

Le précurseur du zodiaque

Le Verseau est l'avant-gardiste, l'innovateur, le précurseur du zodiaque. Il porte en lui les graines du futur et annonce les temps à venir. Ne vivant que par osmose, pour et grâce aux autres, il est, dans sa pureté initiale, un être à part. Il doit cependant mettre son ego de côté pour aller vers les autres. Trouver des affinités fraternelles et spirituelles, tel est l'objectif du Verseau. Sa personnalité est en harmonie avec les tendances humanistes qu'il exhibe fièrement.

Plan intellectuel

Sur le plan intellectuel, le Verseau s'avère vif, inventif et profond. Il peut être très efficient, s'il conserve une large part de liberté et d'initiative. Cependant, l'intuition supérieure qu'il démontre dès le plus jeune âge et qui est le plus souvent sûre et fiable surpasse son intelligence. Le natif sait des choses que personne ne lui a enseignées et il peut résoudre des problèmes sans aide extérieure.

Si on lui laisse l'occasion de s'exprimer librement et s'il n'est pas obligé de se conformer à un modèle, il travaillera bien en groupe et sera un étudiant studieux, voire modèle. Convaincu de sa supériorité intellectuelle, il n'est pas démesurément orgueilleux. Chez lui, intégrité et respect d'autrui prédominent. Il ne juge pas et n'aime pas être jugé, entouré, questionné. Son jugement est sûr, il commet rarement des erreurs graves.

Androgynie

L'androgynie marque l'ère du Verseau. Capables de jouer un rôle féminin ou masculin, le natif et la native de ce signe ont une double image. On dit d'eux qu'ils ont le sexe des anges. Notion poétique qui devient réelle de jour en jour…

Si l'androgynie prend sa place, force est de constater que l'hermaphrodisme est plus fréquent que jamais. S'il y a présence des deux sexes chez un bébé, les parents ont à décider lequel ils choisiront pour leur enfant. Pas facile certes, mais, à la puberté, l'enfant lui-même deviendra ou fille, ou garçon, selon sa propre inclination. On aurait tort de le brimer, sinon, il sera malheureux et improductif. La meilleure chose à faire: lui laisser le choix.

Secret à partager

Secret à partager: androgynie ne signifie pas automatiquement bisexualité ou homosexualité, mais il est clair qu'intellectuellement, aucun Verseau ne peut nier l'existence de ses deux natures. Prêt à défendre sa position avant-gardiste sur le sujet, il ira jusqu'au bout et tentera toutes les aventures. Parents, soyez-en informés! Ne vous en faites pas trop pour lui. C'est un débrouillard, il s'arrangera très bien.

SIGNE MASCULIN, FIXE ET D'AIR

Signe masculin

Le Verseau est un signe positif ou masculin. Le natif de ce signe tend naturellement à extérioriser ses forces et ses énergies et il dirige mieux qu'il n'obéit. Aimant commander, il n'apprécie pas qu'on lui résiste. Son esprit de contradiction le fait partir en guerre à la moindre rebuffade. Respectons son désir d'action et n'entravons pas sa volonté. C'est la meilleure façon de se faire aimer de lui.

Signe d'Air

Le Verseau étant un signe d'Air, le natif a des réactions vives, un tempérament chaud. Quand les choses ne vont pas comme il veut, on le sait. Comme il a besoin d'amour et d'affection, il prend bien garde de ne pas se faire haïr par ceux qu'il aime et dont il a besoin. Prêt à faire des efforts surhumains pour être aimé, il a besoin d'un port d'attache solide. L'homme du signe est souvent dans les airs et tend à s'éparpiller. Adaptabilité et ingéniosité sont ses principales qualités. Chez lui, tout se passe sur le plan intellectuel, qu'il soit instruit ou non.

Signe fixe

Tout en étant un signe d'Air, donc, par essence, volatile, le Verseau est un signe fixe. Cette particularité est rassurante pour ceux qui aiment le natif de ce signe. Elle le protège de l'envie de partir trop jeune et trop loin. Émotif, il s'attache à certaines personnes et leur est d'une fidélité constante. S'il part, il revient toujours au bercail, lieu sécurisant et ressourçant par excellence.

Qualités et défauts

Ses principales qualités ou caractéristiques: détermination, volonté, intelligence intuitive et rationnelle, engagement social (fraternité, entraide, collaboration), sens de la liberté et de l'amitié, sens artistique, inventivité, créativité, pouvoir d'empathie, indépendance, sincérité et fidélité. Extraordinaire rapidité de conception et fixité dans la poursuite de ses objectifs. Humain, tranquille, persévérant et constant.

Ses défauts: dédain des conventions, indépendance outrée, rebelle à toute autorité, originalité menant à l'excentricité, manière brusque d'agir, franchise brutale. Dans les cas extrêmes, perversion, malfaisance; le Verseau peut être un monstre, un tortionnaire et un criminel.

Gouverné par Uranus et Saturne

L'imprévisible Uranus

Le Verseau ne faisant jamais rien comme tout le monde, deux planètes majeures gouvernent son signe. Traditionnellement, c'est Saturne, mais, de nos jours, les natifs du Verseau sont régis principalement par l'imprévisible Uranus. Découverte en 1781 par William Herschel, cette planète « moderne » est celle des connaissances concernant le magnétisme, l'électricité, les ondes émises par les pierres, les fleurs et les humains. Avec elle s'ouvre un nouvel horizon pour les voyages et les communications.

Vingt ans d'avance

Uranus, c'est l'éclair de génie, le coup de foudre pour une personne ou pour une idée, la connaissance instantanée qui passe par des canaux inconnus. Ceux qui sont sous son influence ont vingt ans d'avance sur les autres. Même vieux, ils sont encore incompris des uns et adorés des autres. Leur existence n'est pas banale.

Les plus saturniens

Les plus saturniens sont sages et isolés, sérieux et philosophes. Savants ou artistes, ils privilégient une discipline de vie rigide et sévère et n'obéissent ni à la mode ni à la manière de vivre des leurs. Certains font d'excellents politiciens. Travailleurs, rationnels et sérieux, ils s'imposent par leur détermination et leur acharnement. Où il y a terre, construction, administration, coopérative et mouvements de fraternité, ils sont présents. On les voit aussi œuvrer comme bénévoles, sans esprit de clocher, fermes et indépendants dans leurs convictions.

Grave secret

Le Verseau est absolument nécessaire à l'équilibre mondial présent et futur. Entrant de pied ferme dans l'ère du Verseau, il nous guidera sur des voies nouvelles de façon aussi sûre que possible. Soit dit entre nous, car c'est un grave secret, les extraterrestres et lui sont des amis !

RELATIONS AFFECTIVES

La belle affaire

Le Verseau étant un signe fixe, les relations affectives sont primordiales pour lui. D'elles dépendent la santé physique, l'équilibre mental et psychologique du natif de ce signe. La belle affaire ! Lui qui a horreur de ce qui est statique, en amour, il est stable ou voudrait l'être… Autant il aime la liberté, autant il est prêt à la sacrifier pour vivre des émotions de qualité. Le trouble subit, l'agitation passagère causée par un vif sentiment de joie, de peur ou de surprise, il ne peut s'en passer. C'est un émotif, pas un sentimental. Ceux qui l'ignorent le connaissent mal.

C'est toute sa vie

L'émotion, c'est toute sa vie. S'il en manque, il devient malade. Cela peut avoir de graves conséquences. Il faut alors trouver ce qui l'empêche de sentir quoi que ce soit, sinon il portera toute sa vie sur ses épaules le poids d'une responsabilité qui ne lui appartient probablement pas. Ayant l'impression d'avoir complètement raté sa vie, il sera malheureux et rendra les autres plus malheureux encore.

Amis et ennemis

Décidant en quatre minutes qui il aimera et détestera et ne changeant jamais d'idée à ce sujet, le Verseau a des amis fidèles, des inconditionnels. Loyal, il ne trahit jamais, une qualité appréciée par les artistes, les créateurs et les innovateurs qui tournent autour de lui. Indépendants et autonomes autant que lui, ils ont la particularité de l'accepter tel qu'il est. C'est sans doute leur principale qualité.

Il ne changera pas

Pas question d'essayer de changer un Verseau. Même enfant, il vous tiendra tête jusqu'au trépas ! Pour l'aimer, il faut être prêt à tout. Il ne changera pas, tenez-vous-le pour dit. Mais c'est un compagnon fidèle, en amour et en amitié. Son sens inné de la psychologie (la psychologie relevant du Verseau) lui permet d'aborder les autres avec intuition et charme. Quand il réussit sa vie personnelle, il est génial. Être son ami ou son compagnon est un privilège.

Porteur de bonheur

Votre vie conjugale et familiale est rarement facile, cher Verseau, avouez-le. Il est vrai que vous êtes davantage fait pour l'union libre que pour le mariage, mais il y a des exceptions. On dit aussi que vous êtes meilleur en tant que collaborateur, complice et ami que comme conjoint. Cependant, quand vous avez des relations affectives satisfaisantes, vous êtes porteur de bonheur. Ceux qui vous connaissent ont de la chance. Vous leur apportez un monde de fantaisie et de rêve plus virtuel que réel, mais de qualité exceptionnelle.

L'ARGENT ET LES AFFAIRES

Implication totale

L'ambition n'est pas non plus un trait dominant du Verseau. S'il devient ambitieux, c'est qu'il est propulsé par une énergie extérieure et qu'il travaille dans un but social et collectif. Son implication est alors totale. Il obtient le succès recherché, son entourage apprécie son talent et ses aptitudes.

Point de gloire

Le Verseau ne cherche point de gloire pour lui-même. Ses besoins personnels sont infimes la plupart du temps, sauf exception. Par contre, il fait des miracles pour procurer le principal et même le luxe à sa famille. Ses enfants fréquentent les meilleures écoles, ils disposent des meilleurs instruments ou équipements pour pratiquer une science, un art ou un sport. Rien de trop beau pour eux. Sans doute entend-il ainsi oublier sa propre jeunesse…

Sort généreux

Financièrement, le Verseau ne manque jamais de rien. Soit il est satisfait de ce qu'il a, soit le sort est généreux avec lui, ce qui arrive fréquemment. Il gagne, hérite, trouve ce dont il a besoin, comme si le destin le récompensait d'avoir osé vivre sa vie comme bon lui semblait, sans tenir compte des impératifs sociaux et professionnels. Tant mieux pour lui ! Il mérite un sort digne de ses belles qualités. Rien ne devrait entraver son désir de voyager, d'apprendre et de s'instruire tout en aidant autrui à évoluer.

La connaissance

Le Verseau symbolise la connaissance. Plus le natif connaît et expérimente, plus il vit longtemps et en santé. Quant à l'argent, c'est une autre histoire. Il fera faillite, s'impliquera dans des projets qui semblent insensés et perdra des sommes importantes, entre autres, dans des procès. Mais il trouvera toujours sur sa route un bon samaritain, une bonne âme pour l'aider et le traiter royalement, comme il le mérite.

Métiers et professions

On suggère au Verseau, parce qu'ils sont conformes à sa nature, les métiers suivants: ingénieur du son, technicien en télécommunications, monteur et cameraman (cinéma, télévision, radio), métiers de l'audiovisuel et tous les métiers de pointe, astronaute, aviateur, électricien, météorologiste, psychologue, psychiatre, parapsychologue, compositeur de musique, animateur de groupe, décorateur, costumier, artiste au cinéma ou au théâtre et en musique électronique, verrier, potier. Il peut aussi être bohème professionnel et faire une longue et fructueuse carrière !

Choyé par la vie

Étrangement, le Verseau est choyé par la vie. Il mène souvent une vie de pacha, mais il ne s'en vante pas, préférant taire ses avoirs et rester discret quant à sa réussite. Il le fait sans doute par prudence, mais aussi par pudeur et pour ne pas faire d'envieux. Cette attitude lui réussit. Il finit rarement sa vie dans la pauvreté et pourvoit aux besoins de bien des gens. Source de confort et de réconfort, c'est un mécène, un parfait gentilhomme.

LES AMOURS DU VERSEAU

Tumultueuses et imprévisibles

Verseau des deux sexes, vos amours sont tumultueuses et imprévisibles. Vos agissements excentriques vous placent dans une catégorie à part. Vous n'en avez pas moins une grande soif d'amour, mais n'aimant pas vous sentir attaché, vous refusez tout engagement à long terme. Par contre, vous ne supportez pas que l'autre ne soit pas disponible. Ça vous horripile, vous boudez.

Indépendance

Vous avez un impérieux besoin d'indépendance. Même marié et avec de jeunes enfants, vous devez avoir une vie qui vous est propre, un jardin secret d'où les autres sont exclus. Quelques heures par jour, vous occupez votre espace privé. Ce besoin de respirer librement exige de la compréhension de la part des parents, du conjoint et des enfants. Si on vous brime, vous chercherez à vous émanciper au détriment de tous. Mieux vaut vous faire confiance et vous donner l'impression d'être libre.

Quelques suggestions

Un partenaire Verseau vous conviendrait bien. Vous vivrez l'un à côté de l'autre chastement ou non et serez heureux. Un Poissons pourrait tout endurer par amour pour vous. Aussi indépendants que vous, les Bélier, Gémeaux, Balance et Sagittaire vous aiment inconditionnellement. Vous pourriez aussi faire bon ménage avec le Lion, à condition de respecter sa personnalité et de placer votre relation au-dessus de tout.

Secrets intimes

Partageons quelques secrets intimes… Votre nature intransigeante et exclusive ne vous vaut pas que des sympathies. Elle entraîne des inimitiés féroces. Projeté dans des luttes et des oppositions constantes, vous semblez vous complaire dans le tumulte et êtes indifférent aux remous que vous provoquez. Qui sont vos ennemis ? Les gens volontaires et têtus. On en compte chez les natifs du Taureau, du Scorpion et du Lion. Il y a lieu de vous en méfier.

Froideur

On vous reproche votre froideur. Celle-ci ressemble à du snobisme, mais ce n'est qu'apparence. Chacun ses forces et ses faiblesses, la sentimentalité n'est pas votre fort. Non que vous soyez incapable d'aimer, mais tout doit se passer à votre rythme, suivant vos désirs, et certains diront selon vos caprices. Vous êtes ainsi et n'avez pas à vous en excuser. Si des problèmes graves surviennent, consultez un sexologue ou un médecin. Les hormones sont souvent la source du malaise.

Paradoxal

Pour vous, l'amour est paradoxal… comme votre personnage. Avec votre charme étonnant, vous séduisez pratiquement qui vous voulez. Vous jouez, allant rarement au bout de vos flirts. Vous restez fidèle à la personne qui partage votre vie et revenez toujours à la maison. Vos fugues sont fréquentes. Éternel adolescent en amour et dans la vie en général, vous aimez le déclic excitant que procure l'aventure. En vieillissant, vous vous assagissez, du moins on aimera le penser…

Secret douloureux

Écorché vif, vous souffrez en silence. Votre regard sur la vie en témoigne. Il faut vous traiter avec tendresse et discernement. Un manque d'amour durant l'enfance, un amour de jeunesse ou quelque autre peine vous a marqué pour la vie. Vous vous en remettrez, mais vous porterez toujours en vous le stigmate de la privation affective qui vous a fait perdre vos illusions.

Oubliez tout. C'est une tâche ardue, mais vous y parviendrez. Si ce n'est déjà fait, mettez-vous au travail. Votre bonheur en dépend. Par empathie, je désirais partager ce douloureux secret avec vous. S'il ne vous concerne pas, tant mieux, vous avez une chance peu commune…

Hors norme

Les amours du Verseau ne sont jamais celles de tout le monde, mais vous vous arrangez pour être bien dans votre peau. Votre vie est faite d'imprévus et de ruptures brusques avec des épisodes sentimentaux parfois violents, souvent éphémères. Votre mode de vie est hors norme. Continuer ainsi ne serait pas une mauvaise idée…

APHRODISIAQUES ET SEXUALITÉ

Secret entre nous

Difficile de cerner ce qui vous excite ou vous éteint, cher Verseau. Vous cachez vos points faibles et détestez vous faire manipuler. Par conséquent, vous êtes tout sauf transparent. Votre indépendance est naturelle. Vous aimez qui vous plaît et pour des raisons que vous seul comprenez. Cela vous appartient, et vous ne faites aucune concession. Malgré tout, voici quelques trucs qui peuvent vous aider à cibler l'objet de vos désirs et à réussir l'acte sexuel. Ne divulguez pas vos sources, c'est un secret entre nous…

Fétichisme

Le fétichisme vous excite. Comme dans un film ou une bande dessinée, vous aimez voir l'élu ou l'élue de votre cœur en tenue provocante. Les gadgets vous inspirent. Le lit et le décor doivent être suggestifs. Un film érotique vous stimulerait, mais il n'est pas essentiel. Votre imagerie mentale vous sert d'écran et suffit, à l'occasion, à ranimer la flamme vacillante. La musique aussi peut jouer un rôle mais pas forcément. Connaître toutes les positions du *Kama Sutra* n'est pas indispensable, bien que ce soit un plus, évidemment…

Dîner aux chandelles

Un dîner aux chandelles dans un hôtel ou un lieu étrange et avec une personne inconnue représente pour vous la situation idéale. Comme ça n'arrive pas tous les jours, votre libido risque d'être inégale. Comme aphrodisiaque naturel, je propose ce menu expressément fait pour vous : crudités et trempette, saumon fumé aux câpres, vin mousseux ou champagne, le tout dans un décor inusité, en voyage ou ailleurs. Vous serez amoureux, impossible autrement !

Rarement impulsive

Votre approche est rarement impulsive, faire l'amour de manière impromptue ne vous convient guère. L'érotisme que vous privilégiez, parfois au détriment du sexe, demande préparation et concentration. Certains aiment la pluralité en amour. Je conseille à ceux-là d'entrer dans le jeu, mais sachez que les essais romantico-sexuels sont le plus souvent décevants, sans compter qu'ils comportent des risques évidents.

Tout essayer

Durant votre jeunesse surtout, vous vous accordez le droit de tout essayer. On ne vit qu'une fois, aussi bien que ce soit un tantinet dangereux… En fait, vous êtes sage et ne passez à l'action qu'en toute connaissance de cause. En amour comme en autre chose, vous êtes un intellectuel, un penseur. Vous choisissez souvent de vivre vos fantasmes en rêve plutôt que de les réaliser. Le goût d'après est moins amer, vous pouvez dormir en paix.

COMMENT SÉDUIRE UN VERSEAU

Cran, audace et persévérance

Pour attirer un Verseau, il faut du cran, de l'audace et de la persévérance. Être sûr de soi, autonome et indépendant est essentiel. Autrement, on est certain de souffrir. Retenez-vous d'aimer un natif du Verseau à moins d'avoir un cœur et des nerfs solides. Qui veut une petite vie calme et tranquille doit fuir son emprise.

Il adore les surprises

Le Verseau répond bien aux avances que vous lui faites par surprise. Il adore les gens et les lieux inconnus et étranges. Avec lui et elle, laissez-vous aller à vos fantaisies et soyez naturel, c'est ce qui lui plaira le plus. Il vous trouvera naïf et sera touché par la flèche de Cupidon. Le jeu de la séduction lui plaît, pourvu qu'il soit rempli de surprises. Un voyage de rêve ou un cadeau splendide offert sans raison spécifique fera son effet.

Attirer son attention

Pour attirer son attention, portez des vêtements haut de gamme et tendance. Il adore les personnes qui s'habillent bien et il a lui-même une allure soignée, du moins en public. Parlez-lui de son charme, discutez de cinéma et de théâtre et montrez de l'intérêt pour ses passions. Puis posez-lui un ultimatum. Vous piquerez sa curiosité, son point faible. Le moment décisif passé, complimentez-le sur sa façon de faire l'amour, cela le convaincra de vos bonnes intentions. Vous ferez sa conquête. Quant à savoir combien de temps ça durera, je n'ose me prononcer. Avec lui et elle, on n'est jamais sûr de rien...

C'est lui qui décide

Le Verseau ne s'intéressera à vous que lorsqu'il aura déterminé quel genre de relation il veut. C'est lui qui décide, même s'il donne l'impression de céder à un coup de foudre. Il n'obéit à aucune règle et ne respecte que les siennes. Elles sont parfois rigides et déconcertantes. Si vous êtes prêt à vivre une expérience peu banale, recherchez le Verseau. Vous serez servi.

COMPATIBILITÉ AMOUREUSE ET SEXUELLE (SYNERGIE) DU VERSEAU

Verseau-Verseau : Deux natures indépendantes et sexuellement instables font l'amour comme des dieux, mais l'habitude nuit au plaisir de la découverte. Ils refusent de se sentir attachés et sont à la recherche de l'impossible amour. La réalité les déçoit souvent... Au mieux, la relation est romanesque et parfois extravagante. Ils sont meilleurs amis qu'amants.

Verseau-Poissons : Le fantasque Verseau aime le timide Poissons et vice versa. Le cœur prime, l'amour peut être sublimé. Capricieux, le Verseau est à la recherche de jouissances sexuelles toujours plus intenses. Rêveur, le Poissons se fait du cinéma. Ils s'adonnent à des jeux érotiques, se plaisent un temps ou longtemps, selon leurs ascendants.

Verseau-Bélier : Couple porté à l'extravagance dans la vie amoureuse et sexuelle. La routine les refroidit, ils sont à la recherche de sensations fortes. Arrivant vite au climax, le Bélier déçoit le Verseau plus difficile à satisfaire. Ils doivent s'accorder des vacances, sinon ils se lasseront. La liberté sexuelle est nécessaire. Pour ceux qui n'ont pas froid aux yeux.

Verseau-Taureau : Fort attrait romantique et sexuel, mais à contretemps. Ne vivant pas au même rythme, ils ne sont pas sur la même longueur d'ondes, mais pourtant ils s'aiment. La réalité leur plaît moins que l'idéal qu'ils ont de la sexualité. Presque toujours déçus après l'amour, ils recommencent. Il faut beaucoup d'amour pour que la relation les satisfasse.

Verseau-Gémeaux : L'amour est dans l'air, mais si rien ne vient fixer la première tentative, la relation a peu de chances de durer. S'ils inventent des façons de se faire plaisir, la jouissance qu'ils tireront l'un de l'autre sera sans limites. Images suggestives et paroles susurrées à l'oreille stimulent leur libido. Le film érotique fait partie de leurs jouets préférés.

Verseau-Cancer : En moins de quatre minutes, leur sort est décidé. Libre à eux de s'aimer assez pour prendre le temps d'étudier l'autre. S'ils se connaissent bien, le sexe sera meilleur, l'amour durable. L'aventureux Verseau blesse parfois l'hypersensible Cancer. En cas de dépendance affective, c'est le drame. Par chance, cela se produit rarement.

Verseau-Lion : Quelle joie pour le Verseau de dompter un Lion, et quelle victoire pour le Lion d'apprivoiser le Verseau. Différents et semblables, ils se plaisent instantanément. Persistant, le Lion est prêt à tout pour amener l'autre au septième ciel. Mais la tempête gronde au loin… L'un sacrifie parfois son bonheur à l'autre, mais il s'en accommode.

Verseau-Vierge : La synastrie atteint un haut niveau. Ils se plaisent sexuellement, mais la raison risque de prendre le pas sur le sentiment. L'érotisme prime. Recherche d'absolu, jouissance experte, sinon rien ne va plus. Le paradis des amants leur est ouvert. Même quand la routine s'installe et que la fougue diminue, ils restent amoureux.

Verseau-Balance : Deux émotifs et sanguins à la recherche du parfait amour. S'envoler dans une dimension plus vaste que la réalité et trouver l'extase n'est pas monnaie courante. Dans la jeunesse, ça va, mais plus tard ça prend des prodiges. La Balance doit se montrer innovatrice dans ses préliminaires, sinon l'autre se lassera. Quand c'est réussi, c'est superbe.

Verseau-Scorpion: Quel que soit l'attrait amoureux et sexuel qu'ils éprouvent l'un pour l'autre, ils ont intérêt à limiter leurs ébats. L'indépendant Verseau ne peut accepter la domination que le Scorpion désire exercer sur lui. Il se libérera coûte que coûte. À ne pas rechercher, l'affrontement pouvant comporter des risques.

Verseau-Sagittaire: La libido du Verseau est faible, celle du Sagittaire forte. Ils s'aiment et font l'amour comme si leur vie en dépendait, mais ils préfèrent parfois courir la chance de rencontrer une personne qui leur procure encore plus de satisfaction. Dommage, la relation peut leur apporter l'amour recherché. Le plus souvent, la synastrie fonctionne.

Verseau-Capricorne: La satisfaction sexuelle atteint une rare profondeur, mais le cœur est parfois laissé pour compte. L'intensité du désir charnel du Capricorne allume l'insatiable Verseau. Celui-ci doit s'adapter à la puissance sexuelle et à l'autorité du Capricorne. Ce n'est pas toujours le cas; il faut beaucoup d'amour et un ascendant compatible.

THÉRAPIES NATURELLES

Besoin d'oxygène

Signe d'Air, le Verseau a besoin d'oxygène. Ses voies respiratoires et ses poumons sont fragiles. Cela peut paraître étrange, mais il a besoin d'apprendre à respirer. Le yoga et les exercices respiratoires lui sont utiles, sinon indispensables. À défaut d'une bonbonne d'oxygène, l'air de la mer et de la montagne aura raison de ses blocages physiologiques et psychiques. Respirant mieux, il sera plus en forme et de meilleure humeur.

Qu'il parte au soleil

Le Verseau a besoin de chaleur. Le feu l'équilibre. Prendre du soleil de façon modérée et avec de la crème solaire haute protection lui est bénéfique. S'il est mal en point, qu'il parte au soleil, il reviendra ragaillardi. Le natif de ce signe dort la fenêtre ouverte même en hiver, mais la chaleur est sa meilleure thérapie. La bioénergie et l'acupuncture l'aideront à surmonter ses problèmes de reins et d'estomac et calmeront son système nerveux. Un séjour dans un centre de santé serait l'ultime bonheur; je lui souhaite d'en faire l'essai au moins une fois dans sa vie.

Summum de l'économie

Summum de l'économie pour le Verseau : un bain sauna. Il le débarrassera des sueurs abondantes dont il est souvent victime, évacuera les toxines de son système, régularisera la circulation sanguine et calmera son système nerveux. Voilà qui est économique et pratique. S'il a la chance d'en posséder un chez lui, il devrait s'en servir souvent.

FLEURS ET PARFUMS PRÉFÉRÉS DU VERSEAU

La fougère

Le nez du Verseau est fin et très développé. Ses goûts éclectiques sont aussi variés qu'il y a d'individus de ce signe, mais on sait que le natif aime la fougère. Son parfum lui va bien. Pour faire plaisir à un Verseau, il suffit de trouver dans des boutiques spécialisées des huiles de bain, savons de toilette et autres produits à la fougère. Cette plante a la réputation de lui porter bonheur. Il serait pertinent pour le Verseau d'en avoir une chez lui.

Le cyclamen

De toutes les fleurs, le cyclamen est sa préférée. Il l'apprécie à sa juste valeur et en prend grand soin. Le mimosa tient aussi une place de choix, mais il aime également le gardénia blanc et l'orchidée. Côté plantes, il privilégie la gueule-de-loup ou l'aconit napel, la renoncule et la salsepareille. Les arbres à croissance lente comme le chêne, le pin, le cyprès ainsi que le lichen lui plaisent et lui vont bien.

Secret absolu

Le pavot et le chanvre indien sont en harmonie avec sa nature profonde. Mais prudence, car les adolescents du signe sont naturellement attirés par les produits dérivés. Les essayer ne signifie pas nécessairement les adopter. Si vous tentez l'expérience, souhaitons qu'elle soit heureuse et de courte durée. La maturité ne s'acquiert pas sans effort, il y a un prix à payer pour devenir adulte...

Plantes et épices

Quant aux plantes et aux épices qui aideront le Verseau à mieux dormir et à se calmer, citons la marjolaine qui est son meilleur atout. Porte-bonheur végétal, elle est source d'harmonie intérieure. Il doit en mettre partout. L'hamamélis l'aidera à combattre l'insomnie, l'épuisement, l'anxiété et le stress. Ajoutons qu'une petite cure de solitude lui ferait du bien. C'est souvent la meilleure solution pour calmer son esprit et ses nerfs agités.

Suggestions

Vous trouverez aisément dans le commerce des lotions à base d'hamamélis, notamment chez Yves Rocher. Quant aux parfums traditionnels, je recommande pour les natifs du Verseau des deux sexes: *Opium* d'Yves Saint-Laurent, *CK One* et *Obsession* de Calvin Klein et *Polo Sport* de Ralph Lauren.

Tout produit androgyne plaira au Verseau qui n'admet pas beaucoup la différence des sexes. Pour elle et lui, le sexisme est dépassé depuis belle lurette. C'est un être du XXIᵉ siècle, ne l'oublions pas au moment de choisir un cadeau.

COULEURS PORTE-BONHEUR DU VERSEAU

Le gris bleuté

Le gris bleuté est la couleur du Verseau gouverné par Uranus. Le natif de ce signe vêtu de cette couleur peut parcourir les villes et escalader les montagnes, rien ne lui résiste. C'est la teinte qui convient le mieux à son teint, qui met ses yeux en valeur et le propulse à l'avant-plan tout en le sécurisant. C'est la couleur des prochaines années. S'il en porte, il sera à l'avant-garde des tendances de la mode. Le gris bleuté, c'est pour lui et elle !

Le noir

Le noir est associé à Saturne, son deuxième maître. Le Verseau peut aimer en porter pour s'affirmer socialement et professionnellement. Cette teinte rendant opaque qui en porte, le Verseau se sent à l'aise avec des vêtements noirs, car il n'aime pas qu'on scrute ses émotions. Il est conseillé de ne pas abuser du noir, car il favorise l'estime des autres au détriment de soi-même. Par contre, pour jouer le grand jeu et tromper l'adversaire, il s'impose.

Blanc et rose

À la maison, entre amis intimes, pour le sport et pour l'amour, mieux vaut s'en tenir au blanc et au rose, tout en privilégiant les teintes vives en décoration. Cela aura pour effet de minimiser l'impact déprimant que le noir pourrait avoir sur le moral. On ne doit pas sous-estimer l'importance des couleurs, elles sont essentielles au bon tonus physique, psychique et mental. Le fait d'en être conscient vous aidera à faire le bon choix au bon moment.

Pierres chanceuses du Verseau

Il a tort

Le Verseau se soucie des porte-bonheur comme de sa première chemise, mais il a tort. Certaines combinaisons de pierres et de métaux lui sont bénéfiques, alors que d'autres lui attirent des ennuis sur le plan affectif et sexuel et l'exposent à des incidents et à des accidents stupides. Ces mauvaises combinaisons le rendent maussade et agressif. Selon les statistiques, le Verseau est plus en danger quand il porte des bijoux qui attirent des vibrations négatives. Il ferait bien de prêter attention à ce qui suit…

À éviter

La pierre à éviter est le rubis, surtout monté sur or jaune. Les pierres rouges lui sont contraires. Les pierres vertes, dont l'émeraude, le jade, le jaspe et l'agate à mousse verte, lui sont déconseillées, surtout montées sur métal jaune. Le diamant, favorable à tous en principe, semble attirer sur lui la jalousie et la vengeance de ses ennemis. Au tribunal, il ne devrait jamais en porter !

À porter

Pour le Verseau, porter un saphir est une manière simple et belle de se doter d'un bijou porte-bonheur. Cette merveilleuse pierre, d'un beau bleu profond, a pour effet d'attirer le sexe opposé tout en favorisant la santé et la sécurité. Monté sur métal blanc, le saphir combat les mauvaises vibrations d'autrui, fortifie le corps et élimine les sueurs abondantes. C'est la pierre chanceuse du natif du Verseau, un *must*.

Se singulariser

L'homme du signe porte peu de bijoux, mais, pour se singulariser, certains portent d'imposantes bagues en diamant, de multiples colliers et bracelets. Les bijoux plaisent aux jeunes qui se font poser des brillants dans le nez, des anneaux sur la langue, la poitrine et ailleurs... Ce n'est pas sans danger, mais ils semblent s'en moquer. Artistes et créateurs joignent leurs rangs. Notre monde est bien intrigant ! Tous les goûts sont dans la nature, il faut respecter ceux d'autrui.

PAYS, RÉGIONS ET VILLES VERSEAU

Voici les endroits que vous aimerez forcément, car ils sont de même nature que vous ou fortement marqués par le signe du Verseau : Abyssinie, Australie, Buenos Aires (Argentine), Chili, Grenada (Argentine), Hambourg, León, Maracaibo (Venezuela), Nouvelle-Zélande, Roumanie (le sud), Russie, Santiago (Chili), São Paulo (Brésil), Suède, Sydney, Trente et Zacatecas (Mexique).

Aux États-Unis, voici les États et les villes Verseau : Arizona, Californie, Columbus (Ohio), Iowa City (Iowa), Kansas, Massachusetts, Michigan, Nouvelle-Orléans (Louisiane), Ohio, Oregon, Saint Louis (Missouri) et Santa Fe (Nouveau-Mexique). Hollywood, la capitale du cinéma, est Verseau, il ne saurait en être autrement !

Tentez l'expérience et partez en voyage : vous pourrez juger de la validité de ces affirmations.

LES SECRETS DE VOTRE DATE DE NAISSANCE

LES VERSEAU DU 21 JANVIER devront être alertes, éveillés et prudents dans leurs affaires sentimentales et professionnelles. Ils seront sous l'emprise des événements et de leur destinée, mais ils apprendront de leurs erreurs et seront délivrés.

LES VERSEAU DU 22 JANVIER profiteront des faveurs qu'ils accorderont sur les plans personnel et professionnel. Ils seront reconnus comme étant des as dans leur domaine et inspireront le respect. L'amour viendra s'ils apprivoisent le sexe.

LES VERSEAU DU 23 JANVIER bénéficieront de la protection de ceux qui posséderont le pouvoir grâce à leur richesse. Ils auront le bon sens de reconnaître qui sont leurs amis et leurs ennemis, mais devront souvent s'en séparer. L'amour les protégera.

LES VERSEAU DU 24 JANVIER ne referont jamais la même erreur deux fois. Leur excellent jugement leur permettra de discerner la vérité du mensonge, la réalité de l'illusion, le bon sens de l'invraisemblance. Ils seront généreux et satisfaits.

LES VERSEAU DU 25 JANVIER feront bien d'éviter d'investir dans les idées et les projets des autres, conservant leurs avoirs afin de s'assurer une base matérielle solide sur laquelle s'appuyer au besoin. La foi sera leur soutien.

LES VERSEAU DU 26 JANVIER auront une personnalité attirante, pour ne pas dire charismatique. Ils seront dotés d'un charme envoûtant. Ils le sauront et, par bonheur, ils en abuseront rarement. Leur travail sera reconnu et bien rémunéré.

LES VERSEAU DU 27 JANVIER auront des aptitudes impressionnantes. Leur intelligence se manifestera dès leur jeune âge. Ils auront tout ce qu'il faut pour devenir des êtres hors du commun et atteindront leur idéal s'ils suivent le droit chemin.

LES VERSEAU DU 28 JANVIER auront à supporter quelques traîtrises de la part de leurs proches, mais cela leur paraîtra presque naturel parce qu'ils croiront qu'ils n'y peuvent rien. Ils auront intérêt à lutter contre le fatalisme et à se prendre en main.

LES VERSEAU DU 29 JANVIER profitent d'une attitude mentale supérieure. Une grande capacité d'introspection les conduit à une remarquable connaissance de soi et des autres. Ils obtiendront le succès désiré, mais ils seront prêts à se sacrifier pour autrui.

LES VERSEAU DU 30 JANVIER seront autonomes et indépendants. Se suffisant à eux-mêmes, ils rechercheront et apprécieront la solitude. Parfois supérieurement intelligents, ils auront du génie, mais ils n'en retireront pas les profits escomptés.

LES VERSEAU DU 31 JANVIER cultiveront le calme et la retenue. Démontrant une rare maîtrise d'eux-mêmes, ils seront à l'aise dans les milieux de la publicité, du cinéma, de la télévision et de la radio. Ils communiqueront avec aisance.

LES VERSEAU DU 1er FÉVRIER vibreront aux sons de la planète Saturne qui mesure le temps que nous vivons sur Terre. Cette influence leur accordera la stabilité et le succès bien au-delà des ans. S'ils le désirent vraiment, ils deviendront célèbres.

LES VERSEAU DU 2 FÉVRIER réussiront très bien dans la vie. Rarement pauvres et malheureux, ils auront du ressort et sauront s'en servir pour s'élever socialement et matériellement. Leur vie privée sera soumise à des revirements spectaculaires.

LES VERSEAU DU 3 FÉVRIER démontreront une ambition supérieure à la moyenne et posséderont le discernement nécessaire pour distinguer le bien du mal. Ils auront toutes les chances de réussir quand ils seront jeunes mais tarderont à le faire.

LES VERSEAU DU 4 FÉVRIER possèdent des qualités de séduction qui les distinguent de tous les autres. Ils arriveront facilement à se dominer eux-mêmes et à dompter leurs passions. Aimés et respectés de leur entourage, ils vivront heureux.

LES VERSEAU DU 5 FÉVRIER sont à la recherche de tout ce qui peut leur servir à enrichir leur connaissance d'eux-mêmes, une valeur qu'ils placent au-dessus de toutes les autres. Ils auront plus de succès dans la vie s'ils sont instruits.

LES VERSEAU DU 6 FÉVRIER recherchent le pouvoir et la domination. Il n'est pas facile de prédire ce qui leur arrivera. Ce qui est certain, c'est qu'ils aimeront le mystère et l'imprévu et tendront à s'entourer de personnages excentriques.

LES VERSEAU DU 7 FÉVRIER seront d'une grande affabilité à l'égard des autres. Ils rechercheront assidûment l'acceptation et la paix. Tout ce qui est harmonie les enchantera et les rapprochera du bonheur qu'ils trouveront après un long parcours.

LES VERSEAU DU 8 FÉVRIER auront toujours raison d'écouter leur sixième sens. S'ils cessent de provoquer le destin, ils seront heureux et fiers d'eux-mêmes, leur succès dépassera les frontières. Ils doivent vaincre leurs tendances casse-cou.

LES VERSEAU DU 9 FÉVRIER trouveront le bonheur s'ils font abstraction de tout désir excessif de dominer leurs proches. Le choix de leur destin leur appartient plus que ce n'est le cas pour d'autres; ils en seront responsables. Vivre et laisser vivre doit être leur mot d'ordre.

LES VERSEAU DU 10 FÉVRIER sont destinés à aimer leur prochain et à cultiver l'harmonie et la beauté dans toutes les sphères de l'existence. Ils connaîtront le bonheur et la plénitude et sèmeront l'harmonie partout où ils iront.

LES VERSEAU DU 11 FÉVRIER pourront développer la grande force de rayonnement qu'ils possèdent sur les autres et sur le monde dans lequel ils évoluent grâce à leur ouverture d'esprit. Le plus souvent, ils seront chanceux et heureux.

LES VERSEAU DU 12 FÉVRIER profiteront du succès dans leurs projets et entreprises. Ils jouiront sans trop d'effort de satisfaction matérielle, mais l'amour les boudera. Ils ont intérêt à se montrer fidèles, sinon des déboires seront à escompter.

LES VERSEAU DU 13 FÉVRIER devront cultiver la patience ainsi que la confiance qu'ils auront en leurs propres moyens, et en leur pouvoir de transformation. Ils seront souvent en transition et rencontreront l'amour en voyage.

LES VERSEAU DU 14 FÉVRIER seront choyés par un sort heureux. La chance leur sourira aisément, mais ils devront travailler et lutter pour obtenir ce qu'ils désirent. Parfois la réussite surviendra assez tard, mais elle sera brillante et durable.

LES VERSEAU DU 15 FÉVRIER sont de bonnes personnes remplies de bonnes intentions, mais ils vivent dans un monde où la déception règne. La prudence leur est conseillée dans le choix de leurs amis. Une mort dans l'entourage changera leur vie.

LES VERSEAU DU 16 FÉVRIER obtiendront aisément la protection de leurs supérieurs et de personnes influentes. Ils sauront témoigner leur reconnaissance et obtiendront des faveurs, mais à un prix parfois élevé. La liberté sera difficile à obtenir.

LES VERSEAU DU 17 FÉVRIER seront chanceux en amour et jouiront d'une entente conjugale hors pair. Dotés de discernement, ils auront le bon sens de reconnaître qui sont leurs véritables amis. Ils réussiront dans leur sphère d'activité.

LES VERSEAU DU 18 FÉVRIER pourront, grâce à un excellent jugement, discerner la vérité du mensonge. Leur grande force transparaîtra dans leur capacité à dépasser leurs limites. S'ils y travaillent, ils atteindront les sommets et seront comblés.

LES VERSEAU OU POISSONS DU 19 FÉVRIER (selon l'année et l'heure de naissance) auront la possibilité d'aider les autres et de collaborer avec eux. Ils répondront et vibreront de manière étrange à une sorte de pouvoir. Ils seront leur propre initiateur ou gourou.

JOUR CHANCEUX

Comme il n'y a pas de jour nommé en l'honneur d'Uranus, le natif utilisera le samedi, jour de Saturne, pour tout ce qui importe dans sa vie privée, ses amours et ses affaires. Fait à noter : il fera toujours plus d'argent le samedi que les autres jours. Pour le grand oui, qu'il choisisse un samedi, c'est un jour incontournable.

La magie des Étoiles joue, le Verseau gagne et ne perd jamais le samedi !

Les secrets du Poissons

20 FÉVRIER AU 20 MARS

L'ÈRE DU POISSONS

Cendrillon

Dans la littérature enfantine, *Cendrillon* raconte l'histoire d'une belle jeune fille bafouée par sa mère et jalousée par ses sœurs qui, grâce à sa marraine fée, put assister au bal donné par le prince. Celui-ci en tomba amoureux et l'épousa. Tout Poissons, homme ou femme, est un peu Cendrillon... Elle symbolise l'énergie positive nécessaire au natif de ce signe pour qu'il s'élève au-dessus de sa condition et atteigne les sommets. Beaucoup de femmes imitent cette jeune fille, et les hommes sujets aux caprices du sort doivent aussi faire des efforts pour atteindre leur but. Le plus souvent, les deux sexes se libèrent de leurs entraves et trouvent l'amour libérateur et purificateur. Comme Cendrillon, ils se réalisent.

PLANS PHYSIQUE, MENTAL ET INTELLECTUEL

Plan physique

Sur le plan physique, le Poissons n'est pas le plus résistant de tous les signes. Souvent affligé d'une maladie congénitale, d'une malformation ou de tout autre défaut physique, il doit gravir des paliers pour arriver à équilibrer son système et à jouir d'une santé raisonnable. Il tend à se surmener et à faire de graves dépressions, mais il remonte inlassablement la côte et retrouve sa forme. Le Poissons, comme le chat, a au moins neuf vies !

De tempérament lymphatique, il faut le stimuler pour le faire bouger. Paresseux, il se laisse facilement aller. L'inertie lui est néfaste. S'il fait des efforts, ils seront largement récompensés. Tout ce qu'il fera pour améliorer sa santé aura des effets immédiats. Cela l'encouragera à continuer.

Caractéristiques

Caractéristiques : de grands yeux parfois protubérants et globuleux, un teint superbe mais pâlot, une poitrine forte et des seins volumineux, une démarche ondulante et sensuelle. Le natif prend un chemin détourné pour se rendre à un point donné, même quand la route est libre. On reconnaît le Poissons, homme ou femme, à sa manière de se dandiner. « Jamais complètement les pieds sur terre » semble être son leitmotiv.

Prédispositions pathologiques

Selon les Anciens, le Poissons symbolise les pieds, les chevilles et le système nerveux. Fragilités et prédispositions du natif : nerfs, thymus, système lymphatique, goutte, lymphangite, hypertrophie du tissu lymphatique (amygdales, ganglions), rhumatismes, arthrite, éléphantiasis, obésité, diabète, urémie, acidose ou amaigrissement cachectique, eczéma, acné, urticaire, herpès, coryza arthritique, symptômes en rapport avec un état vagotonique, troubles et lésions affectant l'appareil gastro-intestinal, les voies respiratoires et les poumons, affections nerveuses et maladies infectieuses. Les pieds constituent fréquemment l'une des parties les plus délicates de l'organisme.

Plan mental

L'état mental du natif le met en communication passive avec l'intangible, il le prédispose à la méditation, au sommeil naturel et magnétique et à la télékinésie. Son état vibratoire est analogue à celui de la nature en mars, d'où sa tendance à l'anémie, au mimétisme, à des désirs intenses et à l'amour collectif.

Des problèmes mentaux peuvent surgir en cours de route. Dans ce cas, il doit recourir à des soins hautement spécialisés pour régulariser son système et ses hormones. Les techniques et les connaissances actuelles lui permettront assez rapidement de se rééquilibrer et, dans les cas plus sérieux, de recouvrer sa santé mentale.

La foi le guide

Quand le Poissons est né sous un heureux aspect, son esprit le porte vers les sujets psychiques et parapsychiques. L'invisible l'intéresse plus que le tangible. Il a des dons, il est reconnu pour être en contact conscient ou non avec l'au-delà. La foi le guide dans ses recherches. Quelle que soit la religion dans laquelle il a été élevé, son sens moral et religieux est très développé. Il se sert de ses dons naturels en toute honnêteté.

Hésitant à parler aux autres de ses connaissances et de ses expériences paranormales fréquentes, il préfère souvent se taire jusqu'à l'explosion finale où, par la force des choses, tout est révélé au grand jour. En réalité, il aimerait mieux que personne ne sache...

Sans dévoiler tous les secrets

Sans dévoiler tous les secrets du signe du Poissons, il faut dire la vérité, et elle n'est pas simple. Tout natif de ce signe sait d'instinct et dès sa naissance qu'il est né pour souffrir. Son corps physique lui pèse. Il accepte au départ la part de souffrance qui lui incombe, à cause de ses erreurs, mais aussi en raison de sa nature sensible qui l'oblige à participer à la souffrance d'autrui. Sachant pertinemment qu'il souffrira par et pour les autres, il se résigne. Il faut dire qu'il n'a pas le choix. S'il refuse, c'est l'enfer à coup sûr. Entre deux maux, le sage Poissons choisit toujours le moindre, remarquez-le.

Le sacrifié du zodiaque

Le sacrifié du zodiaque n'est donc pas si malheureux qu'on pourrait le croire. Grâce à son énergie cosmique, il réussit habituellement à vaincre ses propres démons. Il se dirige vers un monde supérieur, celui de l'invisible et de l'illumination qui ne le déçoit jamais. S'il est attiré vers le bas, il est souvent sauvé en cours de route, miraculeusement. Sinon, il reviendra finir son éducation, réincarné, dans une autre vie. De cela, il est très conscient. C'est un sacrifié intelligent !

Plan intellectuel

Mercure, planète d'intelligence, est dite « en chute » dans le signe du Poissons. En déduire que les natifs du signe sont moins intelligents que les autres serait ignorer les multiples facettes de l'intellect. Il est vrai que le Poissons raisonne plus lentement que les autres signes. La raison en est fort simple : en train de bâtir des châteaux en Espagne, ses cellules mettent du temps à traiter de simples informations pratiques et banales. Dans le « petit », il est mal à l'aise. Dans le « grand », il sait ce qu'il y a à savoir et comprend mieux que d'autres les mystères de la vie. C'est un philosophe, un penseur, un provocateur, parfois un doux agitateur…

Distrait

Le Poissons est distrait. Mais s'il suit des cours et s'il a un ascendant positif et intellectuel comme Gémeaux, Balance ou Verseau, il réussit facilement ses études. Il peut même être un premier de classe, s'asseoir dans son coin, lire, écrire et rêver. Quand il est dans sa bulle, rien ne le dérange. Le reste du monde n'existe pas. Cette capacité de rendre tout effort « relatif » est une de ses forces majeures.

Il fait rarement des dépressions nerveuses ou des *burnout* et il ne fatigue pas son intellect outre mesure. Sachant prendre son temps pour analyser une situation, il finit par prendre la bonne décision et occuper une place enviable. On le dit lent, c'est parfois vrai. Mais le contraire existe aussi. Dans ce cas, la question n'est pas encore posée qu'il a déjà répondu !

Naïveté

On peut se moquer de sa naïveté, mais il serait dangereux de sous-estimer son intelligence. N'oublions pas qu'il existe diverses espèces de poissons. Requins, baleines et barracudas n'ont pas le même tempérament. Les natifs de ce signe eux aussi, diffèrent. Du paresseux au génie, tous font partie du même signe. Si le Poissons est bohème et vit aux dépens des autres, tant pis… ou tant mieux. Il donne toujours en retour, et bien souvent plus qu'il n'a reçu.

Signe féminin, double et d'Eau

Signe négatif ou féminin

Le Poissons est un signe de pôle négatif ou féminin. Il laisse venir à lui les événements plutôt que de les provoquer. Les femmes du signe sont plus réceptives que les hommes et aptes à capter les messages qui leur parviennent de diverses manières. Toutes les activités reliées à la prescience et aux arts divinatoires leur sont favorables, mais le métier de médium leur est déconseillé. Psychiquement sensibles et fragiles, elles feraient bien de s'éloigner de ce genre de séances. Un esprit risque de s'emparer d'elles et de leur faire commettre des actes hors nature.

Les hommes du signe

Bien qu'ils aient quelque chose de féminin en eux, les hommes sont moins réceptifs que les femmes aux ondes cosmiques. Aimant jongler avec des forces qu'ils connaissent peu ou mal, ils seraient bien avisés de ne pas tenter d'expérience en la matière. Cela les exposerait à des retours de boomerang décevants et parfois dévastateurs. Titiller l'esprit des vivants et des morts est mauvais pour l'homme Poissons. Qu'il se contente de prendre soin de sa famille, de ses amis et de ses connaissances ! C'est déjà un grand accomplissement.

Homosexualité ou bisexualité

Notons qu'un homme de signe féminin n'est pas forcément homosexuel. Avec sa double nature, l'homme nouveau pourrait, par contre, évoluer vers la bisexualité. Selon moi, c'est plus une question de phéromones que de moralité... Quant aux femmes du signe, elles ont souvent des aventures avec les deux sexes et choisissent, selon leur milieu, leur éducation et leurs goûts personnels, la personne qui leur convient.

Identité sexuelle

Il ne nous appartient pas de juger, mais force est de constater que les préjugés persistent. Ceux qui osent afficher leur identité sexuelle sont frappés d'ostracisme par ceux qui cherchent à se sécuriser. Concernant l'acceptation de la différence, il reste de grands progrès sociaux et moraux à accomplir. Toutefois, le Poissons est plus apte que d'autres à tenter l'expérience. Habituellement, il le fait sans heurt majeur. Sa nature sensible mais imperméable à la critique lui rendant service, il s'en tire bien et ne fait que rarement scandale.

Signe double

Un signe double signifie dualisme, raisonnement et indécision. Le natif de ce signe ayant une double nature, une partie de lui va à gauche, l'autre à droite. Parce qu'il voit immédiatement les deux facettes d'une personne ou les deux côtés d'un problème, son indécision se comprend. Il décide difficilement de l'emploi de sa vie et de son temps. Dans sa jeunesse, il se laisse entraîner par les autres et mener par les événements, puis il finit par apprendre à contrôler son destin. C'est long, pénible et douloureux, mais ça arrive immanquablement. La raison n'est jamais absente chez le natif du Poissons.

Il se sert de son jugement plus que d'autres, ce n'est pas un défaut...

Signe d'Eau

Signe d'Eau égale sensibilité et imagination. Le natif doit se méfier de lui-même, car il est souvent son pire ennemi! Romantique et tendre, il aime le confort. Son élément le rapproche du moment de sa naissance. Éternel enfant, il a besoin de soutien pour bien mener sa vie. Délaissé et malmené, il se retranche dans la froideur et l'indifférence. Ceux qui le font volontairement et méchamment souffrir le regrettent toujours. Par un juste retour des choses, la nature venge toujours le Poissons malmené. Il n'a même pas à s'en mêler!

Secret entre nous

Votre charme et votre spontanéité contrebalancent votre tendance à faire des gaffes. Quand vous en faites, elles sont de taille. Le plus souvent, c'est sans méchanceté et par étourderie, mais des personnes vindicatives et jalouses s'empressent de vous les reprocher de façon assez cavalière. Pour dédramatiser la situation, riez de vous-même. On vous pardonnera tout. On dit de vous que vous avez « la tête folle et un cœur d'or ». C'est souvent vrai...

GOUVERNÉ PAR NEPTUNE ET JUPITER

Jupiter

En bon signe double qu'il est, le Poissons relève de deux planètes: Jupiter en astrologie ancienne et Neptune en astrologie moderne. Certains natifs de ce signe – c'est remarquable dans le cas des plus âgés – tiennent surtout de Jupiter et sont éminemment sociables et entreprenants. L'influence jupitérienne se fait sentir dans leur vie intime qui est tout ce qu'il y a de plus légal et conservateur. Ils se conforment aux us et coutumes de l'endroit où ils vivent et, sous leur caractère aimable, se cache une tendance à la suprématie.

Amour de la vie

Les natifs du Poissons tiennent de Jupiter un amour démesuré de la vie et des plaisirs charnels, une nature généreuse et aimante, des talents artistiques et esthétiques, mais, surtout, un sens des affaires enviable et une grande ambition professionnelle. Sens de l'hospitalité, bonhomie et optimisme complètent le portrait du Poissons qui répond davantage à l'influx jupitérien que neptunien.

Neptune

D'autres, plus jeunes ou avant-gardistes, tiennent principalement de Neptune, planète d'idéalisme et de spiritualité, de rêve et d'évasion. Dieu des mers, Neptune attire les natifs du Poissons vers l'eau, l'océan, les occupations et les produits de la mer. Planète de l'irréel et de l'utopie, elle entraîne les natifs de ce signe dans les dédales de leur inconscient. Ils ne se retrouvent qu'après avoir connu l'enfer. Sortes d'étoiles filantes, on ne peut les empêcher de suivre leur trajectoire.

Inconscient actif

Nul ne possède un inconscient plus actif que le Poissons. C'est pourquoi il lui est si important d'apprendre à se connaître. Par l'étude des rêves, la psychologie, l'astrologie, le travail sur soi et parfois la thérapie et l'analyse, il arrivera à se comprendre et à minimiser les dégâts que lui cause infailliblement un inconscient débridé et laissé à lui-même.

Dès qu'il a conscience d'avoir des problèmes, il peut les relier à son inconscient et guérir du mal qui l'afflige. Domptant ses peurs et apprivoisant ses angoisses ancestrales, il vivra plutôt normalement une vie assez active pour lui convenir. Possédant des dons psychiques, il apprendra à les utiliser uniquement de façon altruiste et constructive et il en tirera lui-même des avantages.

L'amour cosmique

Neptune porte à l'amour cosmique et transcendant, individuel et collectif, idéalisé et humanitaire. Les sentiments guident le Poissons presque tout le temps. Mais cette planète nébuleuse et trouble peut jouer des tours et mener à l'abus de paradis artificiels (alcool, drogue, pilules et produits chimiques). La fuite l'attire, c'est le fruit défendu!

Conseil amical

Ne défendez rien à un petit ou à un grand Poissons. Il fera presque fatalement le contraire! Dites-lui plutôt pourquoi vous lui demandez d'exclure telle personne ou telle chose de sa vie et expliquez-lui la situation clairement. Il y a gros à parier qu'il vous causera moins de soucis.

Rêve et sensibilité

Douzième signe du zodiaque, le Poissons est un être fait de rêve et de sensibilité. Il vit souvent dans l'imaginaire et en oublie la réalité. La quatrième dimension lui est parfois connue. Il doit se méfier de lui-même, car il est souvent son pire ennemi! Tout cela est inconscient, bien sûr.

RELATIONS AFFECTIVES

Au mieux

Les relations émotionnelles du Poissons ont quelque chose d'excessif et de tragique. Au mieux, il est gentil, doux et compatissant. Humble jusqu'à l'excès, émotif jusqu'à l'erreur, impressionnable jusqu'à être dépourvu de moyens de défense, mais sensible, sympathique, généreux, imaginatif et inspiré.

Doté d'une sensibilité qui le rend aimable et entouré d'une aura de mysticisme, il est reconnu pour ses dons occultes et en parapsychologie. Ces qualités ont toutefois des côtés négatifs dont il doit tenir compte. Mais tel il est, tel il mourra. Malgré ses expériences de vie difficiles et parfois pénibles, il continue de trouver le monde bon et la vie belle. À force d'y croire, il est raisonnablement heureux.

Au négatif

Le Poissons est un hyperémotif qui se décourage devant la tâche à accomplir. Ne trouvant pas suffisamment d'amour pour se motiver, il se laisse aller, coulant avec le navire et noyant son désarroi dans l'alcool, la drogue, le mensonge et la déception. Par chance, il trouve presque toujours un sauveur : soit Dieu, soit un travail dont il fait sa religion.

S'aimer lui-même

On dit qu'il est beaucoup pardonné à qui a beaucoup aimé… Le Poissons aime. Bien ou mal, mais il aime. Il est donc digne du pardon libérateur et peut s'aimer lui-même, ce qui constitue pour lui le premier pas vers la réalisation de soi, car ses relations affectives dépendent en grande partie de l'estime de soi. Il faut aussi l'encourager à rechercher qui lui ressemble au lieu de qui lui plaît.

L'ARGENT ET LES AFFAIRES

Question d'honneur

Le Poissons naît rarement riche, mais il finit immanquablement ses jours à l'aise, sinon fortuné. Il aime l'argent surtout pour le luxe qu'il procure et pour l'indépendance physique, morale et matérielle qu'il confère. Avoir de l'argent signifie pour lui et elle ne pas avoir à quémander et ne rien devoir à personne. C'est une question d'honneur.

Deux tendances

Deux Poissons, deux tendances. De nature jupitérienne, il a besoin de luxe et de renommée. Il réussit parfois à amasser une fortune qu'il gère bien. Il dépense peu pour lui, mais il investit beaucoup dans ses enfants qui reçoivent une éducation supérieure. C'est d'ailleurs la priorité du natif de ce signe.

Son partenaire peut aussi compter sur sa générosité. Le Poissons n'admet pas qu'un membre de sa famille soit démuni. Dans son milieu professionnel, le paraître importe. Il fera donc tout ce qui est humainement possible pour que le niveau de vie des siens dépasse la moyenne. Sans compter que c'est un plus pour sa gloire et sa bonne réputation…

Les amis et la Providence

De nature neptunienne, le Poissons a besoin d'aimer tout le monde et de donner tout ce qu'il possède. Artiste et bohème, rien ne l'attache. Prince sans le sou, il est heureux, libre et indépendant. Il peut ainsi voguer sur tous les flots. Même les sirènes ne le retiendront pas longtemps…

Avare ou dépensier, il ne manque jamais du principal et est souvent entouré d'un certain luxe. Ses amis haut placés y veillent à son insu, et la Providence fait le reste !

Métiers et professions

Parmi les métiers et professions exercés avec intérêt et succès par les natifs du Poissons, citons toutes les professions hospitalières et paramédicales : médecin, guérisseur, infirmier, technicien en laboratoire, magnétiseur, radiesthésiste, anesthésiste, thérapeute, conseiller spirituel, astrologue, mystagogue et thaumaturge.

Il peut être artiste, animateur, chanteur, musicien, assureur, marchand, vendeur, gendarme, teinturier, parfumeur, photographe, concierge, cafetier, limonadier, tenancier de bar et de débit de boissons, hôtelier et parfois, aussi, souteneur et trafiquant de drogues.

Il sera heureux marin, pêcheur, officier de marine, sous-marinier, pirate, marchand de poisson, maître-nageur, G. O. (gentil organisateur), pêcheur d'éponges, de perles ou de corail, aquaculteur, pétrolier, ouvrier de la marine marchande ou des transports maritimes, technicien des bouées et balises, professeur de voile, artisan de l'écaille, de la nacre, du corail, etc.

Les amours du Poissons

Amours romanesques

Les amours du Poissons doivent être romanesques, sinon il est désorienté, déphasé. Aimant les contes de fées, les natifs de ce signe sont rêveurs, éternellement à la recherche du grand amour. Ils ne sont bien que dans l'accomplissement de leurs désirs d'amour, à défaut de quoi ; rien d'autre ne les intéressera. C'est sérieux…

Chance en amour

Par un coup du sort, beaucoup de Poissons finissent par trouver l'amour. C'est un fait, chers natifs du Poissons, peu de signes ont autant de chance que vous en amour ! Vous ne semblez jamais chercher consciemment le complément idéal. Vous ne voyez même pas qu'on s'intéresse à vous, mais, par un retournement de situation – vous en avez eu fort jeune la prémonition –, l'être aimé vous est apporté sur un plateau d'argent. Le prince charmant sur son cheval blanc, la princesse millionnaire ? Normal, c'était écrit !

Cliché ravissant

Les amours des Poissons sont le sujet de nombreux films romantiques partout dans le monde. Que le « hasard » ou le destin joue un grand rôle dans la vie amoureuse des natifs de ce signe est si évident qu'on ne peut en douter. Vérifiez-le en leur demandant de vous raconter l'histoire de leur première rencontre, de leurs amours. Vous n'en reviendrez pas, c'est un vrai roman, un cliché mille fois entendu, mais vraiment ravissant !

Alimenter l'amour

Envier la facilité amoureuse du Poissons serait précipité. En effet, il doit revenir à la réalité le plus souvent possible, au risque de voir un fossé se creuser entre lui et l'autre. C'est beau, le rêve, mais vous devez alimenter l'amour que vous avez l'un pour l'autre, sinon il mourra. Si vous avez eu la chance de trouver l'être idéal qui vous comble de joie et satisfait à vos caprices, ne le négligez pas. Il pourrait partir ailleurs…

Difficile, le mariage

En principe, vous trouvez difficile de vous adapter aux conventions du mariage. Selon que vous soyez de nature jupitérienne ou neptunienne, vous devez confier les finances du couple à votre conjoint ou les administrer vous-même. Autrement, les comptes risqueraient de s'empiler et la maisonnée de s'écrouler. Dans l'union stable, ce n'est pas la fidélité sexuelle, mais la routine stérilisante pour l'imagination et la créativité qui entraîne des problèmes. Avec un artiste ou une personne qui vous comprend et vous laisse une certaine liberté, vous serez bien. Sinon, restez libre. Vous serez plus heureux.

Les enfants

En ce qui concerne l'obéissance, il serait sage de vous faire aider dans l'éducation des enfants. Même les animaux ne vous obéissent pas, c'est tout dire ! Les petits vous adorent et, grâce à vous, s'intéressent à des sujets comme les langues étrangères, la musique, la littérature, la géographie et les voyages, mais surtout à ce qui ne s'apprend pas vraiment à l'école. Ils vous aiment et viennent naturellement vers vous. L'attrait que vous exercez sur eux est remarquable. Même si vous avez manqué d'amour, aimez-les bien, ils le méritent.

En amitié

Autant l'amour est facile pour le Poissons, autant l'amitié ne l'est pas. Vous manquez souvent d'appui de la part du sexe opposé, alors que les personnes de votre sexe sont utiles et aimables sur le plan personnel, social et professionnel. Vous devez apprendre à vous faire des amis sur qui compter, sinon vous serez seul quand l'adversité frappera. Même si des moments de réflexion et de récupération vous sont nécessaires, mieux vaut pour vous être entouré que seul. À long terme, la solitude vous est néfaste, vous le savez...

Secret personnel

Le natif du Poissons a presque toujours dans son entourage un ennemi qui, sous le couvert de l'amitié, le dénigre et lui complique l'existence sans qu'il n'en sache rien. Sans tomber dans la paranoïa, il y a lieu de vérifier si l'affection qu'on vous démontre est réelle. Mettre à l'épreuve, gentiment, ceux qui disent vous aimer ne serait pas une mauvaise idée. Autre avantage : vous n'avez pas à vous venger de vos ennemis et concurrents déloyaux. La vie le fait pour vous et durement. Vous n'avez pas à intervenir ni à pleurer sur leur sort. Ils n'ont, en fait, que ce qu'ils méritent.

Secret pour les proches

Si vous réussissez à passer par-dessus les agissements illogiques (à vos yeux !) du Poissons, vous trouverez un ami sincère, discret et fiable. Merveille : avec lui ou elle, les secrets sont bien gardés !

Il aimait un rêve

Au cours de sa jeunesse surtout, le natif du Poissons doit user de prudence dans ses affections et ses amours. Ses relations humaines sont souvent teintées de jalousie et d'instabilité, et elles se terminent par des querelles. Sous l'emprise de son hyperémotivité, le Poissons se laisse emporter par la passion, pour s'apercevoir, trop tard hélas, que l'être aimé est différent de ce qu'il croyait. Sa maîtresse ou son amant n'existe pas réellement. Il aimait un rêve !

À garder pour soi

Le Poissons est un amant ou une maîtresse splendide, car, quel que soit son sexe, c'est un incorrigible romantique. Apportez-lui des fleurs et il pardonnera tout et semblera oublier. Mais faites attention, il a de la mémoire...

APHRODISIAQUES ET SEXUALITÉ

Secrets vieux comme le monde

Il est vrai que le Poissons est, physiquement, un peu paresseux. Il a parfois recours à des stimulants pour passer à l'action. Sexué très jeune, il tend à se calmer avec les ans et à la suite d'expériences sexuelles pas toujours heureuses. Il lui est donc utile de connaître quelques secrets vieux comme le monde, mais qui pourraient l'aider en cas de panne. Si ça s'éternise, il deviendra frustré. Pas drôle!

Stimuler la libido

Parmi les nourritures et les boissons qui aideront à stimuler votre libido, notons les huîtres, le homard, les palourdes, le caviar, les anchois, les poissons et tout ce qui est à base d'algues. Parmi les légumes: le cresson, l'oignon, la tomate, l'artichaut et l'asperge.

Le menu classique suivant vous mettra en condition: œufs durs farcis, caviar et champagne. Ajoutez, comme dessert, des fruits mûrs et du miel, comme alcool, du Pernod ou de l'hydromel. Ces précieux liquides ayant l'intérêt de réchauffer le sang plus vite que d'autres et de le garder chaud plus longtemps, il faut en limiter la consommation et agir dans les plus brefs délais possibles...

Comment séduire un Poissons

Tendresse sans égale

Si vous désirez séduire un Poissons, soyez prêt à lui témoigner une tendresse sans égale. Être constamment disponible est un avantage, car il exige un dévouement incomparable. C'est un romantique, et il le sera toujours, mais il ne faut pas lui en vouloir s'il oublie de faire des déclarations d'amour. Avec lui, il faut deviner, car il ne dit jamais les choses clairement.

Un bon conseil

Un bon conseil: faites les avances. Si vous attendez qu'il le fasse, cela pourrait être long. Il se contentera de vous regarder langoureusement, en se dandinant et en souriant béatement, mais sans oser vous approcher. Prenez donc la peine de lui parler de vos sentiments et de lui dire clairement vos intentions. Il saura à quoi s'en tenir et sera à l'aise en faisant sa cour.

Pour que la relation dure

Pour que la relation dure, il faut savoir comment fonctionne le Poissons. Par exemple, il oubliera presque certainement de régler les comptes et de payer les impôts, mais il vous enverra des fleurs. Avec les enfants, il sera aimable, mais son autorité laissera à désirer. Ne comptez pas sur lui pour les élever rigoureusement et prenez la relève dès que vous le sentez mal à l'aise. Il vous en sera reconnaissant.

Charme exquis

Cela dit, le Poissons possède un charme exquis et une grâce naturelle indéniable. Ses manières sont délicates. Il aime les gens polis et bien élevés, les plaisirs raffinés, la musique, les arts et le confort. Si vous partagez ces goûts et ces aptitudes, c'est gagné! S'il n'est pas artiste lui-même, vous l'attirerez en l'emmenant au concert, au spectacle, dans les galeries d'art et chez les antiquaires. Si vous désirez que ça dure, faites des efforts.

Alter ego

Il est gourmand, mais il cuisine peu ou mal. Si vous avez des dons de cuisinier, ou toute autre qualité qu'il n'a pas, il vous adoptera en se disant : « Voilà quelqu'un de complémentaire. » En effet, le Poissons cherche toujours son alter ego. S'il le trouve en vous, c'est à moitié gagné, il ne vous laissera pas partir de sitôt !

Bon à savoir

Bon à savoir : avec lui, ne vous fiez pas trop aux apparences. Ses vêtements et son style varient selon ses humeurs plus qu'au gré des saisons et des occasions. Il est bohème dans l'âme, laissez-le tranquille, au moins pendant les vacances. Qu'il fasse à son goût ! Il ne vous en aimera que mieux. Par contre, l'aider à choisir ses vêtements serait un plus. Il y sera sensible, pourvu qu'il se laisse faire...

Dîner aux chandelles

Vous avez envie de plaire à un Poissons en lui offrant un dîner aux chandelles ? Le menu doit être chaud, léger et vivifiant. Il appréciera les escargots à l'ail (malheur à vous si vous n'en mangez pas aussi), les crevettes, la caille aux raisins ou le pigeonneau au vin blanc. Ajoutez des olives et du céleri pour l'haleine. Il sera au septième ciel et vous pourrez l'emmener où vous voulez. J'imagine que c'est quelque part entre le nirvana et le paradis... Bon voyage !

Le natif est un bon partenaire amoureux, mais, pour le séduire, il faut de la patience. N'avez-vous jamais été à la pêche ? C'est un Poissons, voyons... Mais sachez ceci : au jeu de la séduction, il n'est pas manchot !

COMPATIBILITÉ AMOUREUSE ET SEXUELLE (SYNASTRIE) DU POISSONS

Poissons-Poissons: Deux tempéraments lymphatiques et romantiques se joignent, le succès n'est pas assuré. La synastrie amoureuse est bonne, mais ils ont tous deux besoin de stimulation sexuelle. Ils aiment se faire plaisir, mais la jouissance n'est pas la raison principale de leur attachement. Ça rate souvent, mais des exceptions démentent ces propos...

Poissons-Bélier: La synergie n'est pas évidente. Le premier est lent et indécis, l'autre prompt à aimer et à détester. Le Bélier va droit au but sans trop de préliminaires, le Poissons s'endort parfois sur les préliminaires. Masochisme du Poissons, sadisme du Bélier, en cas de dépendance affective, ça peut être tragique. Idéal pour un flirt...

Poissons-Taureau: Le Poissons est abasourdi par l'intensité passionnelle du Taureau. Ils ont les mêmes besoins de tendresse et d'amour, mais l'un est capricieux et lent sexuellement, l'autre exigeant et jaloux. S'ils s'aiment, c'est le paradis; sinon, ça peut être l'enfer. L'attrait pour l'art et pour la beauté les rapproche. Parfois l'un d'eux souffre d'érotomanie...

Poissons-Gémeaux: Duel perpétuel contraire à la satisfaction du cœur et des sens. Le Gémeaux prend la maîtrise du couple. Réduit à l'état d'esclave, le Poissons navigue en eaux troubles. Ils sont incompatibles. Cette synastrie favorise les jeux sexuels sadomasochistes et peut mener à des excès regrettables, voire dangereux. Pour personnes averties seulement.

Poissons-Cancer: Le rêve prend le pas sur la réalité. On a beau se faire du cinéma, il faut de l'action. Qui prendra les commandes? Formidable quand le Cancer tient la bride et que le Poissons l'accepte. Bien qu'idéale en amour et sexuellement, cette synastrie peut être ternie par la banalité du quotidien. Motivation: se prolonger, procréer, créer, voyager.

Poissons-Lion: Ils se regardent, s'admirent et se respectent. Difficile pour le langoureux Poissons de capter l'attention du fougueux Lion, mais quand c'est fait plus rien ne résiste. Cupidon aidant, c'est l'attraction en coup de foudre. Si le Poissons garde son mystère et que le Lion aime l'eau fraîche, ça peut durer. Sinon, c'est la douche froide pour les deux partenaires !

Poissons-Vierge : À l'opposé l'un de l'autre, l'un rêve, l'autre agit. Le Poissons est timide en amour et sexuellement, la Vierge est facilement excitée mais peu encline à démontrer son amour. Ils s'amusent en couple libre, mais la synastrie n'est pas favorable à long terme. Pour les satisfaire sexuellement, les interdits doivent être rares. Un thème de comparaison est nécessaire pour donner une appréciation valable.

Poissons-Balance : Pour que les partenaires atteignent le paroxysme, la relation sexuelle doit être basée sur un amour véritable. L'attrait sexuel est fort, mais l'amitié amoureuse prévaut. Recherchant la beauté et l'esthétisme, l'amour est consommé dans des circonstances et des conditions exceptionnelles permettant la fantaisie sexuelle. Ils sont heureux.

Poissons-Scorpion : Puissante synergie conduisant au ciel des amants. Ils se plaisent au premier regard. Le sexuel Scorpion réchauffe le frileux Poissons. S'ils s'adonnent à des jeux érotiques et s'amusent en faisant l'amour, c'est gagné. Sinon, l'un des deux s'ennuiera et quittera le nid. Création, procréation. S'ils ne sont pas jaloux, leur vie sera fabuleuse.

Poissons-Sagittaire : Que de complications dans cette synastrie ! Les deux sont doubles de nature. Ils sont quatre, les jeux sexuels sont superflus. Le Sagittaire aime l'aventure et le voyage, le Poissons suit et s'autosuffit. En cas d'infidélité, il n'est pas trop malheureux. Dépendance affective, jalousie, ces défauts et manques peuvent tout gâcher, dommage…

Poissons-Capricorne : Manque d'humour dans cette synastrie amoureuse et sexuelle. Le Poissons semble indifférent aux désirs et aux avances de l'autre. Pressé d'arriver au but, le Capricorne ne pense qu'à cela. L'union peut sembler réussie, mais l'un des deux joue la comédie ou se ment à lui-même. Masochiste, la femme peut devenir victime consentante. Risqué.

Poissons-Verseau : Sentimentalement et sexuellement aux antipodes, ils s'attirent étrangement. Le placide Poissons plaît à l'audacieux Verseau. L'attitude du Poissons séduit l'autre par sa façon de ne se scandaliser de rien. Dans ce couple, les tabous n'existent pas. Le bonheur n'est pas garanti, mais c'est intéressant sur le plan de l'amitié amoureuse.

Thérapies naturelles

Son élément : l'eau

Il y a des thérapies naturelles qui conviennent mieux aux natifs du Poissons que d'autres. Pour le gentil mais fragile natif de ce signe, la meilleure façon de se régénérer vient de son élément, l'eau. Beaucoup l'ignorent et perdent ainsi des bénéfices pour leur santé et leur qualité de vie. Rien de plus simple, mais il fallait y penser !

La lymphe

La mer, les bains thérapeutiques ou d'algues marines, le sauna, la piscine, l'aquaforme, le massage énergisant et les traitements dans les centres de santé, bref, tout ce qui stimule les glandes lymphatiques fera merveille. N'oubliez pas non plus de boire de l'eau en quantité raisonnable. La lymphe est, chez le Poissons, un point sensible, mais les problèmes de digestion, de peau ou de vessie vous avertiront à temps. Vous pourrez pallier ces inconvénients avant qu'ils ne deviennent sérieux.

Débloquer les énergies

Pour contrer les effets négatifs du signe, il vous faut du feu. Tout ce qui sert à débloquer les énergies et à réchauffer votre nature «froide» est utile. Le soleil, la chaleur, le yoga, les sports légers et les nourritures sèches et chaudes vous conviennent au mieux. L'apathie est votre ennemie. Combattez-la et vous aurez longue et bonne vie.

Summmum de l'économie

Summum de l'économie pour le Poissons : un demi-verre d'eau froide au réveil le matin, suivi de dix minutes couché sur le côté droit, puis un autre demi-verre suivi de dix minutes sur le côté gauche. Rien de mieux pour drainer le système lymphatique et stimuler l'intestin paresseux.

FLEURS ET PARFUMS PRÉFÉRÉS DU POISSONS

Sensible aux odeurs

Vous êtes très sensible aux odeurs, aux plantes et aux fleurs. Marqué fortement par Vénus et Jupiter, vous êtes un jouisseur impénitent. Tout ce qui plaît aux sens vous rend joyeux et vous excite. Tous les natifs du Poissons ont l'odorat particulièrement développé. Un parfum agressif peut les rebuter et aller jusqu'à leur donner mal au cœur. Il convient donc, quand on choisit pour eux une fleur ou un parfum, de le faire en toute connaissance de cause. Autrement, on risque de dépenser de l'argent pour rien.

Ambre gris et autres

Le Poissons tient l'ambre gris en haute estime. Il est convaincu que celui-ci lui porte bonheur. Les odeurs de giroflée lui conviennent aussi. Tout parfum qui en contient lui plaira. Il aime aussi la menthe, le pin, la violette, la bruyère, l'iris et le réséda. L'opopanax augmente son charme et lui rend de précieux services. Les boutiques spécialisées peuvent confectionner un parfum sur mesure pour votre Poissons préféré. N'hésitez pas à le lui proposer, il ou elle sera ravi.

Orchidée et rose talisman

Les fleurs préférées du Poissons sont l'orchidée et la rose talisman. Toutes les fleurs et les plantes exotiques lui plaisent. Il a habituellement de la chance avec celles-ci, car il tend à les arroser souvent. Il semble qu'elles aiment cela, puisqu'elles prospèrent en sa compagnie.

Choix intéressants

Choix intéressants de parfums parmi les marques connues pour femmes : *Dolce Vita* de Dior, *Femme* de Rochas, *Cabotine* de Grès, *Sun, Moon & Star* de Lagerfeld ainsi que *Boucheron* de Boucheron, son favori. Beau, bon et cher, le parfum est un luxe, mais vous pourriez lui en offrir selon la nature de vos relations avec elle et, bien sûr, de votre portefeuille.

Quant aux hommes du signe, ils aimeront autant leur marque préférée et peu chère que les produits griffés. S'ils portent du parfum, car ils sont parfois rebelles à la chose, ils pourraient adopter avec plaisir et succès : *Escapade* de Calvin Klein, *Safari* ou *Polo Sport* de Ralph Lauren ou *Michael Escape*, eau de Cologne pour homme de Michael Jordan.

COULEURS PORTE-BONHEUR DU POISSONS

Le bleu

Depuis toujours, on associe le Poissons à la couleur du ciel et de la mer. Du bleu ciel au bleu argenté, à l'indigo et au violet, toutes les couleurs de l'océan lui sont bénéfiques et lui portent bonheur. L'éventail est large et laisse au natif de ce signe le choix de la teinte exacte qu'il portera le plus souvent, mais les tons bleutés ont et auront toujours sa préférence. C'est normal. Invitant à la détente et au rêve, cette couleur doit prédominer dans sa chambre à coucher. Il dormira mieux, fera moins de cauchemars et se réveillera frais et dispos chaque matin. De quoi donner envie de tenter l'expérience, n'est-ce pas ?

Invitation

Le bleu est une invitation à l'infini, à la spiritualité et à la méditation. Ne vous privez pas du bleu, cher Poissons. Moi qui suis du signe, je ferai comme vous. Donnez-m'en des nouvelles par l'intermédiaire de mon éditeur. J'ai hâte de vous lire…

Non au noir

Du mauve au pervenche et du violet à l'indigo, usez et abusez de ces teintes en toutes circonstances. Vous ne regretterez pas d'avoir suivi ce conseil, même si, au départ, vous auriez choisi le noir pour vous sécuriser. La transparence vous réussit bien mieux que l'opaque, soyez-en assuré.

Oui au blanc

À défaut de bleu, vous serez toujours plus chanceux en blanc pur ou cassé qu'en noir. L'avenir vous dira à quel point les Étoiles ont raison de vous pousser vers le blanc, et ce, au cas où vous n'auriez pas encore fait l'expérience malheureuse du noir. En voilà une que je ne vous souhaite pas !

PIERRES CHANCEUSES DU POISSONS

Tout jeune, il sait

Le natif du Poissons est très sensible aux porte-bonheur. Il se rend vite compte qu'un bijou porté dans une situation donnée déclenche des réactions positives ou négatives selon le cas. Il sait que les effets produits sont réels et n'ont rien à voir avec l'imagination. Tout jeune, il sent ce qui lui convient ou non, et la mode n'entre pas du tout en ligne de compte.

Pour lui, tout est affaire de compatibilité entre les pierres ou les métaux et sa personne. Ne l'obligez pas à porter ce qu'il n'a pas envie de porter. Son système est fragile et demande protection. Tout ce qui l'aide à être en forme et sûr de lui est bienvenu, le reste doit être écarté, peu importe le prix ou l'intention.

La chrysolithe

La chrysolithe est assurément sa pierre chanceuse. D'un beau jaune verdâtre et montée sur du métal blanc, elle donne de la vivacité au corps et à l'esprit. Elle favorise la recherche scientifique et parapsychique et elle accentue les dons de voyance et de prémonition. Peu chère et relativement facile à trouver, la chrysolithe a l'avantage de ne pas attiser la convoitise d'autrui, on peut donc en porter en toute occasion.

L'aigue-marine

Plus chère et plus belle, l'aigue-marine montée sur métal blanc est précieuse pour les natifs qui voyagent en mer ou qui font des séjours au bord de la mer. Elle a la réputation de les protéger et d'accroître leur créativité. De plus, elle a la particularité de désarçonner les gens trop autoritaires. Un plus à considérer quand on est Poissons.

Sensationnel

Bijou sensationnel pour le Poissons : un jaspe vert enchâssé dans le chaton d'une bague en étain. Cette association tend à résoudre les problèmes familiaux, favorise l'ascension matérielle et honorifique. Un artisan peut vous en fabriquer un sur mesure. Essayez-le, vous ne serez pas déçu. Le corail rose, la turquoise, le saphir clair, l'émeraude et les perles sont également en harmonie avec vous. Les utiliser autant que possible vous sera bénéfique et profitable.

Secret important

Si vous perdez ou si vous brisez l'une des pierres mentionnées, évitez soigneusement de la remplacer. C'est un signe évident que le mariage n'est pas heureux. Superstition ? Pas du tout. Science naturelle et question d'atomes dégagés par ces corps vivants qui nous ressemblent étrangement. Nous en apprendrons plus sur le sujet au fil des ans… Tout se ressemble et tout s'assemble éventuellement. Vous du Poissons savez tout cela. Mettez vos connaissances à profit et moquez-vous des sceptiques. Ils sont votre antithèse. C'est un secret important et, entre nous, ne le révélez à personne.

PAYS, RÉGIONS ET VILLES POISSONS

Différents pays et villes sont marqués par le Poissons, soit par le signe solaire, ascendant ou lunaire. Ne riez pas, cela influence réellement vos voyages et vos déplacements. Choisissez de préférence les endroits de même nature que vous, vous serez en sécurité, heureux d'y séjourner ou d'y vivre.

Tous les astrologues du monde sont d'accord pour dire que l'Égypte est Poissons. Alexandrie est du signe. Le sont également : Brésil, Cochinchine (nom donné par les Français à la partie méridionale du Viêt-nam), Colombie, Congo, Dahomey (aujourd'hui république du Bénin), Haïti, Nubie, Panama, Portugal et Uruguay. Le Sahara est étrangement du signe, la Normandie et Séville aussi.

Les États américains : Floride, Maine, Nebraska, Ohio, Vermont, Washington (D. C.) sont Poissons. Il en est ainsi d'Atlantic City (New Jersey), Fort Lauderdale (Floride), Kalamazoo et Lansing (Michigan), Miami Beach (Floride) et Waco (Texas).

Au Canada, Victoria (Colombie-Britannique) est du signe. Au Sud, on note : Cayenne (Guinée française), Georgetown (Guyane), Guadeloupe, Martinique, Mendoza (Argentine), République Dominicaine, Rio de Janeiro (Brésil), San Jose (Costa Rica), Sainte-Lucie, Santiago Del Estero (Argentine) et Trujillo (Pérou).

Partez vite et bon voyage !

LES SECRETS DE VOTRE DATE DE NAISSANCE

LES POISSONS DU 20 FÉVRIER possèdent beaucoup de charme, ils sont attirants, pour ne pas dire envoûtants. Par bonheur, ils n'abusent pas de leur influence sur les autres. Ils ont ce qu'on appelle la grâce et sont aimés de tous. Leur destin est faste.

LES POISSONS DU 21 FÉVRIER ont des possibilités impressionnantes. Ils ont du talent, l'exploitent et deviennent des sommités dans leur domaine. L'amour de soi et des autres répondra à un besoin de se donner, dans le but d'accomplir son destin.

LES POISSONS DU 22 FÉVRIER devront supporter quelques traîtrises ici et là. Leur attitude fataliste surprendra ceux qui n'y voient que faiblesse. Ils profiteront de ressources insoupçonnées et remarquables et réussiront, grâce à l'amitié et à l'amour.

LES POISSONS DU 23 FÉVRIER dédaigneront les choses de ce monde pour se consacrer à un idéal. Ils préféreront demeurer seuls avec leurs pensées que mal entourés. La spiritualité sera leur point d'appui, ils vacilleront, mais ne tomberont pas.

LES POISSONS DU 24 FÉVRIER aimeront la nature et trouveront en elle l'énergie nécessaire à la continuation de leur travail sur terre. La nature leur procurera plus de bien-être que l'amour et le sexe, mais ils ne dédaigneront pas les plaisirs.

LES POISSONS DU 25 FÉVRIER ont hérité de ce don exceptionnel de transporter les foules par leurs paroles. Utilisant honnêtement leur pouvoir de persuasion dans la vente et en publicité, ils réussiront et seront satisfaits.

LES POISSONS DU 26 FÉVRIER sont créatifs et originaux. Le succès matériel est important pour eux. Leurs associations d'amour et d'affaires seront réussies. Ils brilleront dans le domaine de l'écriture, de l'enseignement, de la politique et de l'économie.

LES POISSONS DU 27 FÉVRIER jouissent d'une autorité naturelle. Cet atout leur procure l'estime de ceux qu'ils dirigent. Ils bénéficieront d'une chance constante tout au long de leur vie, ce qui n'exclut pas quelques séjours en clinique ou hôpital.

LES POISSONS DU 28 FÉVRIER sont favorisés par un sort généreux dès leur plus tendre enfance. Ils ont ce qu'on appelle un don. Précoces et rapides, pareils à des étoiles filantes, ils possèdent en outre le talent de durer. Leur créativité est remarquable.

LES POISSONS DU 29 FÉVRIER sont originaux et parfois excentriques. Rien de banal ne les intéresse et ils peuvent devenir misanthropes avec l'âge et le temps. Leurs talents multiples les protégeront, ils ne manqueront jamais de rien, ni même de luxe.

LES POISSONS DU 1er MARS aimeront ce qui est soudain et inattendu. Ils participeront à plusieurs grandes réalisations et réussiront dans les domaines touchant la psychologie, le cinéma, Internet et l'aviation. Chance sur le plan matériel.

LES POISSONS DU 2 MARS posséderont beaucoup de charme. Ils seront de nature courtoise et polie, ce qui leur assurera l'estime de tous. Leur personnalité se vendant bien, ils s'élèveront socialement et seront reconnus et aimés de tous.

LES POISSONS DU 3 MARS auront plus de besoins affectifs que de passion sexuelle. Ils se sentiront plus à l'aise dans les choses de l'art et de l'esthétisme que dans le sexe et le sport. On les dira paresseux, mais ils seront intelligents.

LES POISSONS DU 4 MARS sembleront porter une auréole mystérieuse. Leurs rêves seront pénétrants et vaudront la peine qu'on y porte attention. Ceux qui en feront l'analyse trouveront des solutions intelligentes à leurs problèmes.

LES POISSONS DU 5 MARS sont matérialistes, ambitieux et travailleurs. Ils fabriqueront leur propre chance et remporteront le succès par leurs seuls moyens. Riches, ils seront satisfaits de leur sort. Ils jouiront de leur fortune et seront généreux.

LES POISSONS DU 6 MARS réussiront très bien dans la vie. Dotés de combativité, de cran et d'audace, la chance leur sourira. Ils auront des aptitudes et sauront les développer et les exploiter au maximum. Le succès sera leur récompense.

LES POISSONS DU 7 MARS démontreront une ambition supérieure à la moyenne. Ils feront preuve de bon jugement et auront le discernement nécessaire pour faire la part des choses. S'ils luttent contre leurs bas instincts, ils réussiront.

LES POISSONS DU 8 MARS défendront des positions parfois extrémistes. Ils déjoueront souvent les plans inavouables de leurs opposants, mais devront se protéger de leurs ennemis. Leur inconscient les avertira du danger, ils devront s'écouter.

LES POISSONS DU 9 MARS auront plus de succès dans la vie s'ils sont instruits. Une recherche approfondie de toutes les valeurs qu'ils chérissent leur sera indispensable. S'ils prennent soin de leur santé, ils vivront longtemps et heureux.

LES POISSONS DU 10 MARS ont un remarquable pouvoir de domination. S'ils se montrent justes, ils feront des merveilles. Mais s'ils profitent de leur don pour exploiter les autres, ils feront le vide autour d'eux. Ils pourront transformer leur destin.

LES POISSONS DU 11 MARS susciteront l'admiration et l'envie sur le plan professionnel. Les placements d'argent et les associations d'affaires leur sont bénéfiques. Leur vie amoureuse comportera des ratés, mais ils finiront par trouver le bonheur.

LES POISSONS DU 12 MARS semblent indispensables à la société et au monde dans lequel ils évoluent. Ils feront leur marque et laisseront des traces visibles de leur passage sur terre. L'amitié et l'amour seront leurs principales motivations.

LES POISSONS DU 13 MARS devront éviter de provoquer le destin, laissant à d'autres le soin de diriger et d'assumer de lourdes responsabilités. Ils trouveront aisément le bonheur, mais devront lutter pour conserver leur amour intact.

LES POISSONS DU 14 MARS aimeront leur prochain et cultiveront l'harmonie et la beauté dans toutes les sphères de l'existence. Ils ne négligeront jamais l'importance du cheminement spirituel et trouveront le bonheur dans la paix de l'esprit.

LES POISSONS DU 15 MARS auront une vie spirituelle importante. Ils pourront servir de guide et aider les autres tout en devenant indépendants matériellement. Ils seront heureux en amour. Ce sera leur plus grande victoire.

LES POISSONS DU 16 MARS pourront atteindre une grande force de rayonnement et s'épanouir grâce à l'autorité qu'ils possèdent sur les autres et sur le monde dans lequel ils vivent. Ils souffriront et mériteront l'amour et le respect.

LES POISSONS DU 17 MARS mèneront une vie agitée et intense où le repos tiendra peu de place. Soumise à des émotions fortes et à de fréquentes perturbations, leur vie tiendra du roman. Malgré tout, ils seront satisfaits de leur sort.

LES POISSONS DU 18 MARS n'auront pas à lutter pour obtenir ce qu'ils désirent, ils l'obtiendront sans effort. Malgré les apparences souvent contraires, ils auront le pouvoir de vaincre toutes les difficultés. Ils seront de bons amis, de bons guides.

LES POISSONS DU 19 MARS sont remplis de bonnes intentions, mais vivent dans un monde où règnent l'illusion et la déception. La prudence est conseillée, mais leur éveil à la spiritualité les protégera d'incidents et d'accidents graves.

LES POISSONS OU BÉLIER DU 20 MARS (selon l'heure et l'année de naissance) connaîtront le succès en affaires et sur le plan personnel. Ils profiteront de la reconnaissance de gens haut placés de qui ils obtiendront des faveurs importantes. L'amour leur apportera le bonheur.

JOURS CHANCEUX

En bon signe double qu'il est, le Poissons a deux jours chanceux : le jeudi, ainsi nommé en l'honneur de Jupiter, et le vendredi en l'honneur de Vénus, cette planète jouant un rôle important en destinée. Mariage, associations d'affaires, testaments et autres seront respectés et plus heureux s'ils sont conclus le jeudi ou le vendredi. Notaires et avocats doivent être consultés ces jours-là : la justice prévaudra.

La magie des Étoiles est en action, le Poissons joue gagnant !

Table des matières